**MESTRES
DA
LÍNGUA**

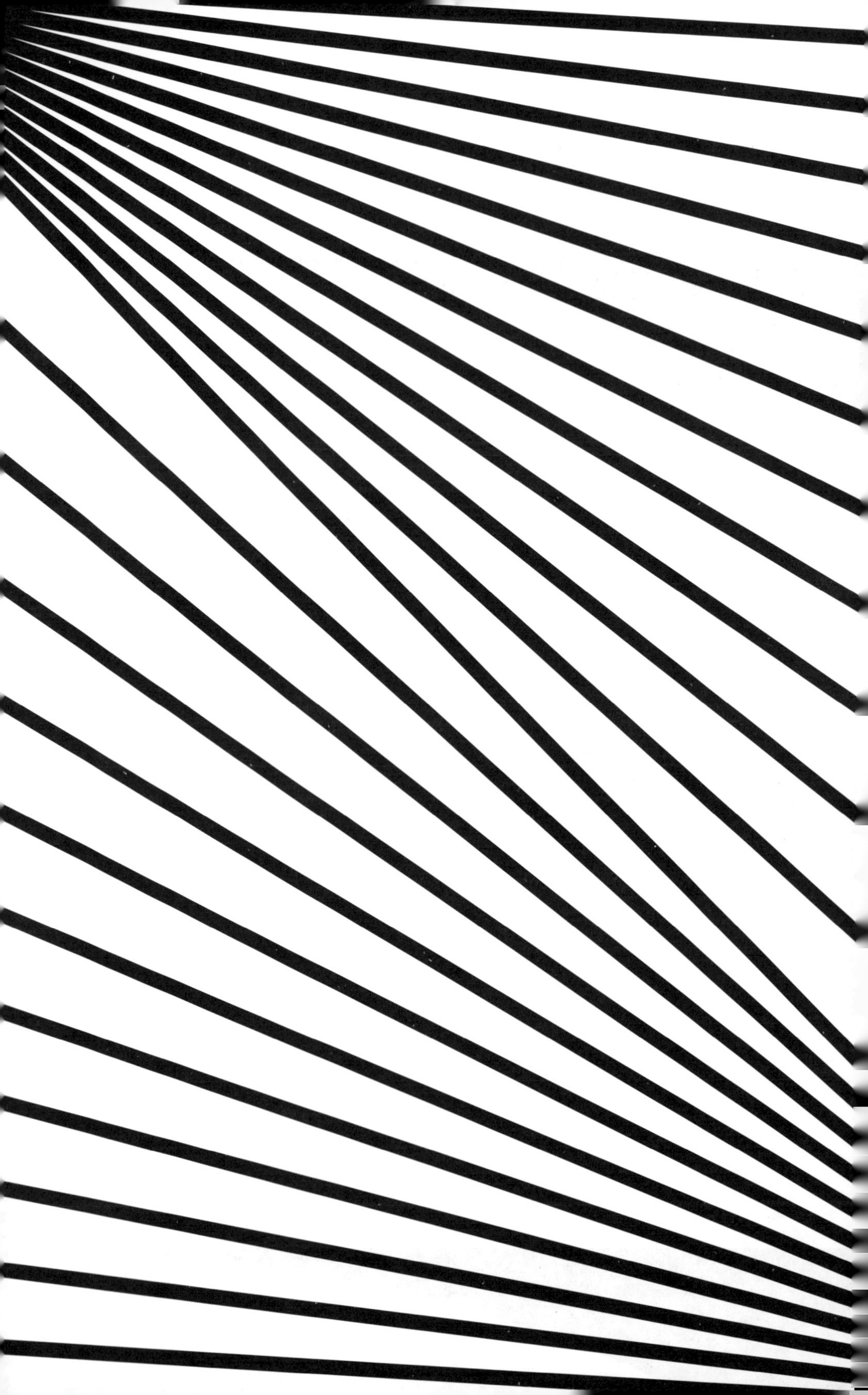

EVANILDO BECHARA

UMA VIDA ENTRE PALAVRAS
MESTRES DA LÍNGUA

Professor Titular e Emérito da Universidade do Estado do Rio de Janeiro (UERJ) e da Universidade Federal Fluminense (UFF); Membro da Academia Brasileira de Letras e da Academia Brasileira de Filologia; Sócio correspondente da Academia das Ciências de Lisboa; Representante brasileiro do novo Acordo Ortográfico

EDITORA NOVA FRONTEIRA

EDITORA LUCERNA

APRESENTAÇÃO **RICARDO CAVALIERE**

© 2022 by Evanildo Bechara

Direitos de edição da obra em língua portuguesa no Brasil adquiridos pela Editora Nova Fronteira Participações S.A. Todos os direitos reservados. Nenhuma parte desta obra pode ser apropriada e estocada em sistema de banco de dados ou processo similar, em qualquer forma ou meio, seja eletrônico, de fotocópia, gravação etc., sem a permissão do detentor do copirraite.

Editora Nova Fronteira Participações S.A.
Rua Candelária, 60 — 7.º andar — Centro — 20091-020
Rio de Janeiro — RJ — Brasil
Tel.: (21) 3882-8200

Dados Internacionais de Catalogação na Publicação (CIP)

B391m
    Bechara, Evanildo
        Mestres da língua / Evanildo Bechara. – 1. ed. – Rio de Janeiro: Nova Fronteira, 2022.
        272 p.; 15,5 x 23cm; (Uma vida entre palavras, v. 3)

    ISBN: 978-65-5640-489-9

    1. Língua portuguesa. I. Título.

CDD: 469.09
CDU: 811.134

André Queiroz – CRB-4/2242

Conheça outros livros do autor:

Sumário

Ao leitor benévolo 7
Apresentação 9

A contribuição de Herculano de Carvalho aos estudos linguísticos 15
A erudição de Camões 25
Alberto Faria: um filólogo diferente 29
Celso Pedro Luft: *in memoriam* 39
Contribuições linguísticas de Filinto Elísio 41
Eugenio Coseriu: arquiteto de uma linguística integral da linguagem 53
Harri Meier e seus estudos de língua portuguesa 57
José de Alencar e a língua do Brasil 61
Lendo os cadernos de Mário Barreto 75
Manuel Bandeira e a língua portuguesa 91
O estudo da fraseologia na obra de João Ribeiro 99
O *Vocabulário portuguez e latino* de D. Raphael Bluteau 107
Othon Moacyr Garcia — seu labor científico (19/6/1912 - 1/6/2002) 113
Uma atividade pouco divulgada de D. Carolina Michaëlis: sua versão
   moderna da *Carta* de Pero Vaz de Caminha 117
Sesquicentenário de um grande mestre 123
Silva Ramos: mestre da língua (6/3/1853 - 16/12/1930) 127
Vieira como padrão de exemplaridade 137
Particularidades da linguagem em Machado de Assis 143
Celso Cunha, um filólogo dos que se separam 145
Antonio Houaiss: influências e afinidades no seu labor
   linguístico-filológico 147
Considerações em torno do *usus scribendi* de Luís de Camões 151
De etimologia, de etimologia portuguesa e da contribuição
   de Joan Corominas 161
Uma obra preciosa ao romanista: A *Lateinische Umgangssprache*
   de Johann Baptist Hofmann 167
Francisco Adolfo Coelho 171
Gladstone Chaves de Melo e o nosso Instituto de Língua Portuguesa 175

Incursões de Sousa da Silveira na romanística em torno de um inédito....177
João da Silva Correia 189
Manuel Rodrigues Lapa (Anadia, 22/4/1897 - Anadia, 28/3/1989)............201
Manuel Said Ali Ida (Petrópolis, 21/10/1861 -
    Rio de Janeiro, 27/5/1953)..203
Um notável filólogo camilista..211
Machado de Assis e seu ideário de língua portuguesa................................219
Primeiros ecos de F. de Saussure na gramaticografia de
    língua portuguesa 227
Antenor Nascentes: romanista..235
Sílvio Elia 243
Um capítulo esquecido na historiografia linguística do português:
    a obra de Manuel de Melo 245
Um eco de S. Agostinho na língua de Vieira..257
Serafim da Silva Neto 263
Antonio de Morais Silva (1/8/1755 - 11/4/1824)..265

Ao leitor benévolo

Ao percorrer o que escrevemos nestes quase 75 anos de experiência de sala de aula e de trabalhos acadêmicos, pensamos numa seleção de páginas relevantes ao leitor que se dedica ao estudo da língua-padrão, bem como ao professor de sala de aula e ao colega que prepara sua dissertação de mestrado ou tese de doutorado.

Os textos escolhidos foram distribuídos em três volumes independentes, conforme sua temática: *Fatos e dúvidas de linguagem* (volume 1), *Análise e história da língua portuguesa* (volume 2) e *Mestres da língua* (volume 3).

Como em outros trabalhos, esperamos que o nosso propósito atenda ao desejo do leitor, e se isto se concretizar nos daremos por muito bem realizados.

Na oportunidade queremos agradecer a todos os alunos, professores, pesquisadores e amigos que, ao longo desta vida acadêmica, com muita dedicação e generosidade têm compartilhado nossos estudos, prestigiado as publicações e, desta forma, contribuído para o cultivo da língua portuguesa. A eles tenho servido com honestidade e desejo de ser útil.

Expresso também minha gratidão às palavras do ilustre colega, profissional rigoroso, competente e historiador de mérito da linguística e da filologia, professor dr. Ricardo Cavaliere, na Apresentação desta obra.

Agradecemos igualmente às colaboradoras e editoras Shahira Mahmud, Cristiane Cardoso, Daniele Cajueiro e Janaina Senna, que contribuíram para tornar realidade mais este nosso trabalho.

Evanildo Bechara

Apresentação

Com a publicação destes estudos reunidos de Evanildo Bechara, possibilita-se aos amantes e estudiosos da língua portuguesa o acesso a um acervo riquíssimo de investigação e reflexão sobre a linguagem humana, com especial relevo na língua de Camões e Machado de Assis. Trata-se de um projeto editorial em três volumes, no qual desponta, a cada linha, na multiplicidade temática dos textos selecionados, a visão privilegiada com que o autor da *Moderna gramática portuguesa* enxerga o fenômeno linguístico em seus vários planos, tais como o do sistema gramatical, do estilo, dos usos em sociedade, das questões etimológicas, entre outros.

A trajetória de Evanildo Bechara como filólogo, linguista e, sobretudo, professor de língua portuguesa revela uma personalidade especialmente destinada ao convívio íntimo com as singularidades do idioma, mercê de sua aguçada percepção da língua como atributo do homem. Bechara, por mais de uma vez, revela-se fiel às teses de Eugenio Coseriu, que concebem na linguagem o escopo primacial da significação, em que conteúdo e expressão revelam-se simultaneamente. Com efeito, a linguística coseriana interpreta a língua como um instrumento para produção de significados, razão da própria existência da linguagem como atributo do homem, e será nessa linha hermenêutica da natureza da língua que Bechara desenvolverá suas pesquisas nos três planos dos saberes coserianos: o elocucional, o idiomático e o expressivo. Comprova-o a seleção de textos que compõem esta trilogia.

Não são muitos os que têm o privilégio de uma vida longeva e produtiva, em que a natural vocação para a tarefa de investigar encontra o tempo necessário para frutificar em farta e profícua produção intelectual. São, afinal, mais de sete décadas de intensa atividade investigatória, que se inaugura em letra de forma no ano de 1954, quando Evanildo Bechara reúne seus estudos iniciais no volume *Primeiros ensaios sobre língua portuguesa*. No prefácio dessa obra inaugural, afirma que foi seu intuito "registrar a fase de atividade linguística" de seus "dezoito aos vinte e cinco anos de idade" e, em exagerada modéstia, solicita que "o leitor benévolo [...] saiba perdoar as fraquezas" (1954, p. 6). Daí em diante, o que se vê é uma série inesgotável de artigos, resenhas, teses, desde os estudinhos de ocasião até as obras gramaticais que viriam a tornar-se textos canônicos sobre a língua portuguesa, tais como suas *Lições de português pela análise sintática* (1960), primeira obra de fôlego maior, já reiteradamente reeditada, sua *Moderna gramática portuguesa* (1961), que passa a ter nova feição a partir da 37.ª edição em 1999, a par da *Gramática escolar* (2001), do *Novo dicionário de dúvidas* (2016) e tantos outros trabalhos de escol.

Decerto que, antes de publicar seus *Primeiros ensaios*, Bechara já havia posto em letra de forma alguns estudos de meritória qualificação, o primeiro deles intitulado *Fenômenos de intonação: um capítulo de fonética expressiva* (1946), escrito quando o autor ainda não ultrapassava os 18 anos de idade. Trabalhos menos divulgados como esse mantinham-se escondidos nas páginas avulsas de periódicos, coletâneas e separatas, razão por que ao leitor interessado não lhe eram acessíveis, possivelmente sequer conhecidos, um desperdício inadmissível se considerarmos a riqueza que neles reside e o aprendizado que sua leitura provê. Agora, com a publicação destes dispersos, cujo projeto editorial em três volumes foi tão bem elaborado pela Editora Nova Fronteira, ficamos todos nós, admiradores e discípulos, mais à vontade para usufruir os ensinamentos que fluem em suas páginas e deles nos valer, não apenas em nossos próprios trabalhos de investigação linguística, mas também no preparo de nossas aulas de língua vernácula.

A seleção dos textos em cada volume, tarefa a que se dedicou o próprio Autor, procura conferir certa organicidade ao mar temático por onde singra a pena deste que é hoje — e sem favor — o mais prestigiado filólogo da língua portuguesa. O primeiro volume, por exemplo, cuida de temas diacrônicos que circundam a seara das etimologias e da própria conceituação dessa parte da gramática histórica, como se percebe em "Famílias de palavras e temas conexos", "Etimologia como ciência" e "*Forró*: uma história ainda mal contada". Esse último, por sinal, destrói uma crença mal fundamentada sobre a origem desse brasileirismo lexical, providência de que o Autor igualmente se incumbe no instigante "*Gandavo* ou *Gândavo*", em que discorre sobre a pronúncia mais autorizada do nome do historiador e cronista português.

Será ainda no primeiro volume que o temário da norma linguística e sua aplicação no ensino do vernáculo conquistará o interesse do Autor, como se percebe em "Língua culta oculta", "Linguagem e educação linguística" e "Que ensinar de língua portuguesa?", questões que interessam particularmente ao professor, sempre comprometido com a melhor estratégia pedagógica para fazer da aula de língua portuguesa um instrumento de formação cidadã. Com efeito, não se há de duvidar que a escola visa ao preparo do aluno para figurar não como mero espectador, senão como ator no cenário das relações sociopolíticas e culturais que o dia a dia da vida social proporciona. Nesse mister, o uso da língua, em texto oral e escrito, revela-se instrumento precioso para que sejamos ouvidos e considerados como cidadãos partícipes no seio da sociedade.

Temas que mais interessam ao leitor consulente do que propriamente ao linguista, não obstante devessem merecer a atenção de todos, circundam a seara da ortografia e da prosódia normativa, sem descurar da prosódia em plano variacionista. Assim, será com prazer que o leitor certamente usufruirá as linhas de "Pronúncia do Brasil e de Portugal", "A pronúncia do *u* sem trema", uma dúvida ordinária entre os consulentes, além de estudos esclarecedores sobre o Acordo Ortográfico recentemente promulgado na maioria dos países de língua portuguesa, tais como "As bases do novo Acordo Ortográfico", "O novo Acordo por dentro e por fora" e

"As novas letras *K*, *W*, *Y* do nosso alfabeto". Estes são apenas alguns dos preciosos trabalhos que enfeixam o primeiro volume deste projeto editorial.

No tocante ao segundo volume, percebe-se a dedicação de Evanildo Bechara no tratamento de temas pontuais dotados de intenso e consolidado teor informativo, sem o ranço da teorização estéril e repetitiva que, por vezes, dá mais relevo ao fundo do que à figura. As marcas dessa postura em prol de um saber idiomático, que está, como sempre, no plano dos interesses do leitor comum, revela-se em trabalhos como "Sejam bem-vindos os consultórios gramaticais", "O estrangeirismo e a pureza do idioma", "Repasse crítico da gramática portuguesa" e "Sobre a sintaxe dos demonstrativos". Esse último, por sinal, cuida de uma controversa questão sobre usos linguísticos na construção do texto, considerando-se o relevante papel dos demonstrativos como instrumentos de coesão anafórica.

Fiel à pluralidade temática que norteou a seleção destes dispersos, o Autor não descurou dos pequenos trabalhos de ocasião, que desvendam deliciosamente a curiosidade do leitor acerca das denominadas idiossincrasias da língua, ou, como denominavam os antigos, dos fatos que residem no "gênio da língua". Nessa linha, usufruímos, entre outros, os textos "O Natal em línguas do mundo", "Por que segunda-feira em português?", "Última flor do Lácio", "Inovações sintáticas no português moderno" e "Português ou brasileiro?", todos escritos em linguagem clara, que aproxima o leitor do fato linguístico e lhe confere estímulo para aprofundar a leitura em textos de maior fôlego.

Já o terceiro volume, que põe termo à coletânea dos preciosos estudos a que nos vimos referindo, dedica-se majoritariamente ao relato das contribuições que grandes nomes da filologia e da linguística transmitiram às gerações que lhes sucederam e permanecem, por assim dizer, como um legado para a história do saber sobre a linguagem humana. Decerto que, nesse mister, não poderiam faltar os nomes de Herculano de Carvalho (1924-2001) — "A contribuição de Herculano de Carvalho aos estudos linguísticos" — e Eugenio Coseriu (1921-2002) — "Eugenio Coseriu" —, que, em companhia de Manuel Said Ali (1861-1953), formam a base tridimensional do pensamento linguístico em Evanildo Bechara, nomeadamente a que se percebe na 37.ª edição e seguintes da *Moderna gramática portuguesa*.

Mas as referências teóricas de Bechara não se adstringem aos nomes que mais lhe tocam a formação linguística, senão aos que igualmente estão em seu horizonte de retrospecção como formadores de opinião, referências paradigmáticas que compõem, por assim dizer, sua personalidade intelectual. Eis por que o Autor se adianta em incluir neste terceiro volume os trabalhos "Harri Meier e seus estudos de língua portuguesa", "Lendo os cadernos de Mário Barreto", "Othon Moacyr Garcia — seu labor científico", "Celso Cunha, um filólogo dos que se separam" e "Antonio Houaiss: influências e afinidades no seu labor linguístico-filológico". Devemos, aqui, lembrar que Bechara é um linguista que percorreu — e ainda percorre — várias fases da mudança por que passa a linguística como ciência a partir da chegada do modelo estruturalista ao Brasil, fato que lhe conferiu uma capacidade especial para enxergar a face interna da língua sob vários ângulos. Por outro lado, a formação filológica, que já se percebe nos primeiros passos de sua trajetória e ainda o acompanha nos dias que vivemos, impõe a seu trabalho um compromisso com o texto, decerto que em *corpus* de língua escrita, já que sua concepção de descrição linguística esteia-se no princípio da unicidade do objeto.

O perfil filológico de Evanildo Bechara não poderia olvidar a ligação íntima entre o estudo da língua e o da literatura, de que resultam textos preciosíssimos em que sua aguda percepção dos fatos da língua vernácula contribui para melhor compreendermos e interpretarmos peças da literatura clássica e contemporânea. É nessa linha que podemos agora ler os estudos "A erudição de Camões", "José de Alencar e a língua do Brasil", "Manuel Bandeira e a língua portuguesa" e "Particularidades da linguagem em Machado de Assis", que ocupam as páginas do terceiro volume. No trabalho sobre José de Alencar, nome do Romantismo que tanto motivou a filologia em face de sua intransigente defesa da modalidade brasileira do português, Bechara aponta as características gramaticais que figuram nos principais textos do autor de *Iracema*, destacando que, por sua iniciativa, surge uma renovada norma literária no Brasil, que respeita o modo de expressar-se típico da vertente americana da língua de Camões.

Já no estudo sobre os fatos linguísticos que tipificam a obra de Machado de Assis, a contribuição de Bechara revela as nuances de caráter linguístico imersas na prosa machadiana, cujo estilo ímpar configura-se em fonte inesgotável de fatos notáveis, sobretudo na seara da sintaxe e dos tropos. Por sinal, a investigação do sentido na obra de Machado de Assis é tarefa que parece não findar, já passado mais de um século de sua morte e a despeito das multiplicadas linhas que se escrevem a seu respeito. Isto porque, conforme acentua Bechara, a pena machadiana percorreu caminhos linguísticos que outros autores de sua geração não souberam encontrar, de que decorre um texto literário rico em idiossincrasias, um modo de expressão que logo denuncia a origem autoral à primeira leitura.

Com efeito, Bechara integra uma geração de estudiosos que aprenderam a enxergar a língua através do texto, sem a preocupação dos rótulos teóricos. A especialização e, em certos modelos, o formalismo que o desenvolvimento dos paradigmas linguísticos impôs ao pesquisador hodierno, que leva foneticistas a não se aventurar nos estudos sintáticos, ou semanticistas a evitar os caminhos da morfologia, nestes tempos em que se sente uma certa necessidade de ser reconhecido pela especialidade temática, soa inusitado que um dado pesquisador circule pelas distintas áreas do saber sem o escrúpulo do exclusivismo. No entanto, para os que se formaram no ideário de um Manuel Said Ali, a premissa era de que o texto precede a tese e a ela se impõe. Ora, se no texto vislumbra-se a língua em sua realização completa e acabada, decerto que haverá o intérprete de circular por todas as suas sendas, sem reservas.

Ademais, a leitura dos trabalhos menores na extensão, não obstante gigantescos no conteúdo, que compõem esta coletânea de dispersos, revela que Evanildo Bechara jamais descurou do compromisso com o ensino da língua vernácula em nível fundamental e médio. Essa, por sinal, é mais uma caraterística dos filólogos que o Brasil conheceu pela pena de um Sousa da Silveira (1883-1967), um Antenor Nascentes (1886-1972) ou um Gladstone Chaves de Melo (1917-2001), para aqui citar apenas alguns dos grandes mestres que, ainda elevados ao ensino superior, jamais descuraram do contributo à educação básica, com o que hoje mais se conhece como "português em sala de aula". Por outro lado, as linhas desta trilogia revelam um linguista que sabe aproximar-se do interesse do cidadão leigo, mediante tratamento de temas prosaicos aos olhos dos especialistas, tais como o conceito e aplicação de norma gramatical, as questões ortográficas, a linguagem no trato social etc. Decerto, será essa necessária reaproximação do linguista com o falante da língua uma das missões mais desafiadoras neste século que se inicia.

Tome-se, por exemplo, a questão dos consultórios gramaticais, tratada no estudo "Sejam bem-vindos os consultórios gramaticais", já aqui referido. Trata-se de um grito de alerta que Evanildo Bechara faz ecoar no meio acadêmico, como que a advertir os linguistas de que o projeto de popularização da ciência, ou de "vulgarização da ciência", como diziam os filólogos do século XIX, não pode restringir-se às intenções, deve efetivar-se pelo diálogo direto com o falante. Ainda que nosso intuito seja o de desmitificar o normativismo estéril, o purismo infundado que sempre permeou a atividade intelectual no plano pedagógico, mesmo assim o caminho é o do contato com o falante: descrevendo, argumentando, interpretando, esclarecendo, enfim. Em curtas palavras, omisso o linguista no tratamento dos tais temas prosaicos, ocupa seu lugar o "ignorante ilustrado", que dá pitacos de algibeira e só contribui para empobrecer a discussão sobre a fenomenologia da linguagem humana. Portanto, que ecoe com força a exortação de nosso filólogo maior em prol dos consultórios gramaticais; se quisermos, sem o traço prescritivo que nos sugere o substantivo "consultório", mas com o necessário teor dialogal que faz aproximar ciência e sociedade.

Enfim, este novo projeto editorial, que faculta acesso do leitor interessado a um conjunto de estudos preciosos até então ocultos nas páginas da história, revela-nos um Evanildo Bechara polígrafo, que consegue tratar temas vários com elegância e erudição. Revela, ademais, um leitor atento e atualizado, que não hesita em ajustar antigos conceitos às conquistas que a ciência inevitavelmente obtém com o devir do tempo. Esta expressão de clarividência está, sem dúvida, entre os atributos que nos fazem reconhecer em Evanildo Bechara a excelência dos intelectualmente abastados.

Não terá sido, pois, fortuito ou infundado o reconhecimento de que hoje o Autor desta coletânea desfruta *intra e extramuros*, seja entre os pares como linguista de escol, seja no seio da sociedade como gramático e professor reverenciado. Basta, para comprová-lo — se assim quiserem os mais incrédulos —, haver auferido a imortalidade dos mortais em instituições como a Academia Brasileira de Letras, a Academia Brasileira de Filologia e a Academia das Ciências de Lisboa. Se tais títulos não bastam, juntemos o de professor *honoris causa* conferido pela Universidade de Coimbra e os de professor emérito da Universidade do Estado do Rio de Janeiro e da Universidade Federal Fluminense, isto sem contar a honraria que lhe atribuiu o jornal *O Globo*, em junho de 2006, ao situá-lo entre os "cem brasileiros geniais vivos".

Poucos fatos da vida de um professor superarão o prazer de usufruir o reconhecimento de seus alunos e o privilégio de ser eternizado nas páginas de sua obra.

A satisfação de circular sem fronteiras pela palavra escrita, fomentando ideias, contribuindo para a formação de cidadãos. Um prazer que emana da constatação de que, no imaginário social, tornou-se tão intimamente vinculado a seu mister que seu nome passa a ser usado como sinônimo de gramático. Com efeito, não serão poucos os estudantes que, ainda hoje, referem-se à cotidiana tarefa de estudar a língua portuguesa dizendo: "Vou consultar o Bechara."

Esta coleção de textos avulsos, pois, confere-nos o renovado deleite de "consultar o Bechara", beber de sua fonte intelectual, acompanhar seu raciocínio filológico e com ele trilhar as sendas da língua que falamos e amamos. Também deixo aqui uma palavra de louvor à Editora Nova Fronteira, que em tão boa hora teve a iniciativa de patrocinar esta publicação, cujos resultados já se avizinham intensamente enriquecedores para a difusão do saber sobre a linguagem humana, com especial enfoque na língua portuguesa.

Ricardo Cavaliere

Referências

BECHARA, Evanildo. **Fenômenos de intonação**: um capítulo de fonética expressiva. Rio de Janeiro: Edição do Autor, 1946.

_____. **Gramática escolar da língua portuguesa.** Rio de Janeiro: Editora Lucerna, 2001.

_____. **Lições de português pela análise sintática.** Rio de Janeiro: Fundo de Cultura, 1960.

_____. **Moderna gramática portuguesa.** São Paulo: Editora Nacional, 1961.

_____. **Novo dicionário de dúvidas da língua portuguesa** [Colaboração de Shahira Mahmud]. Rio de Janeiro: Nova Fronteira, 2016.

_____. **Primeiros ensaios sobre língua portuguesa.** Rio de Janeiro: Livraria São José, 1954.

A contribuição de Herculano de Carvalho aos estudos linguísticos

Com ele desparece o mais rigoroso e competente teórico da linguagem em língua portuguesa, a quem não faltava a presença alicerçadora da filosofia, da antropologia cultural, da história do pensamento linguístico no mundo ocidental e oriental, da sociologia, da etnologia, da psicologia, da ecdótica, da linguística do texto e de outros domínios imprescindíveis às suas penetrantes investigações.

José Gonçalo Herculano de Carvalho nasceu em Coimbra, aos 19 de janeiro de 1924; o curso liceal completou-o entre 1934 e 1941, repartido pelas cidades de Lisboa, Coimbra e, finalmente, de novo Lisboa. Ingressa, em 1941, na Faculdade de Letras da Universidade de Lisboa, no curso de filologia românica, cuja licenciatura conclui em 1945 com os honrosos 18 valores, recebendo, em seguida, o prêmio Dr. José Maria Rodrigues, na cadeira de estudos camonianos, pela elaboração do seu primeiro ensaio de nível universitário intitulado "Sobre o texto da lírica camoniana", que inaugura uma revisão na complexa problemática textual da lírica camoniana.

A excelência da preparação do novel licenciado é premiada com a designação, como bolseiro do Instituto de Alta Cultura, para desempenhar as funções de leitor de língua portuguesa na Universidade de Zurique, viagem decisiva para marcar uma das vertentes mais ricas da investigação e produção científica por toda a sua vida: os estudos dialetológicos. A Suíça, onde o jovem professor universitário português permaneceu por quatro anos (1946-1949), sempre fora um fértil campo dos estudos linguísticos e filológicos — além de outras ciências —, e a pluralidade de dialetos afins e de línguas diferentes, faladas no seu pequeníssimo território, com as consequências decorrentes desta especial circunstância, representava um permanente e aliciante convite ao pesquisador interessado nos fenômenos de contatos de línguas e culturas e de sua expansão geográfica. Não foi por outra razão que nasceu e se desenvolveu nesse pequeno país da Europa a geografia linguística, que tanto contribuiu — ela e suas subdisciplinas correlatas, como a linguística areal, por exemplo — para o desenvolvimento dos estudos dialetológicos e da teoria da linguagem. E em Zurique trabalhavam dois luminares desse febricitante ambiente com que o jovem linguista português iria aperfeiçoar seus estudos romanísticos: Jakob Jud (1882-1952) e Arnald Steiger (1896-1963), este último ainda ilustre no domínio da influência do árabe nas regiões da Romênia em que plasmou suas profundas e decisivas raízes culturais no campo das ciências e das artes, e aí, mais particularmente, nas línguas.

Esta atividade de Steiger se refletirá, como veremos adiante, nas pesquisas e estudos etimológicos do nosso Herculano de Carvalho.

Retornando a Coimbra para assumir, de 1950 a 1954, as funções de assistente-estagiário da Faculdade de Letras, aproveita para preparar e concluir sua dissertação de doutoramento em filologia românica, ao fim de cujas provas alcança a classificação raríssima de 19 valores e o cargo de assistente. Essa dissertação, um dos pontos altos na bibliografia especializada, vinda à luz em 1953 como separata do volume XXIX da revista *Biblos*, recebe título que desde logo vincula Herculano à orientação teórica de Schuchardt, Jud, Jaberg e toda a escola suíça de dialetologia: "Coisas e palavras: alguns problemas etnográficos e linguísticos relacionados com os primitivos sistemas de debulha na Península Ibérica" (XII p. +413p. +13 mapas).

Da importância dessa dissertação deram conta as várias recensões saídas nas mais conceituadas revistas do mundo e assinadas pelos mais respeitáveis especialistas, bem como as manifestações de colegas nacionais estrangeiros; parte desse material será transcrita, por desejo do autor, na 2.ª edição que estávamos planejando para a publicação numa editora universitária brasileira, possivelmente a EdUERJ. Assim é que em carta datada de 19 de fevereiro de 1954, lhe escreve Karl Jaberg a seguinte apreciação, traduzida pelo próprio Herculano:

> Dificilmente alguma vez problemas ergológico-linguísticos tenham sido tratados sobre a base de um material tão rico, com tanta atenção e tato como na sua dissertação, que não é somente um *specimen eruditionis*, como é de costume exigir de um futuro investigador, mas é sim um *monumentum eruditionis* que manifestamente revela o investigador maduro. É evidente que V. tem o seu poder — e sabe manejar — todas as armas de que a metodologia de pesquisa etnográfica e onomasiológica permite dispor. V. não trabalhou como mero erudito local, mas como romanista de formação e orientação europeia. Causa alegria verificar como os mais modernos métodos de linguística são aceitos e desenvolvidos também em países (geograficamente) marginais. O seu mérito está em paralelo com o dos seus professores — tanto os nacionais (neste grupo H. de Carvalho incluía o saudoso Harri Meier que, embora de nacionalidade alemã, fora seu mestre em Lisboa) como os do exterior. V. conseguiu reunir com felicidade tudo quanto Paiva Boléo (no sentido da dialetologia e da geografia linguística) e Jorge Dias (no da etnologia) têm pretendido.

Não menos consagradora é a afirmação de Jacinto do Prado Coelho em carta datada de 24 de fevereiro de 1954, sobre *Coisas e palavras*: "É de fato um trabalho modelar, que revela um filólogo já amadurecido e com uma preparação ampla, da fonética até a etnografia."

Seguiram-se, entre outras, resenhas de Walther Giese, Júlio Caro Baroja, A. Steiger, Max Leopold Wagner, H.Kroll, Manuel Alvar, Vittore Pisani, Bengt Hasselrot, e de Yakov Malkiel.

As ocupações universitárias como assistente-estagiário da Faculdade de Letras, a partir de 1950, iriam fatalmente empurrar o jovem cientista português a aprofundar-se nos meandros de uma disciplina que se ia introduzindo nos currículos sob a luz e a influência da descrição sincrônica, à sombra do *Curso de linguística geral*, de Ferdinand de Saussure e da escola europeia, de um lado, e da escola norte-americana de Bloomfield e Sapir, de outro. Para tanto, valeram a Herculano de Carvalho os fundamentos filosóficos e a inclinação que lhe era natural para os temas teóricos da linguística. Era previsível que nessa preocupação o linguista português não deixasse de lado os esforços desenvolvidos por Joaquim Mattoso Câmara Jr., introdutor da disciplina não só no Brasil, mas "no mundo da língua portuguesa", segundo suas próprias palavras, ao registrar com entusiasmo, no vol. 10 da *Revista Portuguesa de Filologia*, o aparecimento da 3.ª edição dos *Princípios de linguística geral*, do estudioso brasileiro.

O labor na cadeira de introdução aos estudos linguísticos, criada em 1957, estimulou Herculano a elaborar uma sebenta de orientação teórica e bibliográfica destinada aos numerosos iniciantes no curso universitário (Coimbra, 1958-1960, 105 páginas), uma vez que, como era natural a um cientista criterioso, gostaria de registrar seus próprios pontos de vista, num domínio novo da investigação, em que a língua portuguesa estava passando, pela primeira vez com sistematicidade, pelo crivo dos procedimentos metodológicos de uma descrição sincrônica. Este sentido de tentar procurar rumo próprio, já assinalara na resenha atrás aludida:

> Obra didática, em que não se pretende expor teoria original, o livro tem, contudo a originalidade da reflexão pessoal, que leva à aceitação ou à rejeição das soluções propostas para cada problema. Se o A. sempre escolheu a solução justa, é outra questão que cumpre a cada leitor resolver, através da sua própria reflexão.[1]

A cada revisão da sebenta, Herculano de Carvalho ia acrescentando os frutos de suas leituras e reflexões, a ponto de, apesar da sua destinação a sanar lacunas bibliográficas aos alunos, merecer referência assinalada por Mattoso Câmara na 4.ª edição dos *Princípios*: "Depois desta data, apareceu em Portugal, como publicação interna da Universidade de Coimbra, o excelente curso de Herculano de Carvalho."[2]

O curso mimeografado teve 2.ª edição para o ano letivo de 1961-1962, mas foi na revisão de 1962-1963, já com 487 páginas, que recebeu forma definitiva de um verdadeiro compêndio da disciplina, e é a esta nova versão que se refere Mattoso Câmara na passagem atrás citada.

Incansável estudioso, o mestre português continua aprimorando seu curso de linguística, e em 1967 sai impresso o 1.º volume dessa obra densa que ainda por muitos anos será referência indispensável dos estudos linguísticos, *Teoria da linguagem: natureza do fenômeno linguístico e análise das línguas*, a seguir completado pelo 2.º volume. A saúde precária que o levou a aposentar-se prematuramente em março de 1976, com 52 anos, interferiria nos seus planos de publicar o 3.º e último volume da *Teoria*, concluindo o estudo de morfologia e encetando os capítulos de sintaxe, semântica e estilística e um final sobre a mudança na linguagem. O linguista discute problemas de teoria da linguagem e de descrição em sistemas gramaticais de variados idiomas, numa prova evidente de seu extenso saber e conhecimento de uma bibliografia especializada. Mesmo incompleta, a excelência da obra estava a promover para breve saída em revisão aumentada, uma tradução para o alemão e, depois, possivelmente, para o inglês e o francês.

O que não pôde enfeixar no pretendido 3.º volume espalhou-o nos muitíssimos verbetes com que colaborou assiduamente nos 18 tomos da *Enciclopédia luso-brasileira de cultura*, da Editorial Verbo, sobre todos os domínios da linguística. É um largo repositório de material que, recolhido e inteligentemente sistematizado, adiantará muito do que ficou suspenso nos capítulos que o nosso Herculano não pôde oferecer-nos. Na futura pesquisa que se terá de fazer sobre as fontes do pensamento linguístico estrutural funcional de Herculano de Carvalho e sua evolução, ocupará lugar de honra, no que se refere aos temas de teoria da linguagem, a participação de Eugenio Coseriu, um dos mais completos representantes desse campo científico na passagem do século XX para o XXI, ao lado de Antonio Pagliaro, Louis Hjelmslev, Roman Jakobson, Émile Benveniste e J. Kurylowicz.

Desta filiação intelectual o próprio Herculano de Carvalho nos dá testemunho, depois de um primeiro encontro ocorrido num congresso no Brasil, na cidade de Porto Alegre:

> A cada passo se encontrará, pois aqui o eco da voz de muitos mestres. Entre eles, parece-me que será particularmente audível o de um Eugenio Coseriu — a quem desde 1958, quando nos encontramos pela primeira vez na longínqua cidade de Porto Alegre, me sinto ligado por uma fraterna amizade, e que pelas suas obras, pela sua palavra nas não muito frequentes, mas fecundas horas de convivência que temos tido em dois continentes, me alegrou e estimulou decisivamente a seguir por um caminho que então começara a trair-me com irresistível força. Não sei ao certo o quanto monta a minha dívida neste meu livro (como mouros estudos publicados e a publicar) a Coseriu e a outros, mas é muito, sem dúvida.[3]

Na docência em Coimbra, estendeu a atividade fora dos muros da sua universidade com curso de português nas antigas províncias ultramarinas de Angola e Moçambique, com especial atenção para o espaço de etnia macua. Seu discípulo e amigo Jürgen Schmidt-Radefeldt assinala, com muita razão, os importantes trabalhos de Herculano de Carvalho desenvolvidos "a volta dos estudos do crioulo de Cabo Verde e do *forro* de São Tomé, dando assim continuidade à tradição de um Hugo Schauchardt dentro de uma perspectiva científica estruturalista e atual".[4]

Herculano de Carvalho, no domínio da exegese do pensamento linguístico, deixou-nos uma série de lições, que, apesar de escritas, continuam inéditas, e os herdeiros ou seus colegas de universidade têm a responsabilidade de coordená-las preparando-as para a impressão. É o caso de um curso que, em 1973, a convite da Universidade Federal Fluminense e por instigação do professor Maximiano de Carvalho e Silva, ministrou sobre a gramática gerativa e transformacional, quiçá o primeiro panorama crítico entre nós das fases ou versões linguísticas elaboradas por Noam Chomsky até aquele momento. Com certeza o presente curso, além das próprias reflexões, orientava os jovens universitários brasileiros para a análise crítica, ponto por ponto, das três versões chomskyanas até a época, elaborada por Coseriu na *Einführung in die Transformationelle Grammatik*[5] e, mais extensa e enfatizando os alcances e os limites da teoria, em *Leistung und Grenzen der Transformationellen Grammatik*.[6]

Em 1974 prometia Herculano para breve saída o livro *A gramática transformacional-gerativa: breve exposição crítica*, obra infelizmente ainda inédita.

Ao sair a *Cartesian Linguistics* em 1966, Herculano abalançou-se a resenhar negativamente o livro de Chomsky, mas acontecimentos vários delongaram a preparação definitiva do texto, o que só ocorreu em 1974. Novos contratempos só permitiram a publicação em 1984; a demora, todavia, favoreceu que a primitiva resenha, de tão extensa, se transformasse num livro de 121 páginas. É uma crítica contundente aos pretensos fundamentos filosóficos da teoria com base numa doutrina com que não tem nenhum vínculo real de relação.

Além de sua extraordinária contribuição à teoria da linguagem, Herculano de Carvalho desenvolveu, com exemplar competência, sua atividade no domínio da romanística. Sobre ministrar cursos, na graduação de letras da Universidade de Coimbra, de literatura espanhola e de literatura italiana — de cujas aulas falam com muito entusiasmo seus antigos alunos —, escreveu, em 1958, sintética, mas erudita apostila intitulada *Lições de linguística românica*.[7] Este pequeno manual assinalaria o segundo texto sistematizado escrito em português, cronologicamente falando, já que o primeiro fora devido a Antenor Nascentes, publicado em 1954 pela Organização Simões, do Rio de Janeiro, com o título *Elementos de filologia românica* (109 páginas), para atender às necessidades dos professores que ensinavam e dos alunos que estudavam essa disciplina universitária. Diz Nascentes, com elevada modéstia, no prefácio do livro: "(...) se não tiver outro mérito, a obra terá o de ser o primeiro compêndio que sobre o assunto se publica em nosso país."

Apesar da diferença de apenas quatro anos na publicação, as duas meritórias obras refletem tendências profundamente diversas, que se denunciam a começar dos títulos: filologia românica / linguística românica.

Os elementos de Nascentes caminham na trilha de Diez e Meyer-Lübke, refletida em compêndios com intenções mais didáticas nos dois voluminhos substanciais da *Romanische Sprachwissenschaft* de Adolfo Zauner, discípulo de Meyer-Lübke e dos lucidamente organizados *Éléments de linguistique romane*, de Édouard Bourciez.

Assim, a obra de Nascentes é uma descrição do sistema fonológico e gramatical (morfologia e sintaxe) das seis línguas românicas elencadas em áreas geográficas por Diez: português, espanhol, provençal, italiano, francês (antigo e moderno) e romeno.

Para respeitar o antigo vínculo do conceito de filologia com a língua e a literatura, os *Elementos* terminam com uma breve antologia de textos representativos dos idiomas estudados, para comentário em sala de aula.

As *Lições de linguística românica* de Herculano se modelam, na sua 1.ª edição, por um plano não totalmente assente, em que a preocupação com os fundamentos de linguística teórica — com pressupostos dos fenômenos que irão desenrolar e patentear no percurso histórico do latim às línguas românicas — praticamente acaba sendo privilegiada, em detrimento do domínio particular da linguística românica. Assim, tais informações de conceitos da moderna linguística "que (...) nós teremos de invocar mais de uma vez no decorrer do curso"[8] ocuparão as primeiras 84 páginas, ficando as 33 restantes distribuídas (incluindo aí as dedicadas à orientação bibliográficas) pelos seguintes assuntos: as línguas românicas, a expansão do latim, o latim — base das línguas românicas, a linguística românica e o latim, a romanização da Península Ibérica, os idiomas ibero-românicos: o atual panorama linguístico da Península.

Nas aulas práticas, a matéria versada era a caracterização fonológica do francês, italiano, espanhol, além de comentários de textos representativos destas línguas.

Não tivemos em mão a 2.ª edição dessa apostila, que saiu em 1960-1961, com 91 páginas, mas na 3.ª, aparecida no ano letivo 1966-1967, além de bastante aumentada (178 páginas), o curso dispensa a longa parte relativa aos conceitos de linguística moderna, para dedicar-se exclusivamente aos temas relativos à linguística românica, estudando com profundidade o sistema fonológico do latim comparativamente com o português, o francês e o italiano, com particular atenção... (p. 162). Por fim, já no adendo com data de 1969, o curso chega até o capítulo da morfologia, com 19 páginas. O tratamento diferenciado por que passaram os manuais de filologia e linguística românica do espaço que vai de Zauner, Bourciez, Nascentes, mais recentemente Lausberg, de um lado, e Monteverdi, Harri Meier, Tagliavani, Vidos, Elcock, Sílvio Elia e Herculano, de outro está, a nosso ver, delimitado por uma obra hoje envelhecida, mas extremamente útil, que sobrepunha à mera e circunstanciada catalogação dos fenômenos fonológicos e morfológicos — mais restritivamente os sintáticos — do latim às línguas românicas, os problemas de natureza metodológica levantados no domínio da romanística. Trata-se de *Einführung*, de Meyer-Lübke, especialmente na 3.ª edição, que foi superiormente traduzida e comentada para o espanhol por Américo Castro: *Introducción a la linguística románica*.[9] No prólogo da 3.ª edição assenta Meyer-Lübke o seu propósito que vai, em grande parte, servir de guia aos modernos manuais da disciplina:

> Por fim, gostaria de deixar claro que não quis escrever uns princípios gerais da linguística românica, mas sim uma hermenêutica (...). A finalidade essencial deste livrinho não é ministrar materiais científicos, mas indicações para o tratamento científico do material.

A sua produção no domínio da romanística foi numerosa, tanto na vertente dos estudos de língua, quanto na da literatura, aqui, naturalmente, menos representativa, graças a maior inclinação de Herculano de Carvalho às pesquisas linguísticas. No domínio da literatura, além do primeiro trabalho universitário já referido, sobre a problemática do cânone lírico de Camões, merecem lembrança sua colaboração à Miscelânea em honra de Hernâni Cidade intitulada "A influência italiana em Bernadim Ribeiro" (1957), "Um tipo literário e humano do Barroco: o cortesão discreto" (1964), "O fingimento poético" (1964), "Crítica filológica e compreensão poética" (1968, reeditado pelo Programa especial UFF-FCRB, Rio, 1973), "Pessoa leitor de Rimbaud" (1991). Trabalhou numa seleção de textos anotados de *Menina e Moça*, de Bernadim Ribeiro (1.ª edição, 1960, 2.ª, 1973) e nas *Opera Omnia*, de Manuel Maria Barbosa du Bocage. A formação segura de investigador dos fatos de geografia linguística e de dialectologia, quase sempre numa ênfase etnográfica, levou-o a escrever trabalhos fundamentais, como "Estalagens e albergarias" (1949), "Por que se fala dialeto leonês em Terra de Miranda?" (1951), "O falar de Rio de Onor" (1954, em colaboração com Jorge Dias), "Projeto de um atlas linguístico etnográfico de Portugal e da Galiza" (1960, em colaboração com Paiva Boléo e Lindley Cintra), "Os estudos dialectológicos em Portugal nos últimos vinte anos" (1961), "Le vocalisme atone des parlens créoles du Cap Vert" (1961).

Intimamente ligada a estas atividades está sua preocupação com os problemas de gramática histórica e etimologia, ressaltando o entrelaçamento, com propósitos e metodologias diferentes, da sincronia e da diacronia, do intuito descritivo e da explicação histórica, na atividade integral do bom linguista. Disto dão prova os seguintes principais estudos de Herculano de Carvalho: "Derivados do latim GALLA" (1950), "O vocabulário exótico da *Histoire des Indes* 1553" (1961), "Sobre a evolução da *laudare* > 'louvar', *audire* > 'ouvir'" (1953), "A evolução portuguesa dos grupos -ky- e -ty- intervocálicos" (1956), "Moçarabismo linguístico ao Sul do Mondego" (1959), "Elementos estranhos no vocabulário mirandês" (1960), "Sincronia e diacronia nos sistemas vocálicos do crioulo cabo-verdiano" (1962), "Nota sobre o vocalismo antigo português. Valor dos grafemas 'e' e 'o' em sílaba átona" (1962).

A sólida fundamentação linguística e filosófica levou-o a manifestar-se sobre alguns temas importantes, como: "*Segno e significazione* in João de São Tomás" (1961), "Inovação e criação na linguagem. A metáfora" (1962), "Plan significatif, Phonétique et phonologie" (1965), "Sobre a natureza dos crioulos e sua significação para a linguística geral" (1966), "O problema do gênero dos pronomes" (1973).

Problemas de ordem prática, como a ortografia, problemas de ensino e difusão da língua portuguesa também mereceram a atenção de Herculano de Carvalho.

A ideia de ver tais problemas como questão de pouca importância tem permitido que eles sejam tratados por pessoas de muito boa vontade, mas sem o preparo técnico para equacioná-los e resolvê-los adequadamente. Herculano de Carvalho pensava de modo diferente — e, portanto, correto — sobre esse descaso, isto é, só a mãos competentes esse ensino deve ser entregue: "O ponto de partida, para que o ensino da língua materna seja de fato o que deve ser, plenamente eficiente, reside numa exata compreensão do fenômeno linguístico em geral."[10]

Deve ser aqui ressaltado, para mostrar que todos os problemas de linguagem — teóricos e práticos — interessam ao verdadeiro linguista, na linha de R. Jakobson de filiação clássica daquilo de Terêncio: *homo sum, humani nihil a me alienum puto*, que são suas lições repletas de informações e orientações muito oportunas hoje e sempre. Eis alguns de seus estudos: "A língua como fator de unidade" (1968), "A língua portuguesa no mundo" (1968), "Palestras linguísticas: sobre a defesa da língua" e "Sobre o ensino da língua materna" (1969), "A difusão da língua portuguesa em África" (1971), "O exército e a difusão da língua portuguesa" (1969), "Contribuição de *Os Lusíadas* para a renovação da língua portuguesa" (1980).

Como linguista e educador, recusava-se a defender a presença do latim na condição subalterna de ancila do português; tem a disciplina excelentes caracteres intrínsecos que a fazem peça fundamental na formação cultural dos adolescentes:

> ilusão mais grave é atribuir ao ensino do latim (...) um papel auxiliar na aprendizagem do português.
> Se alguma função cabe ao estudo da língua de Roma — e eu sou ainda dos que creem que não é insignificante essa função — na formação intelectual das juventudes, não é certamente essa que atualmente lhe concedem, por favor, os programas liceais.[11]

Ultimamente, voltava-se Herculano de Carvalho a interessantes estudos de linguística contrastiva de que são exemplos: "Construções com *senão* no quadro de uma comparação com o alemão" (1980), "Verbes et locutions causatifs en portugais en comparaison avec le français" (1986), "As orações de gerúndio no galego e no português" (1989).

Muitos estudos não foram aqui citados pela natureza mesmo deste artigo, que pretende tão somente ser um convite para estimular a leitura e a meditação deste notável linguista. Herculano de Carvalho amou o que fez durante toda a vida de professor competente e pesquisador erudito. Estendeu esse amor àqueles que lhe abriram, pelas aulas e pelos livros, os caminhos largos e as veredas escondidas, como patenteiam suas palavras repassadas do eterno agradecimento e dolorosa saudade dedicadas a Charles Bally e Jakob Jud. Essas amizade e gratidão sinceras ele as dedicava também ao Brasil (que considerava "sua pátria de coração") e ao Liceu Literário Português, a convite do qual esteve presente mais de uma vez em congressos e encontros no Rio de Janeiro. A ele o Liceu, pelo Instituto de Língua Portuguesa, dedica-lhe um número especial de Homenagem da revista *Confluência* (n.º 4, 1992).

Sua inteligência, sua simpatia e suas lições dificilmente se apagarão de nossa lembrança, hoje extremamente magoada pela saudade que a envolve.

Texto publicado no jornal *Mundo Português* e na revista *Na Ponta da Língua*, originalmente em seis partes: 12/2/2004, 19/2/2004, 11/3/2004, 18/3/2004, 25/3/2004 e 5/4/2004.

Notas

1. CARVALHO, Herculano de. *Lições de linguística dadas no curso de introdução aos estudos linguísticos*, 1.ª ed. Coimbra, 1958-1960.
2. CÂMARA JR., J. Mattoso. *Princípios da linguística geral*, 4.ª ed. Livraria Acadêmica, 1974.
3. CARVALHO, Herculano de. *Teoria da linguagem*, tomo I, 3.ª tiragem, 1973.
4. SCHMIDT-RADEFELDT, Jürgen, 1993: XXI.
5. COSERIU, Eugenio. *Einführung in die transformationelle Grammatik*. Tübingen: E. Verlag, 1970.
6. Id. *Leistung und Grenzen der Transformationellen Grammatik*, 2.ª ed. Tübingen: 1971, 2.ª ed. 1977.
7. CARVALHO, Herculano de. *Lições de linguística românica*. Coimbra, 1958-1959, 120 p.
8. CARVALHO, Herculano de. Ibid., 1.ª ed., p. 3.
9. MEYER-LÜBKE, Wilhelm. *Introducción a la linguística romànica*. Madri, 1926.
10. CARVALHO, Herculano de. In *Estudos linguísticos*, 2.º vol., "Sobre o ensino da língua materna", p. 221.
11. Ibid., p. 220.

A ERUDIÇÃO DE CAMÕES

O notável mestre português da geografia, Orlando Ribeiro, afirmou, com muita propriedade, que Camões

> não é só o cantor das glórias lusíadas e das líricas que se situam em tantos lugares por onde andou, mas o mais geógrafo dos poetas, desde a descrição da "máquina do mundo" segundo Ptolomeu até uma suma tanto das terras como dos mares navegados ou acabados de descobrir e das suas margens.

Orlando Ribeiro deixou-nos uma explicação de uma passagem que não aparece discutida ainda pelos melhores comentadores de *Os Lusíadas*. Trata-se da passagem em que o Poeta descreve a posição geográfica da Península Ibérica "como cabeça ali de Europa toda"[1] e do Reino Lusitano (...) "quase cume da cabeça de Europa toda",[2] posição estranhamente cimeira que vem assim explicada pelo geógrafo português:

> Qualquer pessoa versada na cartografia da época sabe que os mapas se orientavam muitas vezes com o oeste para cima. Esse uso manteve-se até o século XVII e o primeiro mapa de Portugal, impresso em 1560, conforma-se com ele. Ao localizar a Península e Portugal parece-me que Camões não emprega apenas uma metáfora, mas uma imagem exata: a nobre Espanha aparecia, de fato, como cabeça da Europa toda e Portugal como "quase" cume dela. Qualquer coisa que corresponderia na figuração moderna da Europa, à Escandinávia e à Lapônia como cume desta Península. É evidente que o Poeta utilizou ao máximo esta situação para, por meio dela, tirar efeito da preeminência que, de fato, a Espanha possuía na Europa do tempo.

Como poucos soube Camões transmitir a seus leitores descrições de episódios e fenômenos marítimos e atmosféricos: as manobras náuticas da faina dos marujos, os padecimentos da tripulação devidos ao escorbuto, a tempestade em pleno mar, o fogo de Santelmo. Além desta mina de informações espalhadas pela epopeia, apresenta-nos o testemunho de seu saber ou da sua curiosidade científica em aspectos extremamente técnicos como o já ressaltado por Alexandre de Humbolt, a circunstância de a região do céu, vizinha ao Polo Austral ser desguarnecida de estrelas,[3] a passagem à água doce quando cai da parte superior da tromba marítima, na fase final do fenômeno;[4] o conhecimento dos gelos antárticos;[5] a notícia das inundações do rio Mecom,[6] de que o poeta foi o primeiro a dar, segundo o testemunho da *Enciclopédia britânica*. São perfeitas as informações do poeta sobre a flora e sua distribuição geográfica, bem como sobre fatos de etnografia geral relativos aos tipos étnicos, desde a Baía de Santa Helena até Melinde. Também o poeta foi muito exato nas distinções das armas de guerra de que utilizavam os povos da região: enquanto os da costa atlântica manejavam pedradas e setas, os de Moçambique, a par do arco encurvado e seta ervada, utilizavam a adaga e a azagaia.

Para finalizar este relato que já vai longo, tomo a liberdade de propor uma interpretação minha acerca do discutido passo de *Os Lusíadas* em que Camões, referindo-se aos rios Indo e Ganges, antropomorfizados na figura de dois príncipes, desta maneira conclui sua descrição, ao se apresentarem ao sonho de Dom Manuel:[7]

A cor da pele baça e denegrida,
A barba hirsuta, intonsa, mas comprida.

Entre os comentadores nasceu a dúvida do fato de se a barba era intonsa, isto é, não cortada, tudo estava a indicar que seria *comprida*. Desta maneira ponderou José Maria Rodrigues que o Poeta "teria enunciado um pensamento que estaria a par do conhecido disparate: *Era noite, mas chovia*".

Para corrigir o pretenso "disparate", propõe a leitura *mas* por *mais*, isto é, não teria Camões querido expressar um fato inesperado, porém uma intensidade: *mais comprida*. Talvez se explique melhor partindo da observação de historiadores e viajantes dessas regiões, segundo os quais os habitantes da África, entre outras diferenças, se distinguiam pelo tamanho dos cabelos e da barba: os do norte os tinham compridos e corredios; os do sul curtos. Na configuração antropomórfica do Ganges e do Indo por dois príncipes na visão do rei, vindos do norte, teriam a barba hirsuta, intonsa, entretanto comprida. Assim, o *mas* da passagem deve ser mesmo interpretado como conjunção adversativa, e o *comprida* deve ser mesmo entendido como longa, conformando-se com a descrição conhecida dos historiadores e viajantes daquelas regiões. Ressalte-se que os rios Indo e Ganges nascem no norte da península. "E as gentes que nestas Ethiopias habitam, *são negros e têm cabelos curtos e crespos feitos como frisa de pano*." A outra ethiopia superior começa no rio Indo, além do grande Reyno de Pérsia, do qual a Índia este nome tomou, e o seu leito e costa se dilatam e se estendem.

"(...) e *estes são negros*, mas já em tanta quantidade como os da Ethiopia baixa, e *têm os cabelios corredios* e compridos como os homens brancos."[8]

"Estes índios (modernamente hindus) são homens baços, e trazem grandes barbas e os cabelos da cabeça muito longos, e trazem-nos trançados (cf. no texto camoniano hirsuta)."[9]

"Esta cidade de Calecut é de cristãos, os quais são homens baços. E andam parte deles com *barbas grandes e os cabelos compridos.*"[10]

Se Camões desejou, mais uma vez, deixar patente no poema uma informação aos seus patrícios das terras e das gentes que os navegadores portugueses iam conhecendo, não há razão de emendar o texto original. *Comprida*, de *barba comprida*, é comprida mesmo (isto porque algumas sugestões se limitaram a dar ao termo significado diferente deste), e o *mas* também deve ser interpretado como conjunção adversativa, a assinalar o inesperado de se encontrar *barba comprida* em pessoas que geralmente a têm curta e encaracolada.

Mais uma vez Camões estava sendo fiel a tudo que via e transmitia no diálogo cultural com seu leitor.

Texto publicado no *Jornal de Letras*, em agosto de 2017.

Notas

1 CAMÕES, Luís de. *Os Lusíadas*, vol. 3. Rio de Janeiro: H. Garnier, 1899, p. 17.
2 Ibid., vol. 3, p. 20.
3 Ibid., vol. 5, p. 14.
4 Ibid., vol. 5, p. 22.
5 Ibid., vol. 5, p. 27.
6 Ibid., vol. 10, p. 127.
7 Ibid., vol. 4, p. 71.
8 PEREIRA, Duarte Pacheco. *Esmeraldo de Situ Orbis*, ed. de Augusto Epifânio da Silva Dias. Lisboa: Sociedade de Geografia de Lisboa, 1975, p. 80.
9 VELHO, Álvaro. *Roteiro da primeira viagem de Vasco da Gama (1497-1499)*. Lisboa: Agência Geral do Ultramar, 1960, p. 39.
10 Ibid., pA.l.

ALBERTO FARIA: UM FILÓLOGO DIFERENTE

Na galeria dos filólogos que integraram o corpo efetivo da nossa Academia, Alberto Faria foi um filólogo diferente. Sua atuação não se caracterizou exclusivamente pelos estudos do comportamento funcional das estruturas gramaticais do idioma, nem da história material e cultural das palavras, nem dos traços pertinentes que acompanham a evolução da língua latina na persistência de suas continuações românicas, revelada ou na docilidade das filhas mais próximas como a italiana, portuguesa e espanhola ou no afastamento das mais rebeldes como a francesa, mas todas reflexos vivos e indeléveis dessa unidade maior chamada latinidade. Todavia, todo este panorama da erudição linguística dominava-o Alberto Faria e era utilizado por ele quando necessário para justificar, na sua pesquisa, a informação elucidadora das afinidades estabelecidas entre textos literários, entre propostas de tradução, entre história de palavras, de frases feitas, de provérbios ou ditos populares.

Por isso, torna-se análise menor o emparedá-lo nos estritos limites do folclorista, impedindo de vê-lo e classificá-lo como filólogo, desenvolvendo suas pesquisas nos domínios amplos e variados por que a filologia realmente se desdobra no programa dos seus fundadores, como podem comprovar no sumário das suas obras enciclopédicas mais recentes, devidas a Gustavo Koertting e Gustavo Groeber, ambas intituladas *Grundriss der romanishe Philologie*.

Nem o confrade que o recebeu nesta Casa — Mário de Alencar — nem o confrade que lhe sucedeu na Cadeira n.º 18 — Luís Carlos — penetraram na essência do seu erudito fazer filológico, apresentando-o apenas como folclorista. No seu discurso, excelente em outros aspectos, Mário de Alencar poderia ter batido na tecla certa da atividade maior de Alberto Faria, se dissesse do filólogo o que disse, em mais de um lugar, do folclorista, como nessa feliz passagem:

> (...) eu já vos conheci no suave trabalho de jardinagem. Pouco vos ocupais de botânica, que as classificações são para os museus; interessam-vos as plantas na sua realidade concreta, e as flores, no seu viço, na sua cor, na sua forma e no seu perfume. Flores de todo clima, e tempo, mas particularmente as flores agrestes e escondidas, porque o descobri-las vos dá prazer. E saís à procura delas; se achais algumas desfolhadas,

> não vos fatiga a pesquisa das pétalas até recompordes a flor, refeito o cálice, repondê-lo no seu pecíolo na sua haste, e a haste no ramo e o ramo no tronco.[1]

A análise mais pertinente feita à obra inicial de Alberto Faria, que se pode estender a toda a sua produção posterior, dada a permanência dos temas nela tratados, é devida a João Ribeiro, em artigo publicado no jornal *Imparcial* de 24 de junho de 1918, e recolhido por Múcio Leão no volume IV das *Obras: Crítica*, edição da ABL, 1959, p. 28-31, dedicado a críticos e ensaístas.

Nele nosso polígrafo sáuda o aparecimento do livro *Aérides* e, pelo peso de uma amizade de largos anos, e de recíprocas afinidades, tece percucientes comentários sobre a erudição de Alberto Faria e assina com todas as letras sua condição de filólogo no amplo campo de atividades desse gênero de estudos:

> No que diz respeito a mim próprio, as *Aérides* trazem-me agradáveis recordações "Anche io" professei o mesmo culto desse autor querido e ainda sinto os estímulos de sua palavra grave e afetuosa, que me ensina tantas coisas.
> Faz pouco tempo, eu não conhecia ainda do autor das *Aérides* a sua pessoa amável, lhana, singela e sem artifício. E assim a imaginava. Conhecia, sim, os seus trabalhos esparsos, aqui e ali, nas folhas volantes e efêmeras da imprensa; e onde quer que os havia, buscava-os com insofrida avidez. E nesses excursos nunca voltei de mãos vazias. Ele não era e nem é dos que escrevem sem desejo de uma comunicação útil; e jamais procurava no tinteiro ou no teto o tema dos seus escritos.
> Demais, eu sentia outras aproximações que me granjeavam perpétua vigilância. Suas preocupações literárias, biográficas, linguísticas e a sua assiduidade e amor pelo folclore eram outras garras tentaculares, que me prendiam à sua simpatia.
> Hoje, as *Aérides* vão despertar, fora do círculo de admiradores e amigos, a mesma ternura e acolhida.[2]

Para, do ponto de vista técnico, enquadrar Alberto Faria como filólogo, vale a pena dar a palavra a dois dos mais conspícuos representantes desses estudos nos passos iniciais da disciplina em Portugal; queremo-nos referir a José Leite de Vasconcelos e a Francisco Adolfo Coelho.

Ensina-nos o primeiro:

> *Filologia* chamam os alemães ao estudo: 1) da Glotologia (isto é, do estudo linguístico); 2) da Métrica; 3) da História da Literatura (...). A Literatura popular (Romanceiro, Adagiário que costuma incluir-se na Etnologia, pode, quando considerada nos seus elementos formativos e na sua técnica, entrar na Filologia. Por outro lado a Literatura culta, ou Literatura propriamente dita, cujo estudo entra de direito na filologia, pode, quando se considera manifestação típica da vida de um povo, entrar na Etnologia.[3]

Eis agora os comentários de Adolfo Coelho:

> Por *Filologia portuguesa* deve pois entender-se o estudo dos monumentos literários da língua portuguesa de todos os pontos de vista. Exemplifiquemos. O estudo filológico dos *Cancioneiros da Ajuda*, do Vaticano, Brancuti, que nos conservam composições dos poetas portugueses dos séculos XIII e XIV tem de compreender principalmente as seguintes partes: 1) O estudo da língua, sem o qual é impossível compreender essas composições, e que só pode fazer-se bem com a comparação dos outros monumentos e documentos portugueses do mesmo período, com a comparação do latim, das outras línguas neolatinas, e ainda doutras línguas de que até então havia elementos no português; 2) o estudo da métrica, que exige também uma base comparativa importante (formas métricas populares latinas e das outras línguas neolatinas e especialmente das provençais etc.; 3) estudo das alusões históricas; 4) estudo dos autores das composições etc.; das particularidades biográficas que sobre eles podemos colher, já nos cancioneiros, já nos documentos diversos do mesmo período ou posteriores; 5) estudo das relações dos cancioneiros com a poesia popular portuguesa, com a poesia provençal; 6) história dos manuscritos; 7) determinação da autenticidade das composições, que poderiam ser atribuídas a autores da época dos *Cancioneiros*, sendo, aliás, obras de falsários mais recentes; 8) restituição dos textos a uma forma tão próxima quanto possível da original, tendo por base principalmente fatos língua e da métrica; 9) determinação do valor literário e histórico desses monumentos.[4]

E mais adiante, particularmente sobre o folclore: "O *folclore* é, como facilmente se vê, um ramo da filologia — a filologia aplicada aos produtos intelectuais do espírito humano não se acham fixados pela escrita."[5]

Ora, se percorremos os 41 temas do sumário de *Aérides*, subintitulados *Literatura e Folclore* (Rio de Janeiro, 1918) facilmente evidenciaremos que Alberto Faria tocou em vários aspectos da atividade do filólogo elencados por Adolfo Coelho: 1) estudo literário e linguístico comparativo em textos vazados em algumas línguas com vista à fidelidade de tradução; 2) explicação do topônimo *Macaco Branco* com auxílio do testemunho de contos populares; 3) transmissão do tópos do beijo em diversas literaturas; 4) discussão linguística de brasileirismos, de expressões populares (*perder as estribeiras, pirolito, paulinas*), ditados populares; 5) explicitação de adivinhas; 6) investigações histórico-literárias (amores de Gonzaga; fontes camonianas); 7) indagações etimológicas (*entrudo*).

Com muita pertinência e exatidão, o verbete relativo a Alberto Faria da *Enciclopédia de literatura brasileira*, organizada por Afrânio Coutinho e J. Galante Sousa, assim caracteriza sua produção:

Além de professor de literatura e jornalista, destacou-se como crítico e historiador de cunho erudito (*scholarship*), ao lançar mão dos processos de investigação e análise aplicados à literatura, para a decifração de problemas intricados de autoria ou dotação de obras (...) Orientou seus estudos para a crítica externa e interna de suas obras da história literária. Foi um dos primeiros críticos brasileiros a se preocupar com o estabelecimento dos textos ou autoria, a descoberta de influências, datas e fontes, e com a análise de formas e temas. Os seus estudos sobre os problemas da autoria das *Cartas Chilenas* destacam-se entre os que mais luzes trouxeram à questão.[6]

Arrolar todas essas características de investigação erudita na rubrica folclorista é, no mínimo, passar em branco as páginas reveladoras de *Aérides* e *Acendalhas*. A um especialista sagaz e competente não passou despercebido esse traço de novidade nas *Aérides*, refiro-me outra vez a João Ribeiro: "Um livro de tal espécie é coisa rara entre nós. A crítica documentária, a exegese, as glosas aos textos literários são quase insólitas."[7]

O próprio Otoniel Mota, que transformou a resenha às *Aérides* numa peça que aflora ressentimentos pessoais contra Alberto Faria, não deixa de assinalar a novidade dos temas tratados, embora os vincule ao folclore: "(...) também eu comprei a obra literária anunciada, com o simples intuito de ler, de aprender, por isso que não me dedico ao ramo em que busca especializar-se o seu autor."

De tudo o que se disse até aqui, creio que podemos concluir duas coisas assaz importantes para o nosso estudo: 1) às obras *Aérides* e *Acendalhas* patenteiam a atividade de filólogo — e não apenas de folclorista — de Alberto Faria; 2) Alberto Faria é um filólogo diferente à medida que os temas de suas preocupações diferem muito daqueles temas, que o atraem a atenção de seus colegas. Se tivéssemos de apontar um filólogo cujos estudos mais o aproximavam do nosso autor, não teria dúvida em apontar o nome de D. Carolina Michaëlis de Vasconcelos, em Portugal. No seio da Academia tivemos até bem pouco um filólogo erudito e diferente que apresentou também muitos traços comuns com o autor de *Aérides*, o nosso saudoso Augusto Meyer.

Examinada sua posição como filólogo, vale a pena conhecer o homem.

Alberto Faria nasceu no Rio de Janeiro, aos 19 de outubro de 1869 e faleceu na mesma cidade, na ilha de Paquetá, aos 8 de setembro de 1925. Era filho do comerciante português José Lopes Faria e D. Leocádia Lopes Faria. Transferiu-se cedo a família para São Carlos, cidade do oeste de São Paulo, onde o jovem completou os cursos primário e secundário. Os dotes jornalísticos despontaram muito cedo, e aos 12 anos redigiu um jornalzinho de nome promissor, *O Arauto*, e aos 14 fundou, na mesma cidade de S. Carlos, o jornal *O Alvorada*, denominações que prenunciam seus desejos de luta e novos tempos na área da cultura.

Em 1889 transferiu-se para Campinas, naquela época centro paulista de cultura que reunia um grupo de intelectuais do mais alto nível, com uma rede de instrução pública e privada que nada ficava a dever à que se praticava na capital de São Paulo e Rio de Janeiro. Desse ambiente campinense do interior que estimulava as pessoas a aprofundar sua cultura, fala João Ribeiro no artigo que assinala o lançamento *Aérides*;

> É uma linda cidade do oeste de São Paulo, centro de riqueza e cultura de espírito. Ali em sossegado remanso, o Centro de Ciências e Letras reúne escol da sociedade em que são numerosos os intelectuais e os pró-homens da terra. Nada mais agradável ao forasteiro que as horas de hospitalidade ali esquecidas no convívio, em conversação e entretenimento daquela gente primorosa e culta.[8]

Em Campinas exerceu o jornalismo; em 1894 fundou *O Dia*, escrevendo ainda para o *Correio de Campinas,* do qual veio a ser diretor no período de 1895 e 1896. Em 1897 lançou a *Cidade de Campinas*, por ele dirigida até 1904. Aí, entre outras colaborações, inaugurou a seção *Ferros Velhos*, que obteve grande sucesso e a qual assinava com o pseudônimo Adelino. Quatro desses artigos integram os 41 capítulos das *Aérides*, e não todos, como insinua Otoniel Mota.

Nesse ambiente favorável à cultura e à erudição Alberto Faria aprofundou seus conhecimentos da literatura brasileira e portuguesa, bem como das principais literaturas modernas, além das clássicas latina e grega, conhecimento que revela à farta nas *Aérides* e nas *Acendalhas*.

Suas críticas às vezes contundentes na análise de produções devidas a intelectuais e escritores consagrados estão longe de testemunhar um temperamento áspero e terrível, como às vezes se lê, mas sim, como costumava dizer de si, um severo inquisidor da verdade, às vezes pouco benévolo, mas sempre criteriosamente imparcial, como lembra Othon Costa, num discurso comemorativo da passagem dos dez anos da morte de Alberto Faria, seu patrono na Academia Carioca de Letras.

Ainda no seu rico artigo sobre o autor das *Aérides*, João Ribeiro explica tal severidade pelo traço característico da erudição havida no silêncio do autodidatismo. Vale a pena recordar essa análise do mestre:

> Os espíritos como o de Alberto Faria são invariavelmente autodidatas. Entre as quatro paredes de uma livraria, dela vivem e dela crescem, incorporando toda a substância contígua que lhes vem ao apetite.
> A rua, a cidade e o mundo presente entram por muito pouco naquela formação silenciosa. São minguadas réstias que passam pelas frestas, sem outra notícia que a alegria da luz.
> Essa modéstia dos eruditos é, todavia, um dos sinais da sua vaidade, porque não há vaidade maior que a dos eruditos.
> A vulgaridade de um erro, neles, é um tormento infernal. Apanhados num deslize ou num engano engenham todas as fraudes para dissimulá-lo. Pelos mesmos motivos, nada lhes é que descobrir um e desmascarar uma trapaça ou propor uma correção e emenda.
> É o vício desse magistério, e vício originado das virtudes principais (...)

> Mas, sem essa vaidade de estudar, pesquisar, cair, esquadrinhar, resolver todas as coisas, não teríamos hoje as ciências morais e humanas, que tanto engrandecem a civilização.
> É certo que os poetas e escritores são tratados um pouco "in anima vili", para vivisseções cruentas e dolorosas. Os eruditos arrancam-lhes as entranhas, com a indiferença dos arúspices que liam nas vítimas despedaçadas a boa fortuna dos felizes.
> Que importa?
> Malquistam-se por isso alguns autores, de porte medíocre, de violências, ao parecer delas, desnecessárias. A erudição, todavia, é e será sempre o grande alimento das letras. Sem a erudição alexandrina talvez não conhecêssemos ainda hoje os mais saborosos feitos da poesia helênica. Foi a erudição dos claustros que conservou os monumentos da antiguidade latina, e foi ainda a erudição profana que criou a renascença. Ela é a coluna e o esteio mais sólido de todas as literaturas a renovada de todas as épocas do espírito.[9]

Em 1901, tendo como ilustres concorrentes a Coelho Neto e Batista Pereira, prestou concurso para professor de literatura do ginásio Campinas, uma das instituições gloriosas do magistério paulista de outros tempos, e conquistou o primeiro lugar.

Em 1 de maio de 1909 concorreu com Lafayette Rodrigues Pereira e o Barão de Paranapiacaba à vaga deixada por Machado de Assis, do qual pleito resultou a eleição de Lafayette, com vinte votos, tendo nosso filólogo obtido dois votos e o Barão um voto. Se a Casa de Machado de Assis não o recebeu dessa vez, a Academia Paulista de Letras, criada aos 27 de novembro do mesmo ano, fê-lo sócio-fundador, tendo Alberto Faria muito trabalhado para a garantia do percurso vitorioso dessa instituição irmã.

A segunda apresentação como candidato à nossa Academia não nasceu da iniciativa de Alberto Faria, segundo informação de João Ribeiro, no artigo já citado e no discurso de recepção de Mário de Alencar. Diz-nos o primeiro:

> Alberto Faria é um dos membros mais notáveis da Academia Paulista; e, cremos, apresenta-nos agora, candidato à Academia Brasileira, vencido na sua desconversável modéstia, e arrastado, por assim dizer, pela insistência de amigos numerosos, que compõem aquela companhia.

Realmente surgiria a vaga pelo falecimento do Barão Homem de Melo eleito aos 9 de dezembro de 1916, sucedendo a José Veríssimo, mas, pela morte inesperada, não chegou a ser recebido, embora tenha escrito o discurso de posse. Este acidente levou Alberto Faria, no seu discurso de posse, a não lhe fazer o convencional elogio, por não o considerar acadêmico efetivado pela posse. O elogio, aliás largo e erudito, dirigido a José Veríssimo, fundador da cadeira de n.º 18, cujo patrono é João Francisco Lisboa e seu ocupante atual o confrade Arnaldo Niskier.

Alberto Faria concorreu à vaga com Lindolfo Xavier e foi eleito, na sessão de 10 de outubro de 1918, por unanimidade, com 21 votos, 17 acadêmicos presentes e quatro por carta. Cabe aqui corrigir a informação de Fernão Neves,[10] que o dá como único concorrente.

Apesar da unanimidade dos votantes, alguns acadêmicos faziam duas restrições formais à candidatura do nosso filólogo; restrições, aliás, trazidas à baila ao de leve no artigo de João Ribeiro e no discurso de recepção de Mário Alencar: a primeira é de que não tinha até então publicado um livro, e a segunda é que sua produção tinha um caráter fragmentário. Dos dois defensores do novel acadêmico, o mais contundente continua sendo João Ribeiro, que assim rebate as duas restrições, começando pelo aparente aspecto fragmentário:

> Eis aí, as *Aérides*, certamente um dos grandes livros do ano, obra de erudição, de laboriosa pesquisa e de acurado estudo.
> É difícil avaliar o formidável montão de minério bruto que foi explorado e utilizado para alcançar aquela mão cheia de ouro.
> A literatura popular e a literatura culta, o povo e sua alma, as criações anônimas e as dos gênios, o folclore, a história das nossas — tudo ali está imanente, na fingida aparência de fragmentos.
> Certos livros fragmentários, como as *Aérides*, muito mais que blocos espessos, dizem: tudo da unidade invisível, mas segura, do espírito.[11]

Acerca de só ter exibido um livro como candidato, deu João Ribeiro as seguintes informações:

> À esparsa produção e fecundidade do erudito que daria para muitos volumes, faltava, todavia, a coordenação usual do livro. A Academia exige esse "quod libet". Não pensou nunca em fazê-lo, e agora, movido ainda pelo afeto dos amigos, ordenou duas séries de estudos: as *Acendalhas* que se imprimem na casa Leite Ribeiro, e as *Aérides*, desde já saídas a lume, na casa editora Jacinto Ribeiro dos Santos.
> O seu grande trabalho de crítica e história da literatura, ainda inédito, em dois volumes, é o da *Vida e Obras de Gonzaga*, o luso-brasileiro, árcade do século XVIII, vítima da Inconfidência Mineira. É uma obra de fôlego, em que se esclarecem as fontes da poesia anacreôntica de Gonzaga, os pontos obscuros de sua vida e a autoria sempre discutida das *Cartas Chilenas*, ora atribuídas a um, ora a outro dos inconfidentes, e talvez atribuídas a vários, senão a todos eles.
> Por sua natureza e pelo caráter e extensão, análise e crítica da obra de Gonzaga, não parecia o livro mais adequado de apresentação imediata a um público descuidoso e infenso, como o nosso, às coisas graves. Entretanto nas *Aérides* há muita coisa leve, graciosa e de fugitiva poesia.[12]

Talvez essas e outras características e qualidades do novel acadêmico tivessem sido desnecessárias em artigo de jornal, se João Ribeiro fosse o confrade que o recebesse no dia de sua posse, por ser ele oficial do mesmo ofício e de largo convívio. Assim, pensou acertadamente Augusto de Lima, presidente da sessão em que foi eleito Alberto Faria, pois designou João Ribeiro para saudá-lo em nome da Academia. Todavia, por motivos que as atas não explicitam, coube a honra a Mário de Alencar, como dissemos: o mesmo João Ribeiro foi responsável pelo título *Aérides*, nome tão avesso e estranho para denunciar o fazer científico de filólogo, crítico literário ou folclorista. Mas o padrinho nos elucida a razão do título:

> Poderia parecer que o nome *Aérides* fosse demasiado florido ou poético para um livro de erudição.
> Tive pessoalmente, e por acaso, a responsabilidade daquele batismo. Os autores quase sempre hesitam longamente sobre escolha de um título. Se o livro é de páginas avulsas e de assuntos vários, a perplexidade mais aumenta. Que fazer?
> Em tais casos, a "sorte virgiliana", a superstição inculpável de um livro aberto ao acaso, pode sugerir a escolha mais expediente e acertada.
> Sendo-me deferido o arbítrio, socorri-me da fácil magia virgiliana. E achei que *Aérides* era o nome que mais convinha a essas páginas, *Aérides*, dizem os que sabem, são orquídeas, cujas flores abotoam em púrpura e ouro, e vivem do sol e do ar e sem quase nada dos troncos a se acostam (...).
> Como aérides, as páginas de erudição também florescem na púrpura e no ouro da poesia. E depois, o padrinho era pobre; que lhe restava a dar, senão um nome poético?[13]

Acendalhas, o 2.º volume de Alberto Faria publicado em novembro de 1920, guarda a mesma erudição e a mesma distribuição temática, em que os assuntos vêm, em geral, mais largamente tratados. Por isso é que os 41 títulos de *Aérides* contrastam com os 14 do novo livro, contar com a larguíssima resposta à crítica azeda e, como diz nosso filólogo, repleta de má vontade e de *jalousie de métier* de Otoniel Mota, catedrático de língua portuguesa do Ginásio de Campinas.

Nessas páginas de resposta, Alberto Faria, já que falava de técnico para técnico, deixa patente seu profundo conhecimento linguístico e literário, dono de uma bibliografia especializada e opulenta de obras antigas e modernas, nacionais e estrangeiras.

Além da alentada *Vida e obras de Gonzaga*, já aludida no artigo de João Ribeiro, o autor prometia para breve ou no prelo uma edição crítica das *Cartas chilenas* e os seguintes títulos: *Palestras, Ementário, Plêiade mineira, Folclore brasileiro* e *Anacreôntica*. Ficou também em projeto um livro de assuntos leves, de parceria com João Ribeiro, intitulado *Coisas várias*, recolhido de informação exarada na correspondência particular entre ambos pela prof.ª Hilma Ranauro, da Academia Brasileira de Filologia. Por informação dessa mesma pesquisadora, a Fundação Casa de Rui Barbosa guarda um dos mais extensos arquivos de correspondência passiva para Alberto Faria, onde há muito que joeirar da atividade e projetos desse fecundo humanista, bem como um repositório documental da vida cultural e intelectual do Brasil nesse período.

Entre as grandes contribuições de Alberto Faria, ao lado das eruditas pesquisas de Afonso Arinos de Mello Franco, pai de nosso confrade Affonso Arinos Filho, citem-se aquelas que dizem respeito à vida e obra de Gonzaga, à autoria das *Cartas chilenas*, à elucidação dos criptômos nas *Cartas chilenas*, à pesquisa da fraseologia e de tropos na famosa sátira de Gonzaga. Tudo trabalho de um filólogo apetrechado para distinguir na bruta mina a falsidade da ganga impura.

Folheando o trabalho exaustivo e definitivo do filólogo português Manuel Rodrigues Lapa, *As Cartas chilenas: um problema histórico e filológico*,[14] bem como sua edição das *Poesias e Cartas chilenas*,[15] podemos aquilatar a contribuição do Alberto Faria na correção de alguns versos, na fixação semântica de algumas palavras empregadas pelo vate luso-brasileiro e por várias identificações de personagens e alusões históricas, espraiadas nas *Aérides* e nas *Acendalhas*, depois de quarenta anos, espaço de tempo que não passa incólume à investigação científica.

Por todos estes motivos, a Academia Brasileira de Letras deve orgulhar-se do seu filólogo Alberto Faria, e a maior honraria acredito que lhe seja prestada — e deixo aqui a proposta no final desta pálida palestra — é oferecer ao público estudioso a reedição de *Aérides* e *Acendalhas* tão esquecidos, e trazer à luz seus esparsos e inéditos.

> Texto publicado no jornal *Mundo Português* e na revista *Na Ponta da Língua*, originalmente em seis partes: 17/6/2004, 24/6/2004, 1/7/2004, 15/7/2004, 5/8/2004 e 19/8/2004

Notas

1. ALENCAR, Mário de. *Discurso de recepção ao acadêmico Alberto Faria*. Academia Brasileira de Letras, 6 de agosto de 1919.
2. LEÃO, Múcio. *Obras: Crítica*, vol. 4. Rio de Janeiro: Academia Brasileira de Letras, 1959, p. 31-32.
3. VASCONCELLOS, José Leite de. *Lições de filologia portuguesa*, 2.ª ed. Editora Oficinas Gráficas, 1926, p. 8.
4. COELHO, Adolfo. *Curso de Literatura Nacional para uso dos Liceus Centrais I. A língua portuguesa: noções de glotologia geral e especial portuguesa*, 3.ª ed. Porto: Livraria Universal de Magalhães e Moniz, 1896, p. 11-12.
5. Ibid., p. 13.
6. COUTINHO, Afrânio; SOUSA, J. Galante de. *Enciclopédia de literatura brasileira*, 2 vols. São Paulo: Global, 2001.
7. COELHO, Adolfo. Op. cit., p. 29.
8. Ibid., p. 28.
9. Ibid., p. 29-30.
10. NEVES, Fernão. *Academia Brasileira de Letras: subsídios para sua história (1896-1940)*. Rio de Janeiro: ABL, 1941, p. 119.
11. Ibid., p. 28.
12. Ibid., p. 32-33.
13. Ibid., p. 33-34.

14 LAPA, Manuel Rodrigues. *As Cartas chilenas: um problema histórico e filológico*. Rio de Janeiro: MEC, 1958.
15 Id. *Poesias e Cartas chilenas*. Rio de Janeiro: Instituto Nacional do Livro, 1957.

Celso Pedro Luft: *in memoriam*

No último dia 4 de dezembro perdeu a língua portuguesa um dos seus mais operosos cultores, o prof. Celso Pedro Luft, autor de prestantes livros, pelos quais estudava, ensinava e difundia a norma exemplar do idioma, norma desejada e praticada nas produções superiores de cultura.

Desde cedo, ainda sob o hábito do Irmão Arnulfo, o estudioso começou a escrever sobre ortografia e sobre questões gramaticais, editado pela benemérita Livraria Globo, de Porto Alegre. A pouco e pouco se foi firmando como autor de obras didáticas de bom nível, alicerçadas nas novidades que tivessem repercussão oportuna no ensino normativo da língua. Com a chegada de ondas reformuladoras no âmbito da necessária reflexão universitária, soube não se deixar morder pelo vírus da modernose, e arcar com dignidade o peso da opção consciente e moderada, certo de que *non púdeat dícere quod non púdeat sentire* [não se pode dizer o que não se pode entender]. Tal atitude num país como o nosso, que ama a novidade de hoje, mesmo que amanhã seja desbancada por outra mais nova, ainda que inconsistente, é atitude de coragem. E Luft, como outros gramáticos que continuaram estudando, soube ser elegante nesse particular.

É bem verdade que um dos seus livros — reunião de artigos de jornais e que tinha, numa parte, comentário à crônica de Luis Fernando Verissimo intitulada "O gigolô das palavras" — foi aproveitado incorretamente como catilinária contra a gramática; mas, na 2.ª edição, "reformulada e ampliada", mestre Luft procura atenuar o equívoco de leituras apressadas e insiste em que

> Ninguém pode ser contra a verdadeira gramática (...). Muito ao contrário; este livrinho é uma defesa dela... defesa apaixonada (...). O que me preocupa profundamente é a *maneira de se ensinar a língua materna*, as noções falsas de língua e gramática, a obsessão gramaticalista (...).[1]

Ultimamente, Luft publicou pela Ática dois excelentes instrumentos de trabalho para quem deseja exprimir-se, falando ou escrevendo, na língua de cultura: *O dicionário prático de regência verbal* e *O dicionário prático de regência nominal*, que coroam com dignidade científica a trajetória desse incansável professor de língua portuguesa, titular na Universidade Federal do Rio Grande do Sul.

Nascido a 28 de maio de 1921, em Boa Vista, interior do Rio Grande do Sul, descendente de imigrantes alemães, não limitou seu magistério aos recintos dos colégios e das universidades, já que, até 1963, pertenceu também ao quadro docente da PUC-RS; exerceu profícua atividade de ensino do idioma nas páginas do *Correio do Povo*, de Porto Alegre, comentando facetas de língua materna e respondendo a consultas de seus inúmeros leitores.

Tive o prazer de com ele participar de cursos de extensão por esses rincões do país, de congressos e palestras, em todos esses monumentos, pude apreciar-lhe os dotes didáticos, a disciplina do espírito, o profundo conhecimento da língua e, acima de tudo, o coração magnânimo de um homem fraterno.

Perde, portanto, a pequena grei dos que teimam em acreditar que as produções superiores do espírito humano encontram seu melhor veículo na língua exemplar, perde essa pequena grei, na figura e nas lições de Celso Pedro Luft, um denodado e operoso companheiro, e a língua portuguesa, um dos mais extremados cultores.

> Texto publicado no jornal *Mundo Português* e na revista *Na Ponta da Língua*, em 4/1/1996.

Nota

1   LUFT, Pedro Celso. *Língua e liberdade: o gigolô das palavras*, 2.ª ed. Porto Alegre: L&PM, 1985.

Contribuições linguísticas de Filinto Elísio

Está nos seus inícios o estudo do léxico português. Uma fonte rica de informações que carreará ao assunto subsídios preciosos é sem dúvida a volumosa coleção de notas que alguns autores do século XVIII anexaram aos seus escritos, através das quais nos dão conta de numerosos vocábulos que passaram a circular no português, ou pelo processo da criação, ou pelo processo da renovação, a partir desse período.

Tentavam tais autores aparelhar a língua portuguesa de instrumentos verbais capazes, por um lado, de bem servir às necessidades dos ideais literários da época, por outro, de dispor o idioma de expressões ricas para combater o espanhol — que havia pouco fora privilegiado por conhecidas razões históricas — e o francês, cuja influência cultural então se espraiava com força desmedida.

Como dissemos anteriormente, ou o vocábulo era criado — o que é fato excepcional, salvo nos casos de palavras expressivas ou onomatopaicas — ou o escritor ia ao latim (raramente ao grego) e ao português de outras épocas e de lá retirava o novo termo que — quando não se tratava de extravagantes compostos — em geral foi bafejado pela fortuna e passou ao patrimônio do léxico da língua culta e da literária.

Se até agora nos referimos à contribuição lexical desses autores é porque os limites deste artigo impõem-nos e nos cinjamos a um setor do campo de pesquisa que desejamos apresentar hoje ao leitor; mas as tentativas de novidades linguísticas não se restringiam às palavras e se estenderam a fatos de fonética, de morfologia, de sintaxe e de estilo.

Alguns, como veremos adiante, foram tão insólitos que não só não tiveram curso senão na obra do seu idealizador, mas até, não sendo aprovados pelos contemporâneos, são hoje injustamente imputados a título de ignorância do vernáculo.

Os limites desta contribuição às homenagens que se prestam ao mestre prof. dr. Harri Meier levam-nos a não estender os exemplos a mais de um escritor desse período que pretendemos estudar. Daí vermo-nos obrigados a ficar na contribuição de um só — Filinto Elísio —, talvez o maior de todos neste particular, embora não esteja no mesmo nível de importância o valor literário de sua obra, em relação à de outros seus contemporâneos.

Filinto Elísio, nome literário do padre Francisco Manuel do Nascimento, era natural de Lisboa, onde nasceu em 1734. Fortemente influenciado pelos modelos clássicos — com Horácio à frente —, deixou-nos suas *Obras completas*,[1] em 11 volumes, editadas em Paris, entre os anos de 1817-1819. Após a queda do regime pombalino, Filinto Elísio é denunciado pela Inquisição e, ameaçado de prisão, refugia-se em Paris, aí trava conhecimento e amizade com alguns literatos, dentre os quais Lamartine, trabalha ferozmente pela sobrevivência e morre pobre e doente, em 1819. Suas ideias chegam a criar uma corrente conhecida por filintista, em oposição à elmanista (Elmano era pseudônimo arcádico de Bocage) caracterizada aquela pelo seu estilo arcaizante e pela preferência do verso branco.

Embora as presentes linhas se limitem, como antes dissemos, a uma pesquisa de léxico, gostaríamos de começar por comentar um fato de gramática que, pela falta de uma leitura mais atenta na obra de nosso escritor, tem sido apontado como incorreção de linguagem, quando, na realidade, encontra a sua razão em intenções estéticas de ordem superior.

Este fato diz respeito ao emprego de derivados de verbos irregulares conjugados como regulares por Filinto Elísio, como na *Ode à minha morte*, onde usara de *entreteram* por *entretiveram*:

> Quero entre mil saúdes,
> De vermelha, faustíssima alegria
> Ir passando em resenha,
> Taça após taça, a lista dos amigos, e o Coro das formosas
> Que a vida me *entreteram* com agrado.[2]

Os editores — por exemplo José Pereira Tavares — quando se dignam comentar a passagem ou semelhante, acrescentam apenas: "*entreteram: entretiveram*". Os estudiosos de língua assinalam o fato como engano de conjugação e em geral procedem tal qual a lição do mestre cearense Martinz de Aguiar, que dedicou às notas de Filinto Elísio à sua tradução das *Fábulas* de La Fontaine importante livro, embora não trate da questão objeto do presente artigo:

> Os derivados prefixais de *ter* conjugam-se, é natural, como o primitivo. Mas o povo tende a regularizá-los e não é raro ouvi-los regularmente conjugados na fala dos eruditos, que, quando dão fé do erro, os repetem com a correção devida. Como outros derivados, como os de *estar* e *vir*, se verifica a mesma coisa.[3]

E, depois de citar exemplos de autores outros, conclui: "São escritores ilustres, esses e outros, que momentaneamente se esquecem de que manejam verbos irregulares".[4]

A lição de Aguiar toca num fenômeno certo da tendência de regularização de verbos irregulares, quer entre o povo, quer entre gente escolarizada e escritores cultos; mas há outra razão de ordem superior que pode entrar na explicação do fato. É o caso de Filinto Elísio, que tem tais verbos irregulares rigorosamente conjugados em consonância com os preceitos da gramática, em numerosas páginas de sua obra, o que nos afasta da explicação cômoda por erro ou ignorância.

Como Filinto em geral tinha o cuidado de avisar ao leitor em notas de rodapé, em que consistia a inovação linguística inserida nas suas composições, temos hoje elemento para dar outra versão ao pretenso cochilo do autor.

Dentre as inúmeras oportunidades em que Filinto justifica as notas elucidativas, selecionamos a seguinte que dá bem ao leitor destas linhas a intenção que as movia:

> Digam que amontoo notas sobre notas. Eu digo que têm razão, e também digo que eu a tenho: porquanto se todos os meus leitores fossem como Antônio Diniz e N. e N. e alguns outros que não nomeio, escusada era uma só nota. Mas ai! do Poeta desgraçado que cai em mãos de pedantes ou rançosos, se não leva a espada desembainhada contra ensossos reparos. Outra razão tenho. Pessoas há curiosas de ler, que não tendo obrigação de saber de cor a fábula, nem a história e mil outros requisitos, folgam muito de acharem junto à dificuldade a nota comezinha, que lhe esclarece. Para essas, e não para outras tomo o trabalho enfadosíssimo de comentar versos, que me custaram menos a compor que a explicar em notas.[5]

Na *Ode à feliz aclamação do nosso Monarca D. João VI* escrevera:

> Cos Sousas, cos Vieiras, Bobadelas
> Discerne tens talentos e virtudes
> Quão ditosos se *obteram*
> De viver sob teu cetro![6]

E em nota ao *obteram* aduziu: "Por *obtiveram*. Mil exemplos citaria (a ser preciso) de clássicos latinos e lusos que abonam esta licença poética."

Ainda no volume XI das *Obras*, em tradução da *Farscília*, de Lucano, depois de usar um *suster,* explica: "Por *sustiver*."[7]

Estas notas nos põem de sobreaviso para dois tipos de conclusão: a forma do tipo *suster* não nasce de desconhecimento gramatical do autor que, em rodapé, contrapõe a forma correta: *suster* por *sustiver*. Por outro lado, tais formas destoantes nascem de uma intenção de abreviar o verso, a exemplo de muitas abreviações comuns nos "clássicos latinos e lusos".

Antes de prosseguir nossas considerações, cabe-nos lembrar que tais formas abreviadas em Filinto reduzem-se à oposição: com a sílaba -*ve*- (forma plena: *obtiveram, sustivera, entretiveram*) sem a sílaba -*ve*- (forma sincopada: *obteram, suster, entreteram*).

Não colhemos até agora em Filinto formas regularizadas de verbos irregulares como as que Martinz de Aguiar cita no trecho já aludido de suas *Notas*: *mantia* (por *mantinha*, em Garrett), *convir* (por *convier*, em Eça), *abstei* (por *abstende*, em Cândido de Figueiredo), fato que confirma nossa hipótese de que, em Filinto, se trata de uma forma verbal a que se lhe retira a sílaba -*ve*-.

Os conhecimentos gramaticais do nosso autor limitavam-se às informações de um culto da época, de modo que hoje não podemos exigir de Filinto a técnica da comutação usada na descrição da linguística moderna, de tal modo que lhe ficasse patente que a sílaba retirada estaria longe de representar um e mesmo morfema, no caso dos clássicos, nos latinos e nos lusos. Mas com o poeta português os fatos não se passavam da mesma maneira; ele não era um técnico e via aí uma mesma faculdade do latim e do português, faculdade de que ele podia lançar mão para atender às exigências métricas.

Filinto conhecia, de suas leituras clássicas, as formas sincopadas do perfeito latino com -*vi*, de tanta fortuna na conjugação latina e nas línguas românicas: *deleverant/ delerunt, deleveram/ del ram*; *audivisti/ audisti, audivissem/ audissem*; *amavisti/ amasti, amavissem/amassem*, ao lado de muitas outras formações analógicas.

O excelente repositório de Neue-Wagener[8] nos aponta numerosos exemplos de tais formas verbais sincopadas, e não é menos elucidativo para o nosso caso o fato de apontarem tais autores a lição do gramático Prisciano que se serve exatamente de Horácio para documentar em clássico tal fenômeno da flexão verbal latino. Horácio foi sem dúvida um dos autores em que as formas reduzidas encontraram melhor agasalho. Tal preferência do mestre romano não poderia passar despercebida aos olhos atentos do discípulo luso que, tentando transplantar para o português a mesma possibilidade de formas verbais sincopadas, criou sinonímias morfológicas que não tiveram tanto êxito no idioma como várias de suas inovações lexicais.

Em contrapartida, o português apresenta formas variantes como *havemos/ hemos, haveis/ heis*, que Filinto, documentando e anotando nas suas composições, naturalmente aproximava do fenômeno latino. Assim é que em *Obras,* VIII, p. 28, a respeito da expressão "hemos subido" explicita: "Hemos, havemos, ou temos são sinônimos."

Ainda que se patenteia a síncope da sílaba -*ve*-, síncope que o escritor lusitano identificou à ocorrida com as formas verbais latinas acima aludidas, devidas a fatos fonéticos de variantes posicionais (como o -*v*- intervocálico) ou a fatos analógicos.

Eis uma primeira lista de informações sobre datações de vocábulos portugueses, colhidas nas *Obras completas* de Filinto Elísio, ressalvando que não foi pesquisado o volume VI porque o mesmo, que contém a tradução das *Fábulas* de La Fontaine, já merecera estudo geral do prof. Martinz de Aguiar, conforme dissemos antes:

ABREVAR 'dar de beber', 'levar a beber'. Filinto tenta reviver o verbo que encontrou em Samuel Usque: "Amentos de éguas meio montesianas,/ Que, em suas águas, a *abrevar*-se acorrem."[9] O escritor explica em nota: "Do verbo *abrevar* usa Samuel Usque, escritor português do século XVI, no seu *Livro das tribulações judaicas*, mui pouco conhecido. O único exemplar que dele vi, me emprestou o cavalheiro Francisco José Maria de Brito."[10] O *Dicionário* de Morais só cita o vocábulo a partir da 7.ª edição (1877). *Abrevar* passou a ter, embora restritamente, curso em língua literária. Pela documentação arrolada na 10.ª ed. de Morais, vê-se que foi usado por Castilho e Coelho Neto.

ACANHO 'acanhamento'. Neologismo criado por Filinto Elísio, segundo nos informa no vol. IV, p. 309: "De *enterramento* fizemos *enterro*, de *acanhamento* faz-se *acanho*." Só a partir da 6.ª edição do *Dicionário* de Morais Silva, superiormente preparada por Agostinho de Mendonça e saída em 1858, vem o termo registrado. Não é contemplado no *Dicionário etimológico* do operoso amigo prof. José Pedro

Machado. Pela ausência de testemunho literário nos dicionários subsequentes, o vocábulo parece não ter tido aceitação.

AGRILHOAR 'prender com grilhões'. Pela longa nota que aparece no vol. VII, p. 219, Filinto nos dá a entender que se trata de termo colhido em leituras clássicas, mas que os leitores despreparados de seu tempo não conheciam. Pela informação dos dicionários, o exemplo mais antigo aparece nos diálogos morais *Tempo d'agora*, de Martim Afonso de Miranda, obra do século XVII. A prevalecer tal testemunho, a datação do século XVIII que vemos em José Pedro Machado (*Dic. Etim.*) tem de ser antecipada.

APANHO 'apanhamento': "Ramos, que Éolo lascara, em pró do *apanho*."[11] Neologismo criado por F. Elísio, ao qual se refere nesta nota: "*Porque mais fáceis de apanhá-los fossem. Dizemos por contração, em lugar de enterramento, enterro, por que não diremos, em lugar de apanhamento, apanho?*"[12] Já registrado por Morais (1813) e não datado por J.P. Machado que acolhe o regressivo de *apanhar* APANHA, documentado em 1871.

BASTI-RACHADO 'fendido em muitas partes': "Tempo era já de lançar fogo ao pinho/ *Basti-rachado*..."[13] Neologismo de Filinto, que explica: "Muita gente, que ata gravata lavada, me diz que embicara no tal *basti-rachado*. Ora ele responde ao *multifida* do original '*Medeia*, de Sêneca'. Se os senhores, que embicaram nele, têm engravatado algum mais enérgico, ou mais conciso, mais bem-soante, muito lho agradecerei, se mo remeterem."[14] Não o encontro nas várias edições de Morais, até a 10.ª.

BOLSA 'tença'. O *Dicionário* de Morais até a 7.ª ed. ainda não registrava o termo na acepção de 'tença', 'quantia que alguém recebe para que possa estudar ou aperfeiçoar seus conhecimentos'. J.P. Machado nada nos informa sobre a cronologia de *bolsa* nesta acepção. Pela nota de Filinto, em I. 33, o termo ainda não entrara no português de seu tempo como sinônimo de *tença*: "D. João II, que mandou muitos moços de bom engenho à Itália, Alemanha, etc. e que instituiu em Paris no Colégio de Santa Bárbara 25 tenças (que aqui [Paris] chamam *bolsas*) para 25 portugueses, que lá quisessem vir estudar."

CHUCHURREBIO 'o último *quod sic* das cousas, que bem se gostam, chuchando-as, remoendo-as, visitando com elas, na pá da língua, toda a cúpula do paladar e todos os gabinetes dos gorgomilos'. Neologismo criado por Filinto e até hoje não dicionarizado, apesar de aqui e ali ter sido empregado por escritores modernos, como comprova a variante que vemos na passagem seguinte de Ricardo Jorge, colhida na 10.ª ed. do *Dicionário* de Morais: "... os pares no devaneio de volta e do *chuchurrubiado* kiss" (*Canhenho dum vagamundo*, p. 14). Desconhecemos o vocábulo *chuchurrubiú* 'maroto', 'tunante', 'pessoa que traz chapéu formando canto ou amachucado', que a 10.ª edição de Morais dá como brasileirismo desusado, e qual a sua relação com o neologismo de Filinto. Na respectiva nota o nosso autor explica a formação do termo.

> Consta por essa razão a nossa palavra *chuchurrebio* da mais rica, e mais sonora onomatopeia. *Chuchu*, do verbo *chuchar*, de que só usamos para com as cousas que mais delicada, e gulosa e reguladamente nos saboreiam;

os dois *rr,* que são em cifra uma alusiva repetição do verbo *regalar, recrear, regozijar,* e cujos *rr* denotam aquele torneio, que a cousa regalada vai, como de romaria, fazendo pelas roscas da garganta. E enfim, aquele *bio,* que é o sonido final do *assobio,* sinete de encarecida admiração, que serve de remate e coroa à preciosíssima palavra *chuchurrebio.*[15]

Os verbos *chuchar* e *chuchurrear* têm documentação, segundo J.P. Machado, desde 1813, no *Dicionário* de Morais.

CICIO 'ruído produzido pelo vento': "Algum tempo depois, ali plantaram/ Ciciosas canas sículos pastores."[16] J.P. Machado ensina que o vocábulo é documentado no século XVII, pelo testemunho do Dicionário de Vieira. Pela nota de Filinto, vê-se que no século XVIII o termo era novidade e precisava de explicação; não desejo avocar ao escritor lusitano a criação do neologismo, mas a verdade é que a datação mais antiga é extraída de sua obra. Da palavra diz-nos Filinto: "Quem observa o som que nas searas já maduras, e nos canavias fez no estilo de zéfiro, dá-lhe a esse som o nome de *cicio.* Chamem-lhe qual mais queiram, nome imitativo, onomatopeia, ou qual outra figura."[17]

CISMAR 'ficar absorto em pensamento'. J.P. Machado documenta o termo a partir de 1873, através do *Dicionário* de Vieira, mas a nota de Filinto nos permite recuar a datação, embora não seja explícita quanto à responsabilidade do neologismo; "Eu vi nascer esta palavra, e dar-lhe a significação que hoje tem, quem nunca aprendeu etimologias."[18] O neologismo experimenta uma pujante existência no léxico português.

CULPANDO 'que merece ser culpado'. O gerundivo foi muito caro a Filinto para extrair adjetivos com que enriqueceu o léxico português. *Culpando* está neste caso; "... Se estes princípios/ Vos cansam; se instiguei *culpando* armas."[19] A nota de Filinto é bastante elucidativa quanto ao apreço a esta forma nominal do verbo como filão de neologismos:

> Com muito pesar meu, considero o pouco esforço que os nossos modernos versos fazem por introduzir no verso estes verbais, que tanto palanfrório pouco poupam a quem diz muito em pouco. Que bem o conheciam os nossos clássicos quando usavam *miserandos, venerandos, reverendos,* etc. etc. etc. Culpem-me embora de atrevido esses enfezados a quem não deverá nada a língua portuguesa, que eu, enquanto minhas forças me permitirem, pugnarei sempre pela enriquecer (ainda que a minha dádiva não seja mais que o óbolo da viúva) pela reforçar e arredondar *quibus ore rotundo.*[20]

DÉVIO 'desviado', 'desencaminhado': "Orara Deus, nas *dévias* catacumbas."[21] Neologismo de Filinto registrado em Morais depois da ed. de 1813. Na nota ensina-nos o escritor: "Dizemos *ínvia* a terra que falta de estrada e *dévia* a estrada que nos desencaminha."[22]

ESBROO 'esboroamento'. Neologismo de Filinto usado na tradução de *A segunda guerra púnica* de Sílio Itálico: "Minas o bastião, cai a muralha/ No cego fojo; ao pavoroso *esbroo.*"[23] A nota do escritor é nesse ponto pungente, pela penúria de fontes em que trabalha suas composições:

Para usar aqui de *esbroo* e não *esbroação, esbroadura, esbroamento*, tive a mesma razão que aleguei para *espanco*. E não mo levem a mal; antes alguma vénia se deve a quem trabalha, num poema tão difícil, e com tão poucos socorros como eu tenho. Todo o meu haver consiste numa Prosódia e num Fonseca; onde depois de muito folhear, pouco ou nada arranco, que prestadio seja em poéticas pressas.²⁴

Não na forma contracta *esbroo* (de *esbroar*), mas na de *esboroo* (de *esboroar*), o vocábulo tem sido empregado pelos escritores que vieram depois do seu criador.

ESPANCO 'espancamento'. Neologismo de Filinto criado na página anterior àquela em que aparece *esbroo*, do verbete anterior. O escritor explica-nos a razão da novidade:

> Eu sempre ouvi dizer *espanto*, substantivo do verbo *espantar*, assim digo aqui *espanco*, substantivo do verbo *espancar*. Se fiz mal mereço desculpa, pela boa intenção com que o fiz; e pelo desvio que sempre tive às estiradas palavras que em nossa língua abundam acabadas em *ento* como *atemorizamento, desencabeçamento* etc, se em lugar de *espanco* que lá pus há 'quem mais goste de *espancamento*, ou de *espancação*, não faltará quem lhe saboreie o paladar.²⁵

FUGINTE 'que foge', 'fugiente'. Neologismo de Filinto: "Consulta a alma *fuginte* nas entranhas."²⁶ Comenta o escritor "De *ouvir* vem *ouvinte*, de *pedir* vem *pedinte*, logo de *fugir, fuginte*. Não tem contra."²⁷

GALICIPARLA 'pessoa que fala afrancesadamente'. Neologismo de Filinto formado à imitação do neologismo espanhol *latiniparla*, criado por Quevedo. Censurando o estilo difícil, emarando, a que os franceses chamam *Phébus*, Filinto cria *gongoriparla*, por ser Góngor quem a estrada abriu ao *Phébus*, ou quem mais amplidão lhe conferiu.²⁸ Na base de *latiniparla* e *gongoriparla*, vem também, e mui naturalmente, *galiciparla*, usado como substantivo em: "e se tivessem juízo 'os escritores que usam de francesias' cuidariam em desaprender esse gíria de tal *galici-parla*."²⁹ Said Ali lembra que a criação vernácula seria *galici-palra*:

> Não reparou, porém o zombeteador dos tarelos lusitanos que, servindo-se de semelhante expressão para ferir pelo riso a outros, resvalava pela mesma ladeira de ridículo. Quevedo, espanhol, criando o termo composto, podia utilizar-se do elemento *parla*, pois recorria à prata de casa. Em castelhano havia o verbo *parlar*, usado por Frei Luís de Granada e outros. Filinto Elísio, português e zelador da pureza da língua em que escrevia, lançou mão do erudito designativo *gálico* e com ele combinou, sem atentar bem no que fazia, o elemento espanhol *parla*.³⁰

Apesar do voto do querido Mestre, a sensibilidade de linguística do escritor procedeu com mais felicidade do que o rigor do técnico que exigiria *gaticipalra* e *gongoripalra*, criações que teriam contra o seu poder expressivo dois fatores: um histórico, porquanto contrariavam o modelo primitivo, apesar de estrangeiro, o espanhol *latiniparla;* em segundo lugar, de ordem fonética, por ser menos eufônica a articulação dos fonemas *lr* por *rl: palrar/parlar.* A energia de que nos fala Filinto pendia mais para as formas de que usou:

> Isto assim estabelecido [que Gôngora estaria ligado a esse estilo emaranhado], permitir-me-ão os portugueses entendidos, e amadores da abundância e pureza do seu nativo idioma, derivar eu de Gôngora, poeta emaranhado e abstruso tão motejador e enérgico, como o *Gongori-parla* à imitação do *latini-parla* de Quevedo, para evitar o contrabando da palavra *Phébus* que os tarelos no querem introduzir? Humildemente lhes ofereço o que a minha pobreza me pode deparar.[31]

HAURIR 'esgotar', 'sorver'. Afortunado neologismo de F. Elísio, documentado pelo *Dicionário* de Morais só depois da ed. de 1813. Ainda na 7.ª ed. (1878) se dizia tratar-se de *termo poético,* o que hoje é corrente também em prosa culta. Ocorre em *Obras,* vol. VII, p. 191: "Para as funções do Templo, *haurindo* a linfa", verso a que o escritor apõe a seguinte nota: "Este verbo *haurir* (donativo que a língua latina fez à língua portuguesa, filha sua) devemos aceitar-lho com agradecimento, porque nos poupa uma circunlocução."

INULTO 'não vingado'. Neologismo introduzido por F. Elísio: "Se assomou no punir com ódio *inulto.*"[32] A nota do escritor sobre o termo está impregnada de chiste: "Este *inulto* tem dente de coelho. Vários expositores li numa livraria em que havia comentadores as carradas; mas a genuína inteligência ainda para mim ficou no fundo do saco. Feliz quem dar com ela!"[33]

INVISO 'invejado'. Filinto introduziu o vocábulo nesta acepção, e dela os dicionários mais representativos não falam. Documentam *inviso* 'nunca antes visto', a partir do século XVII. Assim o fazem os continuadores de Morais e, na sua pegada, J.P. Machado. Mas o vocábulo de Filinto prende-se indiretamente ao latim *invideo* 'eu invejo' e diretamente ao português *invejado,* como particípio verbal irregular. Pelo menos é o que dá a entender o escritor lusitano, ao anotar o verso: "Tal me tem de arrancar o *inviso* mando", quando diz: "Dizemos *inviso* por *invejado,* como dizemos *pertenso* por *pertendido.*"[34]

LUSTRAR 'percorrer (terras)' 'visitar com a vista'. Neologismo de Filinto, à imitação do latim *lustrare.* Esta acepção não aparece no Morais, pelo menos até a 7.ª edição e J.P. Machado não lhe confere datação especial. Filinto, em *Obras,* vol. VII, p. 162, o emprega como sinônimo de *peregrinar:* "Cada hora, vezes cem, me punge, há tempos/ Agudo instinto de ir *lustrar* este Orbed/ Já, peregrino, parto, e adeus vos digo." Na correspondente nota ensina: "*Lustrar é* aqui tomado na sua genuína significação. *Lustrare terras,* diz Virgílio, em lugar de *peragrare,* que era prosaico."[35] Em *Obras,* vol. VIII, p. 311, escreve: "A tal caso as mansões, deixara, empíreas./ *Lustrou* de sol a sol, de globo a globo/ A passo majestoso, esferas, onde...". E anota mais uma vez "A genuína significação de *lustrar* é de visitar com a vista".

MARULHO 'marulhar', 'borrifo das ondas', 'borrifar com água do mar'. A responsabilidade de Filinto com este vocábulo repousa apenas nesta acepção. Os exemplos com *marulho*, registrados nos dicionários, parecem associar o termo a 'agitação barulhenta e perigosa' das ondas. Para Filinto *marulho* é o borrifo das ondas e, por extensão, *amarulhar é* 'borrifar com a água do mar' ou, figuradamente, como já acentua Morais, 'molhar': "A Sirte, que as estrelas *amarulha*! Aos nomes nos levou..."[36] E a nota: "*Marulho* é o borrifo das ondas, como muito bem advertiu o Doutíssimo Ergo: *amarulhar é* borrifar com a água do mar, quando a tempestade joga o entrudo com as estrelas."[37]

MUGRE 'sujidade que o uso dá aos metais'. O termo não foi criado por Filinto, pois ele o colheu em Francisco Manuel de Melo; mas revive no seu tempo e trá-lo até o nosso "Passavam por privilegiados e imunes de erro os tais autores, como se o *mugre* da antiguidade lhes tivesse passado por cima e lhe avultasse o valor, como às medalhas o avulta."[38] "Se, por estanho caso, hoje surgissem/ Da épica os Corifeus, Virgílio, Homero,/ Limpando-a, que troou Eneida, Ilíada,/Tuba heroica, o *mugre*."[39] Neste último vem nota mais completa do que a que aparece na passagem anterior: "*Mugre* chama D. Francisco Manuel de Melo, nos seus *Apólogos Dialogais*, a caspa verde ou verde-negra que se pega ao bronze, etc."[40] J.P. Machado, citando a F.M. de Melo (século XVII), retifica a cronologia de *mugre* em português proposta por Joan Corominas, que a põe a partir da segunda metade do século XVIII, com Filinto Elísio.

NUBÍCOGO 'ajuntador de nuvens', 'anuviador'. Neologismo de Filinto: "Da sorte dos mortais Jove *nubícogo*."[41] E anota: "Muitíssima vez usa Homero deste epíteto *ajunta-nuvens*, característico do poder de Júpiter. Os latinos o traduzem por *nubícogo*, 'anuviador.'"[42] Só a partir da 6.ª ed. vem registrado no *Dicionário* de Morais. Odorico dele se serve na tradução de Virgílio, segundo lembra Martinz de Aguiar, op. laud., 153.

PORTENTO 'estranhezas ameaçadoras de calamidades'. O vocábulo é empregado por Cruz e Silva em *O Hissope* (1801, publicado) e em Filinto, com a seguinte nota: "Entre os latinos *portentum* significava estranhezas ameaçadoras de calamidades." Por isso no caminho certo andou J.P. Machado datando-o do século XVIII.

PUBESCER 'chegar à puberdade', 'puberdade'. Neologismo de Filinto que vingou no léxico português: "Vês, de mais, esse infante, que confia/ Às brigas tenro a destra, e transpor urde/ Os anos com ações; crê, para a guerra,/ Vir longe o *pubescer*?..."[43] E a nota: "Toda a palavra latina de que temos falta e que me evitar uma circunlocução (perdoem-me os senhores forretas), não tem remédio, vai."[44]

REBOAR 'retumbar', 'troçar'. Neologismo de Filinto que experimentou extraordinária fortuna do idioma: "À nova luz prolongam anciãos Mártires/ Hosana, com que abóbadas *reboam*."[45] E a competente nota diz: "O verbo *reboar* corresponde, ao *eccheggiare* dos italianos; e de que Maffei usou na tragédia Mérope, quando diz; "*eccheggia d'alto il templo*."[46]

REGAMBOLEAR 'regalar-se', 'dar à perna'. Neologismo de Filinto que agradou a muitos escritores que vieram depois. A cronologia fixada por J.P. Machado —1879 — tem de ser muito antecipada: "Que canta [uma sanfona]   Zingamocho anda no prado,/ *Regamboleando* a fofa-, ai tona, ai tona."[47] Diz-nos Filinto:

> Verbo muito significativo na língua portuguesa, como quem é composto de dous verbos, e um nome, todos três exprimidores de gosto interior e

exterior, sic. — *Regalar-se* — *Dar à perninha* (que se diz *gamba* em italiano) — e *Bambolear-se*, que assim faz quem está repotreado numa cadeira, quando nada lhe dá pena; antes/ está abeborado em pachorrento desenfado."[48]

J.P. Machado dá o verbo como de origem obscura, mas pode que Filinto nos tenha aberto o caminho para ver nele um cruzamento de *regalar-se* e *bambolear-se*.

REMÊMORO 'que volta a lembrar'. Neologismo de Filinto que a posteridade agasalhou: "Solta o Critério a voz, e o douto exame/ Cada pelos *remêmoros* ouvidos."[49] Anota o escritor:

> Temos o verbo *memorar*, temos *rememorar*, por que não teremos *remêmoros ouvidos*, 'ouvidos que se lembram e tornam a lembrar'? E caso mui digno de notar que os meus críticos de água doce não me acusem senão de palavras antigas, pela velha alcunha que me puseram de amador de antiguidade; e vai tão longe a má opinião, que a palavra *remêmoros* que ninguém (que eu saiba) usou antes de mim, passaria por palavra de Fernão Lopes ou de Azurara, no bestunto dos peralvilhos, se eu com esta nota lhe não pusera a calça de moderna.[50]

SARESMA 'gaforinha', 'cabeleira em desalinho'. Não encontramos nos dicionários portugueses este vocábulo que Filinto usa em: "Na *saresma* do Ginja, ou carapuça/ Da farfante saloia cavaleira."[51] E ensina-nos em nota: "Assim chamavam em Portugal as cabeleiras, que aqui os franceses chamam *tignasses*."[52]

SEARÍFERO 'rico de seara'. Neologismo ideado por Filinto para traduzir o *spiciferis* de Sílio Itálico: "*Seariferos* responde a *spiciferis*. E quem traduz faz o que pode em retratar o original, e com o retrato não conhecido na galeria da língua em que traduz, trata de enriquecê-la."[53]

SOBREOLHAR 'olhar por cima do ombro, desconfiado'. Filinto veiculou o termo e diz que o viu empregado por bom escritor: "Do cortesão baixezas *sobreolhando*"[54] e em nota explicita: "Olhando por cima dos ombros. *Sobreolhar* corresponde ao *despicere* dos latinos. Não sei se *sobreolhar* vem já no *Dicionário* de Morais, porque dos livros que tinha, já por duas vezes me despossuíram em França; mas sei que é impresso e usado por poeta de boa nota."[55] Até 1813 Morais não o registrou; fizeram-no seus continuadores, que se limitaram a transcrever a nota de Filinto. J.P. Machado não lhe confere verbete.

TREMELUZIR 'brilhar com luz trêmula'. Neologismo de Filinto que experimentou a partir daí um feliz destino: "*Tremeluzia*, com tufão cego, a lança."[56] E Filinto nos conta como escolheu o verbo:

> Confesso que se me murchou o coração, quando indo à botica literária do Fonseca buscar um verbo português que tivesse a virtude de significar o *vibravit* que vem no texto, dei com *resplandecer com luz trêmula* — Não fiquei homem não, mas mudo e quedo me pus a imaginar a sós comigo: Pois hei de substituir c'um verso quase inteiro o sentido duma

só palavra!...Venha um verbo composto de *tremer* e de *luzir* e acudiram dous logo rebolindo pela imaginativa abaixo: *tremeluziu* e *lucitremeu*."[57]

Só há bem pouco apareceu no dicionário. A cronologia de J.P. Machado (1890) tem de ser antecipada.

TRESVOLTEAR 'rodear três vezes'. Neologismo de Filinto: "Uma trás outra as balas, *tresvolteando*."[58] A nota reza: "Rodeando três vezes a funda em torno da cabeça, como tresdobrando, quer dizer, dando ou fazendo três dobras, ou três vezes em dobro. O que é tão claro como água."[59]

TRIGOLPE 'golpe repetido três vezes'. Neologismo de Filinto, "Sente o *trigolpe* o Caos, próximo do Orco."[60] Explica-nos o poeta em nota: "A trinta, repercussão dos três golpes que Satã no trono deu com o cetro. Creio que me será permitido dizer *trigolpe*, que é uma contração de triple golpe, por dous motivos: a exigência do verso e *euphoniae causa*."[61]

Como dissemos no início deste estudo, a presente lista é preliminar. Filinto contribuiu muito mais para o enriquecimento do idioma que ele tanto amou e ajudou a tornar-se patrimônio de que hoje se orgulha a comunidade de língua portuguesa.

Texto publicado no jornal *Mundo Português* e na revista *Na Ponta da Língua*, originalmente em cinco partes: 14/3/2002, 28/3/2002, 10/4/2002, 25/4/2002 e 9/5/2002.

Notas

1 ELÍSIO, Filinto. *Obras completas*, 11 vols. Paris: A. Bobée, 1817-1819.
2 Ibid., vol. I, p. 119-120.
3 AGUIAR, Martinz de. *Notas de Português de Filinto e Odorico* (transcrição e comentário). Rio de Janeiro: Organizaçao Simoes, 1955, p. 430.
4 Ibid., p. 431.
5 ELÍSIO, Filinto. Op. cit., vol. I, p. 202.
6 Ibid., vol. III, p. 431.
7 Ibid., p. 66.
8 NEUE-WAGENER, F. *Formenlehre der lateinischen Sprache*, vol. III, Aufl. Berlim, Verlag von S. Calvary, 1892-1905, p. 478 e ss. e 433 e ss.
9 ELÍSIO, Filinto. Op. cit., vol. VII, p. 124.
10 Ibid.
11 Ibid., vol. VII, p. 239.
12 Ibid.
13 Ibid., vol. IV, p. 162.
14 Ibid.
15 Ibid., vol. V, p. 400.
16 Ibid., vol. III, p. 10.
17 Ibid., vol. III, p. 10.
18 Ibid., vol. IV, p. 306

19 Ibid., vol. II, p. 326.
20 Ibid., vol. IV, p. 326-7.
21 Ibid., vol. VII, p. 178.
22 Ibid.
23 Ibid., vol. II, p. 303.
24 Ibid.
25 Ibid., vol. II, p. 302.
26 Ibid., vol. II, p. 286.
27 Ibid.
28 Ibid., vol. X, p.554.
29 Ibid., vol. V, p. 147.
30 ALI, Manuel Said. *Meios de expressão e alterações semânticas*. Rio de Janeiro: Francisco Alves, 1930, p. 137.
31 ELÍSIO, Filinto. Op. cit., vol. X, p. 554-5.
32 Ibid., vol. V, p. 158.
33 Ibid.
34 Ibid., vol. XI, p. 103.
35 Ibid.
36 Ibid., vol. II, p. 407.
37 Ibid.
38 Ibid., vol. IX, p. 287.
39 Ibid., vol. XI, p. 52.
40 Ibid.
41 Ibid., vol. VII, p. 235.
42 Ibid.
43 Ibid., vol. II, p. 435.
44 Ibid.
45 Ibid., vol. VIII, p. 160.
46 Ibid.
47 Ibid., vol. IV, p. 184.
48 Ibid.
49 Ibid., vol. I, p. 37.
50 Ibid.
51 Ibid., vol. III, p. 336.
52 Ibid.
53 Ibid., vol. II, p. 393.
54 Ibid., vol. VIII, p. 193.
55 Ibid.
56 Ibid., vol. II, p. 313.
57 Ibid.
58 Ibid., vol. II, p. 299.
59 Ibid.
60 Ibid., vol. VII, p. 294.
61 Ibid.

Eugenio Coseriu: arquiteto de uma linguística integral da linguagem

Este número duplo da *Confluência* homageia o amigo e o linguista que nos apoiou sempre no Liceu Literário Português e em quem sempre encontramos a melhor lição: Eugenio Coseriu.

A escolha do homenageado não poderia ser mais feliz, porque, analisando e reinterpretando criticamente o que aprendera com seus mestres e suas fontes, Eugenio Coseriu alargou os horizontes da linguagem como traço característico do homem como ser "político", segundo definiu Aristóteles, e, consequentemente, estribado no princípio posto em evidência por Platão de que "se devem dizer as coisas como são" — princípio da objetividade —, e no ensinamento de Croce de que "conhecer é distinguir", separando o plano do objeto e o plano da investigação, alargou o primitivo e acanhado campo da investigação linguística, até então preso às línguas (linguística das línguas) para subdividi-lo em várias outras disciplinas linguísticas, estabelecendo para todas, seus alcances e seus limites. Chega, assim, ao conceito de uma linguística integral.

Quem não leu o nosso homenageado ou quem o leu mal, criticará essa orientação eclética. Todavia, não se trata de nenhum ecletismo. Por suas próprias palavras, sabemos que

> não se trata de combinar ou de conciliar entre si teorias e concepções heterogêneas, mas sim de conciliá-las com a realidade da linguagem entre o que têm de "verdade", como perspectivas diferentes com respeito a *o mesmo* ou como parcializações diferentes de intuições concernentes ao mesmo conjunto de fatos, e de situar todo problema e todo enfoque em um só marco em que têm lugar justificado pela própria realidade da linguagem.

Neste sentido, a língua portuguesa ou qualquer outra língua recebem um aparato teórico de investigação e pesquisa à altura das suas riquezas e das suas complexidades.

Esta homenagem vem fazer jus, pelo muito que lhe devemos, à obra de extraordinário teórico da linguística, deste pensador profundo, que reconhece seu débito aos grandes mestres do pensamento universal, desde Aristóteles até Antonino Pagliaro, Antonio Banfi e Giovanni Maver, passando por Leibnitz, Hegel,

Humboldt, Croce, Ferdinand de Saussure, Hermann Paul e von der Gabelentz. É toda uma vida dedicada à leitura reflexiva, ao diálogo permanente e ao esforço de dar um passo à frente, original e extraordinariamente fecundo. Eugenio Coseriu é dos que pensam que todo bom modelo teórico traz sua contribuição, e diverge daqueles que se enganam quando supõem que seu modelo é *o* modelo, paradigma para a ciência linguística, que faz sombra e procura desprezar a toda uma tradição milenar.

Partindo do princípio já aqui referido de que distinguir é conhecer, Eugenio Coseriu soube mostrar o que aproveitar da filosofia da linguagem, da gramática tradicional, do positivismo e do antipositivismo, do estruturalismo e do funcionalismo, da gramática gerativa e da gramática cognitiva, da estilística e da pragmática, da análise do discurso e da linguística textual, para constituir não uma ciência das línguas, mas uma ciência da linguagem, de tal maneira que a linguística das línguas será uma das seções, justamente aquela em que vai operar o linguista.

Estribado na lição de Leibnitz segundo a qual "*Scientia, quo magis theorica, magis practicà*", apontou para os professores de língua materna o caminho a ser trilhado para o desenvolvimento de uma cabal educação linguística; para os cientistas e os políticos da educação, que critérios devem presidir a uma competente política linguística: esboçar uma *deontologia* linguística como estudo da correção e da exemplaridade idiomática.

Nos seus trabalhos quase juvenis, traçou para sempre, no quadro teórico, as distinções de *sistema, norma* e *fala,* dando maior abrangência à dicotomia saussuriana de *langue* e *parole*.

Voltando ao que dissemos, Coseriu paga um justo tributo aos ensinamentos do genial linguista de Genebra. Declara, como antes dissera E. Benveniste, que todo linguista moderno, consciente ou inconscientemente, é devedor das lições do *Cours de linguistique générale*. Nosso homenageado chega a declarar que, partindo de um saussurianismo dinâmico (ao contrário do saussurianismo "ortodoxo", entendido como repetição, confirmação e aplicação das lições do *Cours*), o que em matéria de teoria foi feito em seus livros, fê-lo *com* Saussure e não *contra* Saussure.

A reflexão profunda e cuidadosa do *Cours* levou Coseriu a examinar-lhe as fontes e aí nos demonstra cabalmente que dos dois grandes e excelentes manuais de linguística que nos legaram os séculos XIX e XX — de Georg von der Gabelentz e de Hermann Paul —, o primeiro deixou muito mais rastros de influências do que o segundo nas ideias expendidas por F. de Saussure. Tal fato não costuma ser assinalado, porque quase sempre os investigadores das ideias linguísticas estão mais interessados nas interpretações do que nas origens das fontes saussurianas.

Justamente porque a história da linguística teórica não se tem caracterizado por um percurso de aprofundamento de suas ideias originárias e das recepções e identificações do fio condutor delas nos diversos sistemas e modelos conhecidos, preocupa-se Eugenio Coseriu em surpreender e pesquisar os casos desses rastreamentos que se lhe depararam no decorrer de suas extensíssimas leituras. Assim é que em Saussure vemo-lo identificando o conceito de arbitrariedade do signo linguístico em Aristóteles; explicitando as pertinentes antecipações do valenciano Juan Luis Vives sobre a teoria da tradução; penetrando no valor da obra linguística de Wilhelm von Humboldt, suas antecipações de teses discutidas na linguística moderna, como, por exemplo, tipologia das línguas ou a distinção entre *forma interior* e *forma exterior* ou, ainda, a oposição entre a *linguagem como enérgeia* e a *linguagem como ergon*, respingando evidências da pré-história da semântica estrutural existentes, ainda que indiretamente, no esquecido estudo do linguista K.W.L. Heise sobre o campo léxico do alemão Schall 'som em geral' e cujos integrantes se opõem por traços distintivos imediatos.

Suas leituras e pesquisas não só contemplaram as obras das figuras exponenciais da linguística; procuram resgatar o valor de estudiosos do século XVI, como é o caso do vasco Andrés de Poza, nascido por volta de 1530, estudioso do substrato germânico no espanhol, ou do nosso primeiro gramático Fernão de Oliveira, cujas intuições e antecipações levaram Coseriu a considerá-lo "um dos gramáticos mais originais de toda a Renascença".

Esta larga leitura dos textos iniciais da linguística tomada como ciência se revela esplendidamente no longo estudo sobre a linguística e a semântica de Michel Bréal, celebrado autor a quem, se não lhe cabem as honras de fundador da semântica léxica, se deve a consagração como disciplina autônoma, superior à "semasiologia" que se praticava desde muito antes da saída de seu livro *Essai de sémantique*, em 1897.

Na mesma linha de processo dialético de síntese das ideias então ventiladas na linguística, pôs nos devidos termos os conceitos e os alcances metodológicos da distinção entre *sincronia* e *diacronia*, soube distinguir, com Menéndez Pidal, entre gramática *histórica estrita* (como estudo diacrônico de um só sistema idealmente homogêneo) e a *histórica interna da língua* (como estudo diacrônico de uma língua histórica) e, num passo mais à frente, chegou a interpretar a história linguística (que contém as descrições sincrônicas) como efetiva linguística integral. Suas distinções dos três planos da linguagem — o *universal*, o *histórico* e o *individual* — e das competentes atividades, saberes e juízos de valor, permitiram um melhor enquadramento das questões e falsas questões que tem conhecido a teoria da linguagem, contribuindo, outrossim, para a conceituação extremamente fecunda do que chama *língua funcional*.

Divergindo de muitos linguistas que consideravam a função normativa da gramática escolar indigna de suas considerações, Eugenio Coseriu se filia àquele grupo de excelentes linguistas preocupados com destacar o papel de injunção social da norma padrão, com a confecção de bons compêndios gramaticais. Escreveram gramáticas escolares, descritivas e normativas, entre outros, Whitney, Bain, Bréal, Trombetti, Jespersen, Brunot, Sechehaye, Migliorini, Diderichsen, Fries e Mattoso Câmara. Como o americano Fries e indo mais além, desbastando-lhe certas confusões metodológicas, Coseriu nos oferece (o livro ainda se encontra inédito até este momento) uma rigorosa e profunda reflexão sobre o problema da correção idiomática, alguns de cujos aspectos já são antecipados no seu livro *Competência linguística*.

Pondo luz a uma confusão que já vem dos primórdios da reflexão linguística que identificava o significado linguístico com a realidade extralinguística, o *significatum* e os *designata*, explicitou Eugenio Coseriu os conceitos de *designação*, *significado* e *sentido*, extremamente operativos, entre outros domínios, no estudo estrutural e funcional do léxico, disciplina a que chamou *lexemática*.

Suas distinções de tipo ou estrato no plano do *conteúdo* (como oposto à *expressão*) entre *designação, significado* e *sentido* levaram-no a considerar a linguística estrutural e funcional como a hermenêutica do significado, e a verdadeira linguística textual a hermenêutica do sentido. *Sentido* só há no "dizer", no discurso; conceitualmente, os "sentidos" do discurso que se extraem mais além dos significados de língua, isto é, o fato de um ato linguístico ser "pergunta", "resposta", "réplica", "objeção", "ordem", "súplica", "advertência", "saudação", etc., etc., correspondem aos "lógoi" dos estoicos, isto é, às modalidades semânticas do "dizer", e não do "nomear".

Partindo destas considerações, Coseriu nos ensina, por exemplo, que o verdadeiro *objeto* da tradução são os "discursos" ou "textos", e não as *línguas*, como geralmente se supõe. As línguas são apenas, com sua estrutura material e semântica, o instrumento ou meio ou a matéria da tradução. Está claro que se faz uma tradução *por meio das línguas*, mas sempre se traduzem *textos*, e, por isso, o que se traduz são os "conteúdos textuais" e não os "conteúdos linguísticos". Assim, os estratos ou tipos de conteúdo que integram o chamado "conteúdo textual" e constituem o objeto imediato da atividade de tradução são a designação e o sentido.

Do ponto de vista certeiro de que a linguagem não é imposta ao homem, mas o homem dela dispõe para expressão de sua liberdade criadora, historicamente condicionada, Eugenio Coseriu propõe inverter o conhecido postulado de Ferdinand de Saussure: em lugar de colocar-se no estreito limite da língua, o linguista há de se colocar desde o primeiro momento no terreno do falar e tomá-lo como norma de todas as outras manifestações da linguagem. Isto porque o falar — incluindo-se aí sua determinação extralinguística e psicofísica — é muito mais do que a simples realização de uma língua particular, o simples conjunto de regras para construir frases corretas, como declara num dos seus últimos livros — *Competência linguística: elementos da teoria do falar*.

Dotado de um poliglotismo invejável, sedimentado pela leitura e reflexão dos teóricos da filosofia e da linguagem, e conhecedor profundo do pensamento linguístico antigo, medieval e moderno, Eugenio Coseriu elaborou, sem dogmatismo e com a objetividade absoluta que representa a norma intrínseca de toda ciência, por meio de um processo dialético, o arcabouço teórico com vista a uma investigação da capacidade geral da expressão — inclusive uma *linguística esqueuológica* (do grego *skéuos* 'coisa', 'instrumento') que nos mostra a contribuição do conhecimento geral das coisas a cada falar que o fará, sem sombra de dúvida, a mais autorizada voz da linguística do século XX para a linguística do século XXI, no entrelaçamento fecundo da tradição e da novidade. Diante de sua obra, os linguistas do futuro terão aquele guia seguro como Dante encontrou Virgílio no início da *Divina Comédia*, e poderão repetir o que o poeta italiano aplicou ao autor da Eneida: *"Tu se' lo mio maestro e 'l mio autore"* ["Você é meu mestre e meu autor."] (I, 85).

Texto publicado na revista *Confluência*, do Liceu Literário Português, n.ᵒˢ 25-26, 2003.

Harri Meier e seus estudos de língua portuguesa

A língua portuguesa já deve grande contributo a vários estrangeiros que se têm a ela dedicado com o mesmo entusiasmo e amor de estudiosos portugueses e brasileiros, que empregaram sua vida e inteligência a investigar-lhe as particularidades e segredos refletidos nas páginas estilizadas dos escritores ou na fala espontânea de seus utentes. A falar verdade, deve a língua portuguesa a estrangeiros os primeiros trabalhos com orientação verdadeiramente científica, pois foi na Alemanha do século XIX que ocorreu o advérbio da chamada linguística científica, por cujos métodos se orientaram os estudos de línguas da família indo-europeia, entre as quais cumpre salientar aqui o latim e suas continuações na Romênia, isto é, os idiomas românicos, em cujo domínio se encontra o português. O alemão Frederico Diez (pronuncia-se /ditz/) inaugurou, em 1836, a linguística românica, ao estudar as línguas que continuaram o latim no tempo e no espaço, dedicando boa atenção aos fenômenos, morfológicos e sintáticos, que vieram a caracterizar essa realidade histórica a que chamamos língua portuguesa. Até fatos gramaticais muito específicos ao nosso idioma — como o uso do infinitivo flexionado e não flexionado — não passaram despercebidos ao genial Diez. A presença do mestre alemão era tão grande, que ainda no meu tempo de curso secundário se falava das regras para o emprego dessa forma verbal consoante os ensinamentos de Frederico Diez e Soares Barbosa (este, ilustre gramático português do século XVIII, pertencente ao período de investigação chamado pré-científico).

Outro alemão, Carl Reinhardsttoettner, em 1878, escreve a primeira gramática portuguesa dentro da orientação historicista aplicada por Diez e já divulgada em Portugal por Adolfo Coelho. O valor da obra de Reinhardsttoettner tocou o nosso João Ribeiro que lhe traduziu as 17 primeiras páginas, em que compara o português com as demais irmãs românicas, e as inseriu como Introdução ao seu compêndio escolar *Autores contemporâneos*. Outro mestre estrangeiro, o suíço alemão Julio Cornu, em 1888, traçou os contornos definitivos da gramática histórica portuguesa, já quando Portugal e Brasil, pela mão competente do mestre irrequieto Francisco Adolfo Coelho, como dissemos acima, conheciam e praticavam a metodologia divulgada por Diez: a essa época pertencem, além de A. Coelho, José Leite de Vasconcelos, Carolina Michaëlis de Vasconcelos; no Brasil, temos, entre outros, Júlio Ribeiro, Fausto Barreto, Pacheco da Silva Júnior, Lameira de Andrade, João Ribeiro e Said Ali.

Vários desses mestres portugueses e brasileiros, aberta a estrada larga da romanística, hauriram o progresso da disciplina, agora já não restrita à Alemanha, mas espalhada pela Europa e América; é a fase que tem um corifeu o suíço Wilhelm Meyer, depois do casamento Wilhelm Meyer-Lübke. Entre a geração de discípulos, diretos e indiretos, de mestres notabilíssimos do porte de um Meyer-Lübke, de um Gröber, de um Tobler, de um Suchier, de um Baist, de um W. Foerster, de um Cornu — para só ficar nos da língua alemã — saiu um grupo notável de lusitanistas, entre os quais desejo hoje destacar a figura de Harri Meier.

A Península Ibérica foi sempre a região menos estudada da romanística, apesar de sua enorme importância histórica e suas características linguísticas, e o português foi sempre o ilustre desconhecido dos irmãos românicos. A primazia era do francês e do provençal (hoje occitânico), seguidos do italiano. De modo que a opção pelos idiomas ibéricos se constituía numa exceção, naturalmente de destemidos aventureiros, já que se tratava de um domínio praticamente virgem, onde faltavam boas descrições gramaticais e bons dicionários e poucos textos fidedignamente editados. Harri Meier, procedente desta ilustre tradição de estudos românicos, estava verdadeiramente apetrechado para percorrer a longa e rica trajetória acadêmica que iria fazer dele um dos mais conhecidos e competentes lusitanistas do nosso tempo.

Seus primeiros estudos, datados de 1926 a 1941 — em que procura traçar uma síntese histórico-linguístico-geográfica desse domínio —, são ainda hoje de consulta indispensável. Além do relacionamento da história externa com a história interna, Harri Meier esforçou-se em combater o excessivo processo de utilizar elementos de línguas de substrato e de superestrato como fontes originárias do léxico românico, especialmente etimologias pré-românicas, germânicas, árabes e moçárabes, recorrendo para tanto, a argumentos morfológicos com base no próprio sistema latino, em oposição aos de natureza fonológica e semântica, os quais, quase sempre, favorecem a aceitação desses étimos. Daí o mestre alemão, nas suas pesquisas etimológicas em que conciliava a história linguística à história cultural do vocábulo, levantar grandes famílias de palavras e tentar reaproximar da fonte originária aquelas que, por mil caminhos, se afastaram de suas irmãs mais fiéis ao étimo latino. A fina sensibilidade de Harri Meier para os segredos mais recônditos dos idiomas que investigou — o português num lugar de honra — levou-o a perscrutar matizes estilísticos muito interessantes. O seu livro, publicado em português, *Ensaios de filologia românica*, enfeixa alguns estudos preciosos e originais. Todavia, nem tudo que escreveu está reunido em livro; acha-se espalhado em várias revistas estrangeiras. Por mais de uma vez — e até trabalhamos juntos na seleção de alguns títulos, aí por volta do final dos anos 1970 —, fiz-lhe ver a necessidade de uma segunda série dos *Ensaios* que, infelizmente, não chegou a concretizar-se. Há nesses estudos trabalhos verdadeiramente magistrais para a nossa língua, como, por exemplo, aquele relativo aos matizes da gama rica do tratamento em português por meio de pronomes e substantivos, publicado em 1951, no volume 63 da revista *Romanische Forschungen*. Recentemente, em 1986, sua larga experiência no campo românico ficou espelhada no livro *Princípios da investigação etimológica*, saído em Heidelberg, livro que precisa ser traduzido para o português.

Este mestre que fez uma grande escola de discípulos dentro e fora da Alemanha, este fervoroso amante da língua portuguesa que a conheceu nos mais profundos segredos, este amigo inesquecível faleceu em novembro passado, em Bonn (8/1/1905 - 7/11/1990), deixando atrás de si o exemplo de um verdadeiro professor universitário e, nos seus alunos e amigos, a presença da eterna saudade.

Texto publicado no jornal *Mundo Português* e na revista *Na Ponta da Língua*, em 8/3/1991.

José de Alencar e a língua do Brasil

Alencar foi um embevecido da sua terra e um crente contumaz no destino do Brasil. A fidelidade com que procurou transmitir essas crenças ao seu magistério de político e de escritor recompensou-lhe negativamente os esforços, porque, em ambas as missões, praticou a crítica honesta e construtiva e teve como troco os maus críticos, aqueles de que fala em *Bênção paterna*, nos *Sonhos d'ouro*:

> Os críticos, deixa-me prevenir-te, são uma casta de gente, que tem a seu cargo desdizer de tudo neste mundo. O dogma da seita é a contrariedade. Como os antigos sofistas, e os reitores da Meia Idade, seus avoengos, deleitam-se em negar a verdade.
> Ao meio-dia contestam o sol; à meia-noite impugnam a escuridão. Como Heráclito, choram quando o mundo ri, ou zombam com Demócrito quando a seriedade se lamenta. Dão-se ares de senado romano, com o afã de levantar uns e abaixar outros: PARCERE SUBJECTIS ET DEBELLARE SUPERBOS, como disse Virgílio.[1]

Alencar acreditava e praticava outro tipo de crítica; nessas águas, abalançou-se a expor suas opiniões quanto aos problemas do ofício de escritor, do seu gosto literário e do posicionamento diante do romance brasileiro nas *Cartas sobre a Confederação dos Tamoios*. E aí fez crítica à linguagem de Gonçalves de Magalhães:

> Há no seu poema um grande abuso de hiatos, e um desalinho de frase, que muitas vezes ofende a eufonia e doçura de nossa língua; tendo encontrado nos seus versos defeitos de estilo e dicção, que um simples escritor de prosa tem todo o cuidado de evitar para não quebrar a harmonia das palavras.
> Abra o poema e verá elipses repetidas, sobretudo conjunção (sic) *com*; o que não só denota fracos recursos de metrificação, como torna o verso pouco sonoro e cadenciado.[2]

Que a crítica não era meramente impressionista, mas alicerçada em estudo, prova-o a continuação de seus argumentos:

> Que Dante na sua *Divina comédia*, criando ao mesmo tempo um poema e uma nova língua, recorresse a esses expedientes, que alguns antigos poetas portugueses, obrigados pela rima, usassem desse meio de encurtar palavras, compreende-se. Mas em verso solto, e em verso escrito em língua portuguesa tão rica, é inadmissível esse abuso; um poeta brasileiro, um verdadeiro poeta, não tem licença para estropear as palavras, e fazer delas vocábulos ininteligíveis, enfileirados e em linhas de onze sílabas.

Além de outras impropriedades de expressão, particularmente comparações em que poderia Magalhães ter posto em evidência a exuberante natureza americana, Alencar critica a frase, "o índio desliza a vida",

> como uma inovação que não julgo bem cabida por ser contra a etimologia da palavra, e por haver na língua portuguesa muitas expressões apropriadas. Filinto Elísio inventou na tradução dos *Mártires* o seu verbo onomatopaico *ciciar* para exprimir o som do vento nas folhas dos canaviais; empregou muitos neologismos, mas não se animou a alterar completamente a significação de uma palavra consagrada pelo uso e costume.

Não poderia faltar a alusão ao galicismo desnecessário maculando a pureza da linguagem:

> Em uma das cartas apontei como galicismo o verbo *gostar* no sentido de *beber*, o que na minha opinião é uma frase inteiramente francesa. (...) Ora haverá alguém, por pouco entendido que seja na construção da frase portuguesa, que julgue castiça e pura esta tradução de *goúter*, por *gostar* em lugar de *beber*? O latim tem, é verdade, o verbo *gustare*, donde se derivou o termo *gostar*, mas a significação da palavra tanto latina, como portuguesa não é a mesma que lhe deu o Sr. Magalhães no lugar citado.

A citação se mostra longa, mas é importante para fixar um ponto que, segundo me parece, não foi até aqui posto em evidência pelos estudiosos de Alencar. Os aspectos de linguagem apontados pelo autor de *Iracema*, além dos outros que o amor à síntese não me permite lembrar, como imperfeições no poema de Gonçalves Magalhães, foram os que seus críticos lhe devolveram, em geral injustamente. Assinalar falhas de gramática, de estilo e de metrificação n'*A Confederação dos Tamoios* era o mesmo que atrair para si a sanha de poderosos inimigos que o não deixariam mais em paz, à cata dos mesmos erros de gramática e de estilo.

Confessa-nos Alencar:

> Tentando uma vez a árdua missão do crítico, impus-me como um dever de lealdade não fazer censura sem firmá-la com o exemplo do texto.

Destarte, a contestação era possível ao autor e a seus amigos; e ela apareceu. Quisera sofrer a pena de Talião, e ser criticado pela mesma forma por que outrora critiquei *A Confederação dos Tamoios*.
Desta crítica ainda não a tive; pois eu não posso rebaixar-lhe o nome até uma coleção de impertinências que veio a lume há cerca de dois anos, à custa do erário, e nunca me dei ao trabalho de ler, tendo apenas a notícia que os oficiosos nunca deixam transmitir (...).
Entendeu-se nas altas regiões que era boa política vingar no autor os crimes do deputado.

Mesmo por entre elogios ao seu *engenho e conceber inesgotável*,[3] não faltavam as referências vagas ao pouco conhecimento da língua materna.

A diferença das críticas de Alencar, nas *Cartas sobre a Confederação dos Tamoios*, consistia que seus críticos não eram, em geral, explícitos quanto aos erros e imperfeições de linguagem que viam nas obras do escritor cearense. É o próprio Alencar que reclama, em 1865, dessas imputações sem maiores esclarecimentos.

Quando saiu à estampa a *Lucíola*, no meio do silêncio profundo com que a acolheu a imprensa da Corte, apareceram em uma publicação semanal algumas poucas linhas que davam a notícia do aparecimento do livro, e ao mesmo tempo a de estar ele eivado de galicismos. O crítico não apontava, porém uma palavra ou frase das que tinham incorrido em sua censura clássica. Passou. Veio ano depois a *Diva*. Essa, creio que por vir pudicamente vestida, e não fraldada à antiga em simples túnica, foi acolhida em geral com certa deferência e cortesia. Da parte de um escritor distinto e amigo, o Dr. Múzio, chegou a receber finezas próprias de um cavalheiro a uma dama; entretanto não se pôde ele esquivar de lhe dizer com delicadeza que tinha ressaibos das modas parisienses. Segunda vez a censura de galicismo, e dessa vez um crítico excessivamente generoso, que, se alguma preocupação nutria, era toda em favor do autor do livro. Desejei tirar a limpo a questão, que por certo havia de interessar a todos que se ocupam das letras pátrias. O distinto escritor, solicitado em amizade, capitularia os pontos de censura. Se em minha consciência os achasse verdadeiros, seria pronto em corrigir meus erros; senão, produziria a defesa, e não fora condenado sem audiência. Muitas e várias razões me arredaram então daquele propósito; a atualidade da questão passou; eu correria o risco de não ser lido saindo a público para discutir a crítica antiga de uma obra talvez já submergida pela constante aluvião de fatos que ocupam o espírito público. Ao dar à estampa esta segunda edição da *Diva*, pareceu-me azado o momento para escrever as observações que aí ficam, pelas quais deseja o autor ser julgado em matéria de estilo quando publique algum outro volume. Não basta acoimarem sua frase de galicismo; será conveniente que a designem e expendam as razões e fundamentos da censura. Compromete-se o autor, em retribuição desse favor da crítica, a rejeitar de sua obra como erro toda aquela palavra ou frase que se não recomende pela sua utilidade ou beleza, a par da sua afinidade com a língua portuguesa e de sua correspondência com os usos e costumes da atualidade; porque são estas condições que constituem o verdadeiro *classismo*, e não o simples fato de achar-se a locução escrita em alguns dos velhos autores portugueses.[4]

Este culto à língua como instrumento e veículo eficiente da obra literária era uma constante preocupação de Alencar, e essas palavras escritas em agosto de 1865 ratificam as de agosto de 1856, nas *Cartas sobre a Confederação dos Tamoios*:

Assim pois, todo o homem, orador, escritor, ou poeta, todo o homem que usa a palavra, não como um meio de comunicar as suas ideias, mas como instrumento de trabalho; todo aquele que fala ou escreve, não por uma necessidade da vida, mas sim para cumprir uma alta missão social; todo aquele que faz da linguagem não um prazer, mas uma bela e nobre profissão, deve estudar e conhecer a fundo a força e os recursos desse elemento de sua atividade. (...) O mestre, o magistrado, o padre, o historiador, no exercício do seu respeitável sacerdócio da inteligência, da justiça, da religião e da humanidade, devem fazer da palavra uma ciência; mas o poeta e o orador devem ser artistas, e estudar no vocabulário humano todos os seus segredos mais íntimos, como o músico que estuda as mais ligeiras vibrações das cordas do seu instrumento, como o pintor que estuda todos os efeitos da luz nos claros e escuros.[5]

Se percorrermos as críticas feitas à língua em que Alencar escreveu seus livros, notaremos que os vícios apontados nas *Cartas sobre a Confederação dos Tamoios* procuram também ser imputados ao notável cearense. Só que eles em geral aparecem sem o tratamento demorado, sem a explicação do fato e, quase sempre, desprovidos de razão. Não é este o momento próprio de fazê-lo, de rastrear os erros de língua — reais e supostos — que foram atribuídos a Alencar nas condenações de Antônio Henriques Leal (nas *Locubrações*), de José Feliciano de Castilho — o Lúcio Quinto Cincinato, e Franklin Távora — o Semprônio (nas *Questões do dia*), pois que sobre muitos desses erros já se manifestaram, em defesa do escritor brasileiro, o próprio Alencar, Batista Caetano (nos *Rascunhos sobre a gramática da língua portuguesa* — Rio, 1881), José Oiticica (1944), Gladstone Chaves de Melo (1948), Cândido Jucá (filho) (1949), Cavalcante Proença (1959), para só citar os mais importantes estudos no tocante às questões de fatos de língua.

Estes livros apenas abrem o grande campo de pesquisa na obra alencariana, não só quanto ao aproveitamento do filão clássico português, mas ainda no que diz respeito ao trabalho artesanal com que o escritor pretendeu enriquecer a língua literária em uso no Brasil de sua época.

Longe de nós o intuito de apresentar Alencar como linguista seguro ou gramático competente; mas a verdade é que estudou os bons autores da época, penetrou-lhes o pensamento e extraiu deles uma série de conclusões pertinentes para as concepções sobre linguagem, língua, gramática, estilo, metrificação e, principalmente, sobre a missão consolidadora do bom escritor, capaz de promover e acelerar a simbiose da verdadeira tradição clássica e das reais necessidades de progresso linguístico. Nesta obra, o escritor cearense joeira com inteligência os arcaísmos, promove com bom senso os neologismos e estrangeirismos e extrai com originalidade novas expressões da antiga prata da casa.

Um estudo atento dos procedimentos artesanais de Alencar revelar-nos-ia que, de modo geral, suas inovações têm eco nas propostas dos escritores que, antes dele, tinham a mesma consciência do papel de literato. Muitos dos seus pretensos erros se prendem a procedimentos linguísticos renascentistas e arcadistas buscados por outros escritores preocupados com a riqueza do idioma, como Filinto Elísio.

Destarte, podemos afirmar que as várias vezes em que Alencar se pronunciou sobre seus conhecimentos e preocupações com o idioma traduzem uma realidade facilmente comprovada através das páginas de sua extensa produção política e literária.

Por isso, são profundamente injustas acusações como a de Henriques Leal acerca do nosso romancista: "É pena que talento tão superior não se aplique ao estudo da língua, com mais interesse e sem prevenções. Porém, quanto a sua linguagem e estilo são descuidados e por vezes desiguais e frouxos."

Alencar, em carta aos redatores da revista *Lusa*, datada de 20 de novembro de 1874, pronuncia-se desta maneira:

> Nós os brasileiros temos descurado inteiramente o máximo assunto da nacionalidade de nossa literatura; e por uma timidez censurável nos deixamos governar pela férula do pedagogismo português que pretende o monopólio da ciência e polimentos da nossa língua (...) Somos nós, é o Brasil quem deve fazer a lei sobre a sua língua, o seu gosto, a sua arte e a sua literatura. Essa autonomia, *que não exclui a lição dos mestres antigos e modernos*, é não só um direito, mas sim um dever. É a tecla em que anos mais tarde bateria M. de Assis.

Antes de mais nada, cabe aqui lembrar uma série de antecipações pelas quais Alencar procurou justificar alguns dos seus usos linguísticos e que, posteriormente, os estudos superiores vieram confirmar como situados num caminho científico.

Assim, antes que os linguistas viessem esclarecer a importância da entoação frasal, do ritmo, como elemento importante para a disposição dos termos oracionais — no caso de Alencar, para a posição do pronome pessoal oblíquo átono nas imediações do verbo —, o escritor cearense já tinha trazido à baila o problema no Pós-escrito de *Iracema*, em 1870, ao pronunciar-se nestes termos:

> Há casos em que a eufonia pede a anteposição do pronome, como *se recolhem só* para evitar o sibilo desagradável de *se só*. Outras vezes não é a cacofonia, mas o acento tônico que determina a colocação da partícula,

conforme o ritmo da frase exige o repouso antes e depois. Nesta frase, por exemplo: *Tu não me sabes querer*, o rigor da ordem gramatical exigiria *tu não sabes querer-me*; mas a frase não seria tão cadente e expressiva.[6]

Em língua portuguesa, a estreita relação entre o ritmo frasal e colocação dos termos oracionais só viria a ser pela primeira vez enunciada na obra pioneira de Said Ali, em artigos publicados na *Revista Brasileira*, em 1895 (25 anos depois) e a seguir, enriquecidos, numa das mais profundas obras que já se escreveram sobre nosso idioma, *Dificuldades da língua portuguesa*. Com base em então recentes livros europeus sobre entoação frasal, mestre Said Ali concluiu suas pesquisas de colocação de pronomes com essas ponderações que poderiam ser tranquilamente assinadas por Alencar, pois que ele já as tinha intuído de maneira menos técnica, mas na mesma linha de pensamento:

> A nossa maneira fantasista (como alguns lhe chamam) de colocar os pronomes, forçosamente diversa da de Portugal, não é errônea, salvo se a gramática, depois de anunciar que observa e registra fatos, depois de reconhecer que os fenômenos linguísticos têm o seu histórico, a sua evolução, ainda se julga com o direito de atirar, ciosa e receosa da mutabilidade, por cima de nosso idioma, a túnica de Néssus das regras arbitrárias e inflexíveis.
> As línguas alteram-se com a mudança de meio; e o nosso modo de falar diverge e há de divergir, em muitos pontos, da linguagem lusitana. Muitas são as diferenças atuais, que passam despercebidas por não haver um estudo feito neste sentido. Não é o caso para eternamente nos julgarmos inferiores aos nossos "maiores". De raciocínio em raciocínio chegaríamos ao absurdo de considerar extraordinário conhecedor da nossa língua, e mais profundo do que o mais culto brasileiro, o camponês analfabeto que, tendo tido a fortuna de nascer na Beira ou em Trás-os-Montes, pronuncia átonos os pronomes e, consequentemente, os coloca bem à portuguesa.
> A verdadeira conclusão científica não pode ser senão esta: em Portugal é certa a colocação peculiar dos pronomes por ser de uso geral; no Brasil também é certo o nosso modo de empregar os pronomes por ser igualmente de uso geral.

Como é diferente esta maneira de ver o problema da colocação de pronomes átonos das ideias que aparecem ainda na polêmica Rui-Carneiro Ribeiro, em 1902, e que, passando por Cândido de Figueiredo, até hoje veiculam em artigos e compêndios destinados a ensinar a nossa língua! Depois de cem anos, Alencar se nos afigura de uma atualidade que impressiona.

Outro ponto em que o escritor cearense nos espanta pela visão correta e antecipadora é no que diz respeito ao galicismo e ao estrangeirismo em geral. Nas cartas sobre *A Confederação dos Tamoios* reclamou do galicismo inútil, tradução servil do francês em detrimento do correspondente vernáculo, ainda que expressivo.

Esse o galicismo a ser evitado; mas existe aquele saído do empréstimo cultural, do contato de povos, do centro irradiador de progresso. Esse merece o agasalho do escritor e pode vir a receber o beneplácito do povo e consubstanciar-se no uso. Por isso, comenta acertadamente Alencar, em 1874, nas páginas da "Questão filológica":

> Quando Virgílio escreveu seus imortais poemas, imitou dos gregos muitas locuções elegantes, como atualmente fazemos, eu e alguns escritores brasileiros, dos escritores da França, que é nossa Ática moderna.
> Entre inúmeras recordo-me das seguintes que vi anotadas por Servius: *Navigat equor* — Eneida I, v. 71, *Terram, mare, sidera juro*, XII, v. 197; *Intonuere poli* — I, v. 94; *Tytida debuit ponere* — I, v. 101. Todas estas frases são puros grecismos, que arrepiaram a pele não só aos gramatistas, como aos gramáticos do tempo. Mais tarde porém, com a voga do poema, tornaram-se latinismos, e contaram-se entre as flores mais graciosas da poesia romana.[7]

Na *Bênção paterna*, introdutória aos *Sonhos d'ouro*, em 1872, ressaltava a relação entre o cosmopolitismo da sociedade carioca emergente e os empréstimos culturais de toda sorte, ainda os linguísticos:

> Nos grandes focos, especialmente na Corte, a sociedade tem a fisionomia indecisa, vaga e múltipla, tão natural à idade da adolescência. É o efeito da transição que se opera; e também do amálgama de elementos diversos. A importação contínua de ideias e costumes estranhos, que dia por dia nos trazem todos os povos do mundo, devem por força de comover uma sociedade nascente, naturalmente inclinada a receber o influxo de mais adiantada civilização.
> Os povos têm, na virilidade, um eu próprio, que resiste ao prurido da imitação; por isso na Europa, sem embargo da influência que sucessivamente exerceram algumas nações, destacam-se ali os caracteres bem acentuados de cada raça e de cada família.
> Não assim os povos são feitos; estes tendem como a criança ao arremedo; copiam tudo, aceitam o bom e o mau, o belo e o ridículo, para formarem o amálgama indigesto, limo de que deve sair mais tarde uma individualidade robusta.
> Palheta, onde o pintor deita laivos de cores diferentes, que juntas e mescladas entre si dão uma nova tinta de tons mais delicados, tal é a nossa sociedade atualmente. Notam-se aí, através do gênio brasileiro, umas vezes embebendo-se dele, outras invadindo-o, traços de várias nacionalidades adventícias; é a inglesa, a italiana, a espanhola, a americana, porém especialmente a portuguesa e francesa, que todas flutuam, e a pouco e pouco vão diluindo-se para infundir-se n'alma da pátria adotiva, e formar a nova e grande nacionalidade brasileira (...)

> Tachar-se estes livros (*Lucíola, Diva, A pata da gazela* e *Sonhos d'ouro*) de confeição estrangeira, é, relevem os críticos, não conhecer a fisionomia da sociedade fluminense, que aí está a faceirar-se pelas salas e ruas com atavios parisienses, falando a algemia universal, que é a língua do progresso, jargão erriçado de termos franceses, ingleses, italianos e agora também alemães.[8]

Ver a importação de termos estrangeiros por esse prisma científico, por essa larga compreensão dos contactos culturais entre os povos, é, sem dúvida nenhuma, uma posição de um verdadeiro linguista, posição que até hoje não assumem muitos dos que estudam a língua, que a querem encarcerada nos angustos limites de uma pretendida pureza idiomática.

Ainda na polêmica que travou com Joaquim Nabuco em 1875, insiste neste ponto:

> Notou ainda o crítico a palavra *grog*, de origem inglesa, por mim aportuguesada em *grogue*. Podia notar outras como *tílburi, piquenique, lanche*; ou *crochete* e *champanhe*, do francês. Desde que termos estrangeiros são introduzidos em um país pela necessidade e tornam-se indispensáveis nas relações civis, a língua, que os recebe em seu vocabulário, reage por uma lei natural sobre a composição etimológica para imprimir-lhe o seu próprio caráter morfológico.
> A pronúncia e a ortografia alteram-se, em alguns casos profundamente; mas sempre conforme leis fonéticas, estudadas por Jacob Grimm e seus continuadores.
> Em português nós já temos de outros tempos, *redingote* de *ridingcoat*; j*aqueta* de *jacket* inglês ou *jaquette* francês; *pichelingue*, e *escolteto*, do flamengo *Flessing* e *schsout, dessér, trumó,* do francês *dessert* e *trumeau* e muitos outros.
> As línguas estrangeiras também por sua vez corrompem, ou antes, sujeitam ao seu molde os nossos vocábulos brasileiros. Assim os franceses mudaram *goiaba* em *goiave*, *caju* em *acajou*, *mandioca* em *manioc*; e o mesmo acontece com os outros povos acerca de várias palavras americanas.[9]

Tanto assim, que, em 1914, Said Ali escolhia para tema de conferência proferida na Biblioteca Nacional esses contactos culturais que, aparentemente, maculam o purismo. O título da conferência — *O purismo e o progresso da língua portuguesa* — reflete a identidade de conceitos entre o escritor e o linguista.

O que se nos afigura curiosíssima é a maneira como Alencar explica a tenaz perseguição que os portugueses movem ao galicismo. Um curioso da ciência da linguagem fatalmente ligaria o ato a uma preocupação do purismo; mas o escritor cearense vê a coisa como um técnico de raríssima perspicácia, relacionando o fenômeno a questões políticas que extravasam nos domínios da língua. Assim, o escritor patrício no Pós-escrito de *Iracema*, em 1870, prendia a antipatia dos portugueses aos galicismos a um reflexo de repulsa à invasão francesa:

Há quem tache essa sobriedade no uso do artigo definido de *galicismo*, não se lembrando que o latim, donde provém nossa língua, não tinha aquela partícula, e, portanto, a omissão dela no estilo é antes um latinismo. Mas a mania do classismo, que outro nome não lhe cabe, repele a mínima afinidade entre duas línguas irmãs, saídas da mesma origem. Temos nós a culpa do ódio que semearam em Portugal os exércitos de Napoleão?

Isto Alencar, em 1870, antecipa as palavras do notável linguista francês Michel Bréal que no seu *Essai de sémantique*, de 1897, nos ensina:

Quando se buscam as raízes dessas repulsas que os espíritos nobres nutrem pelas palavras estrangeiras, vê-se que elas são devidas a associações de ideias, a recordações históricas, a intenções políticas, com que a linguística tem muito pouco a ver. Aos puristas alemães a presença das palavras francesas fá-los lembrar uma época de imitação que gostariam fosse esquecida de sua história. Os filólogos helênicos que proscreveram as palavras turcas do vocabulário continuam, a seu modo, a guerra da independência. Os tchecos que levam o seu ardor ao ponto de querer traduzir os nomes próprios alemães, para não deixar rastro de uma língua que suportaram por muito tempo, associam ao seu intento de expurgo a esperança de uma próxima autonomia. O "purismo", em casos assim, serve de etiqueta a aspirações e ressentimentos que podem ser em si legítimos, mas não nos deve permitir ilusões sobre a verdadeira razão dessa campanha linguística.[10]

Está por se fazer um estudo sério das leituras dos livros de linguística feitas por Alencar e do reflexo delas nas opiniões e conceitos emitidos em seus livros. A concordância entre o cearense e a lição de Bréal deveria ocupar um lugar de relevo nessa pesquisa, porquanto nenhum dos autores portugueses e brasileiros que trataram da debatidíssima questão do galicismo se referiu — que saibamos — a essa repulsa lexical como contrapartida de recordações históricas ou intenções políticas.

Intimamente ligado ao problema do galicismo está o conceito de clássico e da variação linguística através do tempo, do espaço e das classes sociais e, neste capítulo, Alencar tece considerações judiciosíssimas, e revela luminosas intuições, fazendo-nos lembrar o que dele disse, em 1883, Capistrano de Abreu no tocante aos assuntos de história: "Ninguém melhor que ele teve a intuição da vida colonial; e há páginas do *Guarani* e das *Minas de prata* que valem por longas monografias."[11]

Pedimos ao já paciente leitor que medite nas seguintes considerações:

Língua viva imutável, língua que, chegada a um tipo de perfeição modelar, cesse de modificar-se e absorver elementos estranhos ao seu passado, é cousa que não há nem nunca houve. A linguagem é a expressão de nossa inteligência. E a inteligência humana não se petrifica; pode volver olhar saudoso para a sabedoria de alguma era remota; porém esta, com todo o seu esplendor, não lhe produz desmaio, nem a paralisa. Se tal calamidade houvesse, o intelecto se atrofiaria e da maior parte das línguas modernas já não restariam mais que ruínas.

Estas palavras são de Said Ali, na conferência já citada; mas poderiam ser firmadas por José de Alencar, porque não era outra sua concepção sobre o equilíbrio instável das línguas vivas. Eis o que escreve no Pós-escrito de *Diva*, em 1865:

> O autor deste volume e do que o precedeu com o título de *Lucíola* sente a necessidade de confessar um pecado seu: gosta do progresso em tudo, até mesmo na língua que fala. Entende que sendo a língua instrumento do espírito, não pode ficar estacionária quando este se desenvolve. Fora realmente extravagante que um povo adotando novas ideias e costumes, mudando os hábitos e tendências, persistisse em conservar rigorosamente aquele modo de dizer que tinham seus maiores [note-se que é justamente este vocábulo aquele por que Said Ali se referiu à tradição portuguesa, no estudo lembrado!]. Assim, não obstante os clamores da gente retrógrada, que a pretexto de classismo aparece em todos os tempos e entre todos os povos, defendendo o passado contra o presente; não obstante a força incontestável dos velhos hábitos, a língua rompe as cadeias que lhe querem impor, e vai se enriquecendo já de novas palavras, já de outros modos diversos de locução. É sem dúvida deplorável que a exageração dessa regra chegue ao ponto de eliminar as balizas tão claras das diversas línguas. Entre nós sobretudo naturaliza-se quanta palavra inútil e feia ocorre ao pensamento tacanho dos que ignoram o idioma vernáculo, ou têm por mais elegante exprimirem-se no jargão estrangeirado, em voga entre os peralvilhos. Esse ridículo abuso porém não deverá levar ao excesso os doutos e versados na língua. Entre os dous extremos de uma enxertia sem escolha e de uma absoluta isenção está o meio-termo, que é a lei do bom escritor e o verdadeiro classismo do estilo.[12]

E prossegue Alencar sobre a variabilidade da linguagem:

> A língua é a nacionalidade do pensamento como a pátria é a nacionalidade do povo (...). Não é obrigando-a a estacionar que hão de manter e polir as qualidades que porventura ornem uma língua qualquer; mas sim fazendo que acompanhe o progresso das ideias e se molde às novas tendências do espírito, sem, contudo perverter a sua índole e abastardar-se. Criar termos necessários para exprimir os inventos recentes, assimilar-se aqueles que, embora oriundos de línguas diversas, sejam indispensáveis, e, sobretudo explorar as próprias fontes, veios preciosos onde talvez ficaram esquecidas muitas pedras finas, essa é a missão das línguas cultas e seu verdadeiro classismo. Quanto à frase ou estilo, também se não pode imobilizar quando

o espírito de que é ela a expressão, varia com os séculos de aspirações e de hábitos. Sem o arremedo vil da locução alheia e a imitação torpe dos idiotismos estrangeiros, devem as línguas aceitar algumas novas maneiras de dizer, graciosas e elegantes, que não repugnem ao seu gênio e organismo. Deste modo não somente se vão substituindo aquelas dicções que por antigas e desusadas caducam, como se estimula o gosto literário, variando a expressão que afinal de tanto repetida se tornaria monótona. De resto, essa é a lei indeclinável de toda a concepção.[13]

Pelas citações que acabamos de ler, vemos claramente que Alencar estava plenamente convencido de que não se pode separar a língua dos homens que a falam, de modo que os idiomas encarnam, acompanham e refletem os destinos das nações a que servem. Assim sendo, transplantada para o Brasil, a língua portuguesa tinha de inelutavelmente diferençar-se da língua praticada em Portugal. Mudado o ambiente físico, a serviço de novas ideias e aspirações, o português do Brasil se afastava do de Portugal em vários aspectos, sem que disso pudessem dar conta os falantes d'aquém e d'além mar. Em 1872, na *Bênção paterna* de *Sonhos d'ouro*, seguindo as pegadas da linguística biológica do seu tempo, Alencar teve a oportunidade de ressaltar — com todo o exagero da teoria — a influência do meio sobre as transformações das línguas:

> Estando provado pelas mais sábias e profundas investigações começadas por Jacob Grimm, e ultimamente desenvolvidas por Max Müller, a respeito da apofonia, que a transformação mecânica das línguas se opera pela modificação dos órgãos da fala, pergunto eu, e não se riam, que é mui séria a questão: O povo que chupa o caju, a manga, o cambucá e a jabuticaba, pode falar uma língua com igual pronúncia e o mesmo espírito do povo que sorve o figo, a pera, o damasco e a nêspera?[14]

Para podermos fechar o círculo dentro do qual repousavam as ideias de Alencar sobre os fatos de gramática e estilo da língua portuguesa, falta-nos contemplar o seu conceito entre língua literária escrita e língua falada. Eis como a tal respeito pensava o escritor cearense:

> A linguagem literária — diz-nos em 1865, no Pós-escrito de *Diva* — escolhida, limada e grave, não é por certo a linguagem cediça e comum, que se fala diariamente e basta para a rápida permuta das ideias: a primeira é uma arte, a segunda é simples mister. Mas essa diferença se dá unicamente na forma e expressão; na substância a linguagem há de ser a mesma, para que o escritor possa exprimir as ideias de seu tempo, e o público possa compreender o livro que se lhe oferece.[15]

Neste trecho Alencar intuiu o que, nos dias de hoje, um linguista universalmente conhecido, Eugenio Coseriu, distingue em *sistema* e *norma*. O *sistema* encerra o conjunto de possibilidades, de coordenadas que indicam caminhos livres e caminhos fechados. A *norma*, por sua vez, é um conjunto de realizações obrigatórias, de imposições sociais e culturais e varia consoante a comunidade.

Assim, Alencar percebe uma *norma* literária ("linguagem literária") ao lado de uma *norma* coloquial ("linguagem cediça e comum"), mas ambas pertencem ao mesmo sistema funcional ("na substância a linguagem há de ser a mesma").[16]

Ainda na mesma trilha, já agora ressaltando o trabalho artesanal do artista da palavra em contribuir para a formação de uma língua literária, revela-nos Alencar em 1872, na *Bênção paterna* de *Sonhos d'ouro*:

> Sobretudo compreendem os críticos a missão dos poetas, escritores e artistas, nesse período especial e ambíguo da formação de uma nacionalidade. São estes os operários incumbidos de polir o talhe e as feições da individualidade que se vai esboçando no viver do povo. Palavra que inventa a multidão, inovação que adota o uso, caprichos que surgem no espírito do idiota inspirado: tudo isto lança o poeta no seu cadinho, para escoimá-lo das fezes que porventura lhe ficaram do chão onde esteve, e apurar o ouro fino. E de quanta valia não é o modesto serviço de desbastar o idioma novo das impurezas que lhe ficaram na refusão do idioma velho com outras línguas? Ele prepara a matéria, bronze ou mármore, para os grandes escultores da palavra que erigem os monumentos literários da pátria. Nas literaturas-mães, Homero foi precedido pelos rapsodos, Ossian pelos bardos, Dante pelos trovadores. Nas literaturas derivadas, de segunda formação, Virgílio e Horácio tiveram por precursores Enio e Lucrécio; Shakespeare e Milton vieram depois de Surrey e Thomas Moore; Corneille, Racine e Molière depois de Malherbe e Ronsard; Cervantes, Ercilla e Lope de Vega depois de Gonzalo de Berceo, Íñigo de Mendoza e outros. Assim foi por toda a parte; assim há de ser no Brasil. Vamos pois, nós, os obreiros da fancaria, desbravando o campo, embora apupados pelos literatos de rabicho. Tempo virá em que surjam os grandes escritores para imprimir em nossa poesia o cunho do gênio brasileiro, e arrancando-lhe os andrajos coloniais de que andam por aí a vestir a bela estátua americana, a mostrem ao mundo em sua majestosa nudez: *naked majesly*.[17]

Com os elementos até aqui reunidos, extratados da vasta e coerente obra do nosso romancista maior, é hora de situá-lo em relação à língua do Brasil, para nos cingirmos ao tema proposto.

Sem sombra de dúvida Alencar pretendia ser um desses obreiros da fancaria que, manipulando a matéria-prima primitiva, iriam ajudar a transformá-la na condigna roupagem da novel terra americana. Estaria o escritor cearense imbuído da missão que, no século XVI, coube a Camões: rejuvenescer a língua para o grande destino que lhe abriu o *classismo* português.

Já mestre Mattoso Câmara havia entendido bem esta missão do escritor cearense:

> O grande romancista o que na realidade pretendia era elaborar uma língua escrita literária na base da nossa fala corrente, da mesma sorte que o

francês clássico, o italiano de Dante, o português de Camões se cristalizaram pela lenta elaboração do romance vulgar (...) Por isso, o *Guarani*, a *Iracema*, ou ainda *O Gaúcho*, a *Diva* e assim por diante, são prosa artística, firmemente plantada numa linguagem que quer ser língua escrita, e não oral; os elementos linguísticos vulgares entram aí como os motivos rítmicos folclóricos da Polônia na música de Chopin ou os costumes populares num quadro de gênero de Teniers. O nativismo linguístico em nada impede aproximarmos o estilo de Alencar do daqueles escritores que mais se destacaram pelo distanciamento da linguagem coloquial, como em francês Flaubert ou em inglês Meredith, de sorte que em espírito — embora não em execução factual — *O Guarani* ou *O Gaúcho* não deixam de ter a sua afinidade estilística com *Salambo* ou *Diana of Crossways*.[18]

A natureza de escritor romântico leva-o a alicerçar a pretendida língua literária brasileira na mais pura e lídima tradição clássica portuguesa, especialmente nos escritores modelares a partir do século XVIII. Esse era o filão inicial a cuja contribuição se somavam as criações novas, um estudado sistema de *liberdades* e imposições (na concepção proposta por Coseriu) e a contribuição estrangeira, particularmente vinda da França, a nova Ática do seu tempo.

Daí caber muita razão a Cândido Jucá (filho) quando classifica *Iracema* como uma obra clássica.

O seu *estilo aristocrático*, como também lembrou com justeza Gladstone Chaves de Melo, estava longe de concretizar o ideal de Macedo Soares que proclamava: "Já é tempo dos brasileiros escreverem como se fala no Brasil e não como se escreve em Portugal."[19]

Seu acentuado nativismo fê-lo defender-se com frequentes alusões às particularidades e diferenciações da língua portuguesa do Brasil, mas a verdade é que essas referências ficaram apenas na plataforma de sua campanha.

Machado de Assis, seu contemporâneo e partícipe com ele das culminâncias da literatura nacional, tinha muita razão quando a respeito do romancista declarou:

> Nenhum escritor teve em mais alto grau a alma brasileira. E não é só porque houvesse tratado assuntos nossos. Há um modo de ver e de sentir, que dá a nota íntima da nacionalidade, independente da face externa das cousas. O mais francês dos trágicos franceses é Racine, que só fez falar a antigos. Schiller é sempre alemão, quando recompõe Filipe II e Joana d'Arc.[20]

Alencar, para o trabalho artesanal de enriquecimento em prol de uma língua literária brasileira, extratou o filão clássico português, da mesma forma que Mário de Andrade, um século e meio depois, iria extratar o filão popular brasileiro, com igual propósito e intenção. São, aliás, muitas as coincidências que se podem estabelecer entre os dois escritores, a começar do intento de comporem uma gramática para justificar suas escolhas, liberdades e imposições.

Muito se tem escrito sobre Alencar e pouco se tem feito em favor da riquíssima obra que nos legou. O pagamento desta dívida deveria começar por um trabalho editorial sério, filologicamente assentado, de modo que restituíssemos ao escritor cearense a fidelidade textual em que vazou suas composições.

Nesta hora em que a nação brasileira rasga horizontes e se espraia pelo mundo nas asas promissoras da lusofonia, a lição de José de Alencar se impõe como um modelo a seguir no afã com que estudou, defendeu e ilustrou a língua portuguesa do Brasil.[21]

Texto publicado na Revista do Instituto de Letras da UFF, n.º 1, em 1978.

Notas

1. ALENCAR, José de. *Obra completa*, vol. I. Rio de Janeiro: Ed. José Aguilar, 1865, p. 492. A tradução do texto latino é: "Poupar os fracos e abater os soberbos."
2. Ibid., vol. IV, p. 867.
3. Antônio Henriques Leal. Lembraremo-nos de que o poema de Gonçalves de Magalhães teve o agasalho do Imperador Pedro II, que chegou a defendê-lo pessoalmente das críticas de Alencar. Mas tudo em vão. Até Herculano, consultado pelo Imperador, demonstrou não ter gostado d'*A Confederação dos Tamoios*.
4. ALENCAR, José de. Op. cit., vol. I, p. 401.
5. Ibid., vol. IV, p. 889-890.
6. Ibid., vol. III, p. 316-317.
7. Id. "Questão filológica". In: ALENCAR, José de. Op. cit., vol. IV, p. 943.
8. Id. "Bênção paterna". In: ALENCAR, José de. Op. cit., vol. I, p. 496.
9. Ibid.
10. BRÉAL, Michel. *Essai de sémantique*, 3.ª ed. Paris: Hachette, 1904.
11. Centro Literário e Científico José de Alencar, p. 6.
12. ALENCAR, José de. Op. cit., vol. I, p. 399.
13. Ibid., vol. I, p. 399-400.
14. Ibid., vol. I, p. 498.
15. Ibid., vol. I, p. 400.
16. ALENCAR, José de. *Diva*. Rio de Janeiro: B. L. Garnier, 1865.
17. Id. "Bênção paterna". In: ALENCAR, José de. *Obra completa*, vol. I. Rio de Janeiro: Ed. José Aguilar, 1965, p. 497.
18. CÂMARA JR., Joaquim Mattoso. *Ensaios machadianos*. Livraria Acadêmica, 1962, p. 93-94.
19. SOARES, Antonio Joaquim Macedo. *Dicionário brasileiro de língua portuguesa*. Biblioteca Nacional, 1889, p. 3.
20. ASSIS, Machado de. *Páginas recolhidas*. Rio de Janeiro: H. Garnier, 1899, p. 129.
21. Gladstone Chaves de Melo e Maximiano de Carvalho e Silva têm-nos dado os primeiros frutos dessa longa e imprescindível jornada, com suas edições críticas e cuidadas.

Lendo os cadernos de Mário Barreto

O conhecimento da língua de cultura, uma das múltiplas variedades de que se reveste uma língua histórica (isto é, todo o português, todo o francês, todo o inglês, etc., abarcando, as variedades regionais, as socioculturais ou de níveis de língua, e as de estilo de língua — como o estilo familiar, o literário, etc.), o conhecimento da língua de cultura, dizíamos, começa nos mais tenros períodos de infância ("não é *cabeu*, é *coube*", "não é *fazi*, é *fiz*", "Marcelinho, não se diz *sabo*, diga: *sei*"); "não é *troço* ou *negócio*", "isto não se diz em voz alta") e se prolonga pela vida afora ("não é da língua-padrão usar *implicar em*", "evite empregar *prefiro mais isso do que aquilo*", "evite usar *fazem dez anos* ou *haviam muitas pessoas* ou, ainda, *em que pesem os obstáculos*", etc., etc.).

Ser uma tradição alicerçada nos padrões de uso culto, de uma técnica, essa variedade considerada exemplar, ideal, ao longo do tempo vai cedendo a inovações assimiladas e empregadas pelas pessoas cultas da mesma geração ou de gerações seguintes, razão por que o ensino escolar hoje se pauta pelas normas estabelecidas pela prática da língua escrita e falada — principalmente a escrita — dos representantes de cultura dos dois últimos séculos.

O vagar e a relutância na aceitação das novidades não são, como pensam muitos, sinal de teimosia ou ignorância; muito ao contrário, é sinal dessa sabedoria que escapa aos leigos, porque a língua de cultura é a viga mais rija que une as gerações que falam e escrevem uma língua histórica. Vejam-se as obras literárias vazadas na língua de cultura, na língua regional e na espontaneidade da língua falada: as que permanecem como elo capaz e adequado para levar ideias, emoções, ensinamentos, de uma a outra geração, são aquelas cujos autores se serviram da língua-padrão.

Todas essas formas da língua que vimos anteriormente assinaladas como "incorretas" podem ter e têm sua explicação e justificativa "científica", mas são formas que não se aceitam na norma culta, isto é, não são formas esperadas numa pessoa suficientemente escolarizada. Já num livro publicado em 1930, *Meios de expressão e alterações semânticas*,[1] Said Ali ensinava: "Explicar um fenômeno linguístico não significa recomendar a sua aceitação no falar das pessoas cultas."[2]

Tocando, dentro de um enfoque mais amplo, na mesma tecla, Eugenio Coseriu, tantas vezes citado nesta seção, por ser hoje com justiça, o melhor teórico da linguagem, também nos ensina que a *norma* de uma variedade linguística "contém tudo aquilo que é realização tradicional", "tudo aquilo que se diz (e se entende) *assim e não de outro modo*".[3]

Levados pela intuição e pelo bom senso, os escritores considerados modelares sempre se mostram atentos a essa tradição culta, exemplar, e, para atingir essa técnica, leram os bons autores e as boas gramáticas e dicionários.

Quem com perícia manejou e procurou manejar a língua escrita entre os séculos XIX e XX, tanto no Brasil quanto em Portugal, foi à fonte do *Dicionário* de Morais Silva[4] como o dirimidor de dúvidas não só lexicográficas, mas também gramaticais, e é com muita acuidade que Telmo Verdelho, na sua contribuição para o recentíssimo e utilíssimo *Lexikon der romanistischen Linguistik*[5] declara acerca desse *Dicionário* do brasileiro Morais: "Tornou-se assim, um testemunho privilegiado da evolução do vocabulário português e simultaneamente um fator de referência e de padronização." Aliás, está faltando um estudo aprofundado da influência do *Dicionário* na fixação de uma norma exemplar do português desse período no que toca a fatos sintáticos, morfológicos, fonológicos e ortográficos.

Machado de Assis leu assiduamente os clássicos, extraindo particularidades linguísticas de toda natureza dos livros que compulsou de empréstimo ao Real Gabinete de Leitura do Rio de Janeiro. Muitas dessas anotações foram publicadas em dois números da Revista da Academia Brasileira de Letras, mas há muito que ainda recolher. Também neste particular falta uma pesquisa para rastrear a influência e a presença dessas leituras e anotações clássicas na obra do nosso escritor maior.

A correspondência de Graciliano Ramos nos revela a preocupação do romancista pelas formas exemplares do português escrito, principalmente na leitura de gramática.

Não só os escritores, mas os que fazem a língua seu sacerdócio profissional extraem os considerados clássicos exemplos abonadores de suas lições e recomendações dos fatos da língua. O Liceu Literário Português, graças à doação da família do nosso filólogo, possui alguns cadernos de anotações de Mário Barreto (1879-1931), notável conhecedor da língua portuguesa, feitas à medida que ia compulsando os mestres do bem escrever. Selecionamos algumas dessas anotações extraídas de um dos cadernos para sobre elas conversar com o paciente leitor destas linhas.

Escolhemos um caderno em que M. Barreto registra fatos de língua colhidos em jornais portugueses, fato extremamente significativo e oportuno, porque a correção idiomática praticada pela imprensa deve exercer sua função em uma das agências de Cultura para a comunidade a que se dirige.

O primeiro caderno que escolhi para dele respigar algumas anotações foi começado em 21 de julho de 1925 e encerra *Notas de língua portuguesa* extraídas da leitura do *Diário de Notícias* sápido a partir do final do mês de junho (26) do mesmo 1925.

A nota inicial diz respeito ao emprego do verbo *presidir* seguido da preposição *a*:

Na sessão, a que preside o Sr. Presidente da República (p. 2).
O embaixador de Portugal presidiu a uma sessão solene...
Abd-el-Krim *preside a um conselho de guerra.*

Na página 45 volta a registrar:

Nos "Armazéns Grandella" *a máxima lealdade preside a todas as transações.*

Pelas outras citações colhidas neste caderno, percebe-se que esta é a construção corrente no periódico lisbonense. Sabemos, todavia, que o verbo pode aparecer com objeto direto, de modo que se poderia dizer *presidir a sessão, presidir um conselho.*
Menos frequente, mas possível, seria acompanhar-se da preposição em: *presidir na sessão.* O complemento introduzido pela preposição *a* normalmente não aparece representado pelo pronome *lhe: presidir à sessão/presidir-lhe*, mas se emprega com mais espontaneidade *presidir a ela.*
Outro fato de língua muito registrado por Mário Barreto neste seu caderno é o emprego invariável do adjetivo *devido* em construção do tipo: *Devido a este acontecimento ficam sem efeito muitas festas planejadas (Diário de Notícias* de 10/12/1925).
Este emprego de *devido* é recente, muito frequente, e Mário Barreto, no 2.º volume do seu livro *De gramática e de linguagem* diz que pode ser defendido, levando-se em conta que muitos particípios passaram a funcionar como verdadeiras preposições: *exceto poucos homens, durante a guerra, mediante vossa proteção,* etc.[6]
Quem quiser marcar passo com o uso tradicional, poderá, em vez de *devido,* usar de *por causa de, em razão de, em virtude de, por obra de, em consequência de, graças a.*
Também com larga tradição na língua culta é o emprego de *devido* como adjetivo e, portanto, flexionado para concordar em gênero e número com o termo nominal ou pronominal a que alude. O próprio Mário Barreto trata disto em outro livro, póstumo, *Últimos estudos*[7] reunidos graças ao esforço de outro mestre do idioma, o prof. Cândido Jucá (filho), e cita os seguintes exemplos:

Parece que a morte foi *devida à* insolação.
(...) ajuntemos terceira virtude do nosso autor, *devida à* mesma causa que a segunda (A.F. de Castilho).
(...) indecisões e receios *devidos* (...) *à* dominação francesa (Arnaldo Gama).

Uma construção que se procura evitar na língua-padrão é o encontro do pronome *se* e do pronome objeto direto *o* (*a, os, as*), em frases do tipo:

Isso, não se o diz.

Contorna-se o erro recorrendo-se a dois expedientes: o primeiro é omitir o pronome *o*, conforme atesta o seguinte exemplo recolhido por Mário Barreto no *Caderno*:

Esses vestidos não estão no rigor da moda, *mas ainda se veem* (*Diário de Notícias*, 20/12/1925).

Repare-se que muito judiciosamente se evitou o erro "mas ainda se os veem". Outra possibilidade é empregar *ele, ela, eles, elas*, que funcionam como sujeito do predicado cujo núcleo é o verbo: "mas ainda eles se veem" ou "mas ainda se veem eles". Note-se esse clássico exemplo de Alexandre Herculano citado nos compêndios de gramática:

Um crime, um só crime pode unir-nos (...) fez-se pausa, e prosseguiu: E por que *não se cometerá ele*!

É preciso cuidado para não se confundir essa sintaxe vitanda com o emprego da conjunção condicional se seguida do objeto direto *o, a, os, as*, esta perfeitamente normal e correta, como se pode ver no seguinte exemplo de João Ribeiro, na tradução de *Coração*, do escritor italiano Edmundo de Amicis:

(...) e fala o (diretor aos alunos) com tão bons modos e com voz tão doce, que todos saem com os olhos chorosos e mais confusos que se *os* tivesse castigado (p. 45).

Lendo o *Diário de Notícias*, de Lisboa, de 15 de janeiro de 1926, anotou Mário Barreto a construção do verbo *comparecer* com a preposição *em* no sentido de "apresentar-se a um local":

(...) participaram-lhe que o Sr. Dr. Alves Ferreira o convidava a comparecer *no* seu gabinete de Lisboa.

Colhe outro exemplo no mesmo *Diário* do dia 31:

Na "gare" da estação compareceu muito povo (...)

Sabemos que o verbo nesta aplicação também se pode construir com a preposição *a*, preposição que, parece, é hoje mais frequente nestes contextos.

O que vale a pena acentuar aqui é o aparecimento da preposição *em* com o verbo de sentido de movimento terminal, presença que deve, entre outros casos, ter influenciado o seu emprego junto a verbos aos quais a norma culta rejeita a companhia desta preposição, como o que se dá com o verbo *chegar*: *chegar no gabinete, chegar na estação, chegar em casa*, uso comum entre escritores da moderna literatura brasileira. O emprego de *em* nesses casos, segundo Epifânio Dias e Meyer-Lübke, se explica por uma prolepse ou antecipação sintática, segundo a qual o falante visualiza mais rapidamente o ato da chegada que o movimento para se chegar a esse ou àquele lugar.

De qualquer maneira, a norma culta pede, para o verbo chegar, a companhia da preposição *a*: *chegar ao gabinete, chegar à estação, chegar a casa* (sem o acento grave indicativo de crase).

Repare-se que noutros contextos a preposição usual, quer na modalidade culta, quer nas modalidades coloquial e mesmo popular, é *a*: *chegar à conclusão* (creio que numa se diz chegar na conclusão), *chegaram às vias de fato, chegaram a falar nesse assunto*, etc.

Continuando suas leituras, Mário Barreto assinala ocorrências em que se obedece à norma da língua culta que manda usar *mais bem* e *mais mal*, em lugar de, respectivamente, *melhor* e *pior*, quando se fazem comparações de qualidade expressas por adjetivos. É o caso dos seguintes exemplos, entre outros:

Abre hoje *A Irlanda, a mais bem montada leitaria de Lisboa* (2/9/1925).
Essa ruela era uma das *mais mal* afamadas do sítio (7/9/1925).
A lecionação principalmente de línguas, é sempre *mais bem paga* do que os trabalhos manuais (15/9/1925).
O capitão (...) deve estar *mais bem* informado do que eu (1/12/1925).
Mas também ocorrem exemplos em que não se segue, neste caso, o preceito gramatical, e se usa de *melhor* e *pior* como se estivessem juntos de substantivos:
Via a sua casa *melhor* governada (15/8/1925).
Os mais prudentes a que tinham a presunção de se julgar *melhor* informados, não queriam acreditar num acidente banal (4/10/1925).
O teatro *melhor* ventilado de Lisboa (14/7/1926).

É interessante o seguinte exemplo, onde se combinam, segundo o preceito gramatical, *mais bem* junto a adjetivos, e *maior* (e não *mais grande*) junto a substantivos:

É impossível que tenha havido sobre a terra moleiro *mais bem* tratado, *mais bem* vestido, de mais farta mesa, rodeado de *maiores* comodidades em sua casa do que o tio Lucas (2/10/1925).

Mais interessante ainda é a transcrição do trecho em espanhol que, segundo suponho, aparecera no mesmo periódico. Vê-se que o espanhol tem como uso regular o advérbio *mejor*, invariável:

Impossible que haya habido entre la tierra molinero mejor reinado, mejor vestido, más regalado en la mesa, rodeado de más comodidades en su casa, que el tío Lucas.

Por fim basta lembrar, para aproveitar o ensejo que nos oferece o tema, que é frequente o emprego de *melhor* na expressão *melhor boa vontade*, como colheu Mário Barreto no periódico lisbonense:

O parlamento não deixará de discutir com a maior isenção e a *melhor boa vontade* o magno problema da reconstrução das nossas estradas (7/4/1926).

Sabemos também que não se diz em língua culta *mais bom* nem *mais grande* em vez de, respectivamente, *melhor* e *maior*, mas podem ocorrer *mais pequeno* por *menor* (aliás, em Portugal, é muito mais frequente *mais pequeno* que *menor*) e *mais mau* em vez de *pior*. Todavia se compararmos duas qualidades ou ações, usaremos de *mais bom, mais mau, mais grande* e *mais pequeno* em vez de, respectivamente, *melhor, pior, maior* e *menor*.

O seu braço é mais grande do que pequeno e não:
O seu braço é maior do que menor.
Ele parece mais mau do que bom e não:
Ele parece pior do que melhor.

Acerca de (*o*) *mais pequeno* por (*o*) *menor*, a que acima nos referimos, Mário Barreto colheu no *Diário de Notícias*, entre outros, os exemplos:

Não queremos ter *o mais pequeno contato* com ele (30/12/1925).
(...) a mentira que lhe expobras e da qual ela não tem *a mais pequena culpa* (20/2/1926).
Louiset não fez a princípio *o mais pequeno movimento*.

Prosseguindo o nosso comentário acerca dos fatos de língua registrados nos cadernos de leitura do notável sintaticista brasileiro Mário Barreto, cabe-nos tecer considerações sobre passagens como as que colheu no *Diário de Lisboa* de 7/9/1925:

Pouco depois apareceu ali o pai, que em altos gritos protestou contra o fato *da* criança ali se encontrar (7/9/1925).
Chegou a hora *do* meu sonho se realizar (16/1/1926).

Nestes dois exemplos temos aqui uma sintaxe que aparece condenada aqui e ali num e noutro bom sintaticista, e que ultimamente vem obtendo maior força de coerção entre gramática e ortógrafos, e adoção quase geral na imprensa brasileira, o que demonstra que a ação policial da gramática vai ganhando a batalha neste particular. Trata-se da combinação da preposição *de* com o artigo ou pronome que integra o sintagma que funciona como sujeito de verbo no infinitivo, do tipo das conhecidas frases *Está na hora da onça beber água* ou *É da gente rir*.

Para a lógica desses gramáticos, sendo *a onça* o sujeito de *beber água*, não pode haver a combinação da preposição com o artigo que precede o substantivo sujeito *a onça* (isto é, *da onça beber água*), já que "o sujeito não pode vir regido de preposição". Portanto, a lógica da gramática exige que se diga *Está na hora de a onça beber água*.

Esta exigência de se evitar a combinação da preposição com a vogal que inicia o sujeito ou com o artigo ou pronome que lhe serve de adjunto não deve datar de muito tempo. Temos uma prova disto num pequeno, mas contundente exemplo: a excelente e centenária *Antologia nacional* preparada por dois conceituadíssimos conhecedores da língua portuguesa, Fausto Barreto e Carlos de Laet — este último ainda um grande estilista — transcreve a celebérrima página das *Lendas e Narrativas*, de Alexandre Herculano, em que o romancista imagina o diálogo entre o Mestre de Avis e o velho arquiteto do mosteiro de Santa Maria e, num determinado lanço, diz este a D. João I, sobre o desabamento da abóbada: — *Sabia-o, senhor, antes do caso suceder.*

Assim está nas edições saídas em vida de Alexandre Herculano e assim está em todas as edições da *Antologia nacional* até a que ficou a cargo de um bom conhecedor do vernáculo, prof. M. Daltro Santos, que enriqueceu a obra com importantes notas gramaticais e lexicais (temos a 31.ª edição, 1954, da Livraria Francisco Alves).

Não podemos conferir agora se a 1.ª edição da *Antologia nacional*, então com o nome de *Seleção literária* e devida à participação de Fausto Barreto e Vicente de Sousa — um dos primeiros ardorosos defensores da pronúncia reconstituída do latim entre nós —, saída em 1887, já inseria a página de Herculano; mas ela se encontra na *Antologia nacional* desde 1895, e desde então com a competente coautoria de Carlos de Laet, e nunca tal sintaxe mereceu nenhum reparo nem emenda dos organizadores. E não se pense que estes estavam desatentos a cochilo de natureza vernácula, pois não deixaram de apor nota corretiva a ensinamento de um gramático de grande prestígio nos meios intelectuais portugueses do século XIX, Silva Túlio, numa página que, nas edições mais recentes foi eliminada, quiçá a partir da revisão levada a efeito por Daltro Santos.

Transcrevendo excerto de *Estudinhos da língua portuguesa* desse vernaculista sobre "infinitivo pessoal e impessoal", arrola Silva Túlio, como se fosse no infinitivo, o seguinte exemplo de Vieira, *Sermões*: "Se do céu, onde estais, *abaterdes* os olhos e os *puserdes* em Amarante (...)", logo puseram a seguinte nota de rodapé: "Aqui não há infinitivo pessoal, mas futuro do conjuntivo (nota dos compiladores)."

Outro ponto por acrescentar-se é que a *Antologia nacional*, depois do falecimento de Fausto Barreto (27/8/1915) e de Carlos de Laet (7/12/1927), teve um ou mais de um colaborador; por exemplo, a 19.ª edição, saída em 1934, contou com a participação de Jorge Jobim, e em nenhuma dessas reproduções se alterou o passo de Herculano. Aliás, o escritor português assim procedeu em outras obras, sem, contudo, desprezar a construção recomendada por esses censores.

Já tratamos deste caso nesta seção e cremos ter dito que a nossa investigação apontou como a lição mais antiga em defesa da não combinação a *Gramática analítica* do suíço Charles Adrien Grivet, radicado no Rio de Janeiro, com a data de 1881. Com base no uso quase sistemático da não combinação nos *Sermões* do padre António Vieira, formulou Grivet a regrinha que chegou incólume até nossos dias, com a adoção de Eduardo Carlos Pereira na sua *Gramática expositiva*.

Fora desta gramática, não se lê nada acerca da referida condenação nem nos compêndios usados em Portugal (Epifânio Dias, Ribeiro de Vasconcelos, Adolfo Coelho), nem nos editados no Brasil, mesmo naqueles dedicados especialmente à sintaxe, como é o caso da *Sintaxe histórica portuguesa* de Epifânio Dias e da *Sintaxe clássica portuguesa* de Claudio Brandão.

Aqueles compêndios que comentam a citada construção manifestam-se pela dupla possibilidade da combinação e na não combinação. É o caso das *Tradições clássicas da língua portuguesa*, do padre Pedro Adrião:

> O sujeito de uma oração subordinada infinitiva preposicional pode ser regido de preposição: *São horas do professor chegar*. Baseiam-se em exemplos clássicos, que viram, em que a preposição vem separada. Devido a esta condenação dos gramáticos, muitos escritores modernos se mostram medrosos em fazer a contração. Mas nem por isto esta contração, mais natural, mais elegante, mais eufônica, mais usual na conversação, deixa de ser consagrada pelo uso dos escritores clássicos, não só antigos, como modernos.[8]

Seguem-se exemplos; dos mais antigos: de Tomé de Jesus, F. Mendes Pinto, Heitor Pinto, João de Lucena, Diogo do Couto, Bernardo de Brito, Jacinto Freire de Andrade, Francisco Manuel de Melo, Antônio das Chagas, Antônio Vieira, Manuel Bernardes, André de Barros, além de outros; dos mais modernos: Filinto Elísio, Rebelo da Silva, A. Feliciano de Castilho, A. Herculano, Camilo C. Branco, Machado de Assis, Rui Barbosa, Antero de Figueiredo, Ernesto Carneiro Ribeiro.

Sousa da Silveira, conhecedor profundo da língua, assim alude ao fato, na sua *Fonética sintática*:

> Uma elisão, por assim dizer, obrigatória é a da preposição *de* com o artigo definido ou com o pronome *ele*: *do, da, dos, das, dele, dela, deles, delas*. Ainda quando a preposição *de* não está regendo o pronome, nem o substantivo a que se prende o artigo definido, mas sim um infinitivo, a elisão pode observar-se (...).[9]

Citam-se exemplos extraídos do *Crisfal*, de Heitor Pinto, de Tomé de Jesus e de Alexandre Herculano. Segue-se lição primorosa do mesmo filólogo:

> Atualmente se tem estabelecido como regra ortográfica não se praticar a elisão no caso de que acabamos de falar, isto é, quando a preposição *de* rege o infinitivo, e não o pronome *ele* ou o substantivo a que se prende o artigo. Em obediência a essa regra, teremos de escrever como o fez Alexandre Herculano, não no trecho citado acima, das *Lendas e narrativas*, mas nesta passagem de "A cruz mutilada" (*Poes.*, p. 122);

> Porém, quando mais te amo,
> Ó cruz do meu Senhor,
> É se te encontro à tarde,
> Antes de o sol se pôr (p. 8).

Se o padre Pedro Adrião tocou em importantes aspectos do problema (apontando que a combinação, neste caso, é "mais natural", "mais eufônica"), o professor Sousa de Silveira decide a questão alertando-nos para o fato de que aqui não se trata de "regência" ("a preposição *de* não está regendo o pronome, nem o substantivo a que se prende o artigo definido, mas sim um infinitivo"), e que, não sendo, por isso, um problema de sintaxe (de sintaxe de regência), sê-lo-ia de *ortografia* ("regra ortográfica"). Em outras palavras, uma interferência indébita da ortografia na sintaxe, o que significa, pelo menos, uma regra discutível.

Aliás, essa regra continua a aparecer deslocada no recente *Acordo ortográfico*, o que representa um remanescente das regras do *Vocabulário ortográfico oficial português* (sob a direção competente do ortógrafo lusitano Rebelo Gonçalves), mas inexistente no *Vocabulário ortográfico oficial brasileiro* de 1943, sob a responsabilidade técnica do prof. José de Sá Nunes.

Por fim, a prevalecer essa regra, teríamos uma inversão total do conceito da tradicional "regência" do capítulo da Sintaxe, remetendo-a, neste caso, para o domínio da Ortografia, já que, por esse princípio, não haveria regência se empregássemos *Está na hora de a onça beber água*, e ela estaria presente, se usássemos a combinação em *Está na hora da onça beber água*. Novidade que a teoria linguística rejeitaria de plano com toda certeza.

Que não se trata de caso de regência, mas sim de ortografia, prova-o a própria lição de Rebelo Gonçalves que, no seu excelente *Tratado de ortografia da língua portuguesa*, ensina:

> Nestes casos não só a forma prepositiva jamais se representa por *d'* (*d'*, *d'ele*, *d'aqui*, etc.), como também se não funde graficamente com a palavra imediata (*do*, *dele*, *daqui*, etc.): uma e outra se escrevem separadas, sem prejuízo de se combinarem na pronúncia.[10]

Foi o que ocorreu nos versos de Herculano, citados por Sousa da Silveira; ainda que separados (*Antes de o sol se pôr*), preposição e artigo se combinam na pronúncia para atender o número de sílabas do verso hexassílabo.

Há ainda um aspecto que ficou fora das cogitações dos estudiosos até aqui lembrados, aspecto de suma importância para o valor expressivo da comunicação. É o que vamos ver no próximo artigo.

Outro ponto que mereceu a atenção de Mário Barreto nos seus cadernos de leitura diz respeito a questões rotuladas, nas gramáticas mais antigas, como vícios de linguagem contra a harmonia e a musicalidade do discurso — *cacófato* (ou *cacófaton*), *eco*, *hiato*, *colisão*, *assonância* e *aliteração* —, sendo que entre uma e outra, como veremos a seu tempo, nem sempre se podem traçar linhas rigorosas de demarcação.

Nosso Mário Barreto registrou, em suas leituras, exemplos como os seguintes, todos extraídos do *Diário de Notícias*, de Lisboa, em que se observa a repetição próxima de uma mesma sílaba ou de sílabas parecidas:

Na *nossa secção* respectiva (16/7/1925)
Um drama *na neve*
No norte da África
Na nova casa
No número se seus amigos (30/10/1925)
O seu quarto é naquelas janelas do segundo andar, por cima *do da* mamã (19/2/1926)
Ignora-*se se* trata de um suicídio ou de um desastre (10/7/1925)
Uma *artística capa* a cores (30/12/1925)

Mais raramente encontra M.B. construção que procura fugir a este fenômeno, como é o caso do seguinte, em que *no* é desfeito em *em o*:

(...) registrar *em o nosso jornal* uma opinião de V. Exa. (10/12/1925).

A lista desses "vícios" de cacofonia não é uniforme entre nossas gramáticas. Mas a relação que apontamos acima é a mais frequente. Há uma diferença fundamental entre o cacófato e os demais "vícios", já que estes dizem respeito a combinações de sons que produzem efeitos desagradáveis ao nosso ouvido, enquanto o cacófato é o encontro de palavras ou parte de palavras contíguas que produzem outra palavra de significado inconveniente ou obsceno. Apontam nossas gramáticas os seguintes cacófatos: *boca dela* (cadela), *uma mão* (mamão), *mas ela* (mazela), *eu já cá* estava (jacá), *como ela* (moela), *já sinto* as trevas (Jacinto), desengana-*me já* (mijar), *essa fada* (safada), *ela trina* (latrina), a *fé de* nosso povo (fede), sem falar no tão conhecido verso do soneto de Camões: "*Alma minha gentil que te partiste.*"

Eco é a repetição de sons iguais na frase: quando ando, quem em, finos hinos, visto isto, dobrado brado, etc. Muito próxima do *eco* está a *assonância*, que consiste na semelhança ou igualdade de terminação de vocábulos próximos, dando origem a uma rima interna dentro da frase:

Eles procura*rão* consola*ção* à afli*ção* do seu cora*ção*.
A considera*ção* que todos *dão* a esta ques*tão*.
O casa*mento* do Sar*mento* foi em se*tembro* se bem me l*embro*.
O instru*mento* de consenti*mento* de casa*mento*.

O *hiato* consiste na concorrência de vogais, geralmente abertas, em sílabas de palavras diferentes (hiato intervertais): *passaram ao* quarto, *não aumentou* no peso, *eu auxílio*, foi *o aio à aula*, *atirou-a ali*, faz bem *à alma*, *vi um* único soldado, mandou-*o o honrado* chefe, buscam água e não *a há*...

A *colisão* decorre da aproximação de palavras cujas consoantes (geralmente, *rr, ss,* ou *c, s,* ou *z, j,* ou *g, p*) produzem um som áspero ou desagradável: temo-lo *por rei, se só se* achara, *as asas azuis*, não *seja já, rica graça*, por este sítio *pois passei há pouco*.

A aliteração está muito próxima de conceito de colisão e, para Maximino Maciel,[11] "é o termo que melhor convém a este fato".

Acata e censura a esses fatos representaram o grande terror que afligia poetas e prosadores, principalmente novéis, até meados do nosso século, batidos pela férula violenta de gramáticos e de críticos literários.

Todavia, a verdade é que bons autores de gramática não deixavam de ressaltar que não se poderia chegar ao exagero, pois muitas dessas cacofonias são inevitáveis, acrescido do fato de que acompanha cada frase certa musicalidade e certo ritmo que, se não anula, pelo menos ameniza tais dissonâncias a ouvidos mais ou menos apurados.

Não bastantes essas atenuantes, cabe lembrar que repetições e certas dissonâncias podem ser aproveitadas para transmitir ao ouvinte e ao leitor, pelas palavras que se encerram, determinadas ideias com mais ênfase, melhor contrastar certos conceitos ou procurar no rico material sonoro do idioma os efeitos fônicos da harmonia imitativa, tão bem esquadrinhados hoje pela estilística fônica.

Já o nosso Júlio Ribeiro, na sua *Gramática*, de 1881, arguia que os "retóricos têm regras e figuras para fazer de todos estes vícios primores de linguagem".[12]

João Ribeiro também se pronunciou acerca do aproveitamento de tais dissonâncias para efeitos estéticos: "Também de *vícios* se convertem em qualidades, quando se ajeitam em onomatopeias e em outros efeitos oratórios e poéticos."[13]

Porém a mais contundente crítica ao exagero na perseguição de cacófatos e desarmonias fônicas vem de um gramático, filólogo e linguista renovador, Manuel Said Ali:

> *Cacofonia* ou *cacófaton* é o encontro de sílabas em que a malícia descobre um novo termo com sentido torpe ou ridículo.
> Repara-se hoje, como certo exagero, na cacofonia resultante da junção da sílaba terminal de um vocábulo com a palavra ou parte da palavra imediata.
> Não se liga, entretanto, a menor importância à cacofonia quando esta se acha dentro de um mesmo vocábulo, sendo formada por algumas das suas sílabas componentes. O mal aqui é irremediável, pois que expressões não se dispensam nem se substituem.
> Muitas vezes parece a cacofonia menos ridícula do que a vontade de percebê-la.[14]

E termina com este salutar conselho: "O estudante evite, sempre que puder, semelhantes combinações de palavras, assim como quaisquer outras de onde possam nascer uns longes de cacofonia, e não se preocupe com descobri-los nos outros."[15]

Quanto às dissonâncias e desarmonias fônicas, Said Ali só se refere ao eco, que conceitua como repetição frequente e com pequenos intervalos do mesmo vocábulo, ou a respectiva vogal tônica em vocábulos diferentes:

> Pedro ficou *quedo* com *medo* do *arvoredo*.
> O *xará* foi a *Sabará* e trouxe de *lá* o *luvará*.[16]

E termina com velada crítica a certas lições anteriores:

> É de notar que nem sempre é possível deixar de repetir uma ou duas vezes a sílaba formadora do eco; nem devemos considerar viciosas quaisquer proposições como: *tenho* o maior *empenho* em vê-lo formado; Dói-me o pé *quando ando*.[17]

O mesmo Said Ali, num erudito capítulo de seu livro *Meios de expressão e alterações semânticas*, nos mostra a utilização artística das aliterações quando criadas intencionalmente pela sensibilidade de um fino cultor da língua como Camões, em *Os Lusíadas*. Antes de entrar no tema, o Mestre recorda a presença da aliteração em outras línguas, românicas ou não, na literatura latina e tem oportunidade de se referir ao citado *alma minha* de Camões:

> Algumas das alterações camonianas nos desagradam somente por termos o ouvido educado à moderna; o que equivale a dizer que somos

um tanto pedantes. O juízo acertado sobre pretensos defeitos da linguagem de outrora demandaria que nos transportássemos mentalmente para esses tempos. Quem escreveu aquele soneto delicadíssimo *Alma minha gentil que te partiste*, bem podia pôr *fraco corpo, rica cama, pouca corrupção*, etc., nos versos da epopeia em que trabalhou e limou tantos anos.[18]

Veja o leitor como o poeta consegue contrastar a força e a fraqueza por meio deste verso aliterado *Um fraco rei faz fraca a forte gente* (3, 138), ou ressaltar por meio de fonemas nasais a profundeza dos mares nestes versos imortais:

No mais interno fundo das profundas
Cavernas altas, onde o mar se esconde,
Lá donde as ondas saem furibundas,
Quando às iras do vento o mar responde
Netuno mora, e moram as jocundas
Nereidas e ouros deuses do mar... (6, 8).

O aspecto de suma importância para o valor expressivo da comunicação a que nos referimos, vem pela primeira vez apontado por Rodrigues Lapa, na sua *Estilística da língua portuguesa*:

Quando se segue um artigo ou pronome começado por vogal, a preposição [de] funde-se com eles, perdendo o *e*, e formando uma só palavra: do, duma, daquela, dalgum, etc. Os escritores, porém acham que, neste processo de aglutinação, a partícula perde um pouco do seu valor expressivo.
Comparemos as duas formas:
1. *Seu pai morreu duma apoplexia.*
2. *Seu pai morreu de uma apoplexia.*

A situação é talvez um pouco sutil; (...) sentimos, realmente, que a ideia de casualidade sobressai com mais viveza na segunda forma, em que a preposição aparece por inteiro.[19]

Neste passo, Rodrigues Lapa chama-nos a atenção para o fato de que, não fazendo a combinação, o escritor encerra conteúdo semântico que pode ficar seu tanto esmaecido pelo resultado da fusão com a inicial da palavra seguinte. Mais adiante, o mesmo autor nos adianta:
José Régio, de todos os escritores portugueses atuais, é quem mais tenazmente pretende acentuar o valor expressivo autônomo no morfema, em casos em que o aspecto gráfico contradiz já muito o uso oral da língua: "ria *de ele* como os outros"; "*de ela* não esperava tal estupidez"; "e ela gostava *de ele*"; "os namorados de roda *de ela*" (*História de mulheres*).[20]

Muito vizinho ao propósito da expressividade está o da clareza, este às vezes prejudicado pelo resultado da fusão da preposição. É o que comenta Rodrigues Lapa nestes termos:

> Outras vezes, os escritores evitam essas elisões um pouco brutais, com o propósito de clareza, como se mostra neste passo de Eça de Queirós: "E eu venho ajudá-lo, primo! — disse ela, animada pelo seu próprio riso, pela alegria de *aquele* homem ao seu lado."
> O autor não alude à alegria do homem — nesse caso teria escrito "daquele homem"; quer exprimir a alegria dela, por tê-lo ao seu lado, nessa visão de sonho. Por isso manteve intacta a preposição.[21]

Este desejo de clareza é que também nos leva a não fundir a preposição com os títulos de obras começados por artigos ou por palavras que permitem a fusão, agora não só apenas da preposição *de*, pois, se assim procedêssemos estaríamos alterando a integridade ou a fidelidade do título. Desta maneira, hoje mais do que ontem, somos atentos em escrever (embora falando não se guarde o mesmo cuidado) "Este passo de *Os Lusíadas*" em vez de "Este passo *dos Lusíadas*" (com a combinação e artigo com letra minúscula), conforme uso generalizado em grandes camonistas, filólogos e literatos do passado. Faz-se também o emprego do apóstrofo para garantir a integridade do título da obra: "Este passo d'*Os Lusíadas*". Assim, poderemos escrever: "*O artigo em O Mundo Português*", "*de O Mundo Português*", "*Escrevi a O Mundo Português*", etc., ou com o apóstrofo (em outras épocas também se empregava, mais raramente, o hífen "*n'As Novidades*"); "*n'O Mundo Português*", "*d'O Mundo Português*", "*pel'O Mundo Português*", este último aparece menos, por visualmente estranho.

Retornando ao nosso tema central, cabe assinalar que Rodrigues Lapa atribui a esse propósito de clareza a recomendação de não fundirem as duas palavras numa só, ressaltando-se que não alude a caso de "regência": "É por este mesmo princípio que as gramáticas aconselham a não fazer elisão antes do verbo no infinitivo. Assim, deverá escrever-se: '*depois de o governo ter caído*', e não '*depois do governo ter caído*'."

Todas estas razões nos levam a pôr o problema em termos mais amplos do que aquele por que vem sendo tratado. Se há uma necessidade de clareza ou de expressividade do autor a enfatizar o conteúdo semântico da preposição, ou o sujeito do infinitivo, ou, em termos discursivos, ainda a mensagem do texto, pode ele fazer uso da não elisão na escrita, "sem prejuízo de se combinarem na pronúncia", para repetirmos as palavras de Rebelo Gonçalves.[22]

Todavia, se não existe esse motivo expressivo, não há por que exigir o preceito da não combinação, normatizando, ou melhor, uniformizando à *outrance*, o que poderia ser uma fonte de recursos estilísticos. É com expedientes empobrecedores deste tipo que a intransigência gramatical veste o fardão da gramatiquice.

É bom que se diga que essa pecha não atinge bons conhecedores da língua, conforme se apreende dos seguintes exemplos: "Pelo fato do verbo *resistir*, numa de suas acepções, e *entregar*, em certos casos, terem, como diz o Dr. Rui, o mesmo sentido...";²³ "(...) no caso do infinitivo trazer compl. direto";²⁴ "Antes *dos romanos começarem a conquistar a Hispânica ou a Península Ibérica* (...)";²⁵ "e que (...) da impossibilidade *do autor se elevar* no seu tempo a uma verdadeira teoria da história da língua."²⁶

Se alargarmos nossas vistas ao mundo românico, em vez de ficarmos adstritos ao português, vamos concluir que o deslocamento de termos oracionais em orações infinitivas é um fato românico, fato que não poderia passar despercebido a filólogos romanistas como Diez (*Grammaire des langues romanes, syntaxe*, p. 425 da tradução francesa) e Meyer-Lübke (*Syntaxe*, p. 744 da tradução francesa). Tais deslocamentos permitem, assim, o contato da preposição com termos sintáticos que não têm esse regime preposicional (sujeito, objeto direto), contato que acaba por ensejar a fusão da preposição com tais termos. Diez e Meyer-Lübke citam exemplos do francês antigo em que a preposição se funde com o objeto direto, e este último romanista, ao citar o fenômeno do deslocamento em português, arrola os exemplos: "chegou a ocasião da Sra. Teresa julgar ter obtido uma grande alavanca" (Dinis, *Pupilas*, 116) [em lugar da ordem sintaticamente determinada: "a ocasião de julgar a Sra. Teresa ter obtido..."]; "por que não o hás de tu ter" (112); "que te hei de eu dizer" (46).

Se o leitor curioso atentou para o primeiro exemplo, terá observado que temos aí a mesma fusão da preposição com o artigo que vimos estudando até aqui. Já não pertence à sintaxe do português moderno o combinar a preposição por (*per*) com o objeto direto do infinitivo anteposto a este, em construções do tipo "pelo comprar" substituído pela colocação por *comprá-lo*. Curioso é que esta sintaxe, apesar de se ter tornado obsoleta entre os séculos XVIII e XIX, gozou da fama de clássica e foi aplaudida por filólogos do porte de Mário Barreto.²⁷

Os que perseguem por incorreta a sintaxe do nosso exemplo inicial — *está na hora da onça beber água* — chegam ao extremo de não permitir a combinação mesmo em se tratando de advérbio, em exemplos, como: *a certeza dali saírem as melhores reservas do país enobrece a instituição*.

Na opinião desses autores, só os estende-se a outras preposições (e locuções prepositivas), como em: *devido a o avião se atrasar, pra o menino ver*, considerando-se errôneas *devido ao avião se atrasar, pro menino ver*. A pausa e a eufonia são fatores decisivos nas opções do escritor, e aqui não são levadas em conta.

Esta extrapolação da ortografia para a sintaxe também vigora no atual *Acordo Ortográfico*, na Base XVIII da 2.ª ed., b, Obs.

Texto publicado no jornal *Mundo Português* e na revista *Na Ponta da Língua*, originalmente em sete partes: 15/6/1995, 27/71995, 10/8/1995, 17/8/1995, 2/11/1995, 9/11/1995 e 23/11/1995.

Notas

1   ALI, Manuel Said. *Meios de expressão e alterações semânticas*. Rio de Janeiro: Francisco Alves, 1930.

2   Ibid., 1.ª ed., p. 233.

3   COSERIU, Eugenio. *Lecciones de Linguística General*. Madri: Gredos, 1981, p. 321-322.
4   SILVA, Antonio de Morais. *Dicionário da língua portuguesa*. Lisboa: Officina de Simão Thaddeo Ferreira, 1.ª ed. 1789; 2.ª ed. 1813.
5   VERDELHO, Telmo. *Lexikon der romanistischen Linguistik*, vol. VI, 2.ª parte, exclusivamente dedicada ao galego e ao português. Tübingen: Max Niemeyer, 1994, p. 677.
6   BARRETO, Mário. *De gramática e de linguagem*, 1.ª ed., vol. II. Rio de Janeiro: Organização Simões, 1955, p. 162.
7   Id. *Últimos estudos da língua portuguesa*, 2.ª ed. Rio de Janeiro: Presença, 1986, p. 35-36.
8   ADRIÃO, Pedro. *Tradições clássicas da língua portuguesa*. Porto Alegre: J. Pereira da Silva, 1945, p. 259§691.
9   SILVEIRA, Sousa da. *Fonética sintática*, 2.ª ed. Rio de Janeiro: Fundação Getúlio Vargas, 1971, p. 7-8. 1.ª ed., 1952.
10 GONÇALVES, Rebelo. *Tratado de ortografia da língua portuguesa*. Coimbra: Atlântida, 1947, p. 285.
11 MACIEL, Maximino. *Lições elementares de língua portuguesa professadas no Collegio Militar*, 1921, p. 142, nota.
12 RIBEIRO, Júlio. *Grammatica Portugueza*, 2.ª ed. São Paulo: Teixeira & Irmão, 1885, p. 330.
13 RIBEIRO, João. *Gramática Portuguesa, curso superior*. Rio de Janeiro: Francisco Alves, 1930, p. 364.
14 ALI, Manuel Said. *Gramática secundária*, 4.ª ed. São Paulo: Melhoramentos, 1965, p. 306-307.
15 Ibid.
16 Ibid.
17 Ibid.
18 ALI, Manuel Said. *Meios de expressão e alterações semânticas*, 3.ª ed. Rio de Janeiro: FGV, 1971, p. 16.
19 LAPA, Manuel Rodrigues. *Estilística da língua portuguesa*, 3.ª ed. São Paulo: Martins Fontes, 1991, p. 218-219.
20 Ibid., p. 219.
21 Ibid., p. 219.
22 GONÇALVES, Rebelo. Op. cit., p. 285.
23 RIBEIRO, Ernesto Carneiro. *Redação*, 579 apud P. A. Pinto. Editora Progresso, 1950.
24 DIAS, Augusto Epifânio da Silva. *Sintaxe histórica portuguesa*, 5.ª ed. Lisboa: Livraria Clássica Editora, 1970, p. 226.
25 COELHO, Adolfo. *Curso de Literatura Nacional para uso dos Liceus Centrais I. A língua portuguesa: noções de glotologia geral e especial portuguesa*, 3.ª ed. Porto: Livraria Universal de Magalhães e Moniz, 1896, p. 87.
26 Ibid., p. 164.
27 BARRETO, Mário. *Novos estudos da língua portuguesa*, 2.ª ed. Rio de Janeiro: Francisco Alves, 1921, p. 11-125.

Manuel Bandeira e a língua portuguesa

Dentre muitos pontos em que a correspondência ativa de Manuel Bandeira, quando publicada, passará a interessar os estudiosos em geral, ocuparão lugar de relevo suas opiniões acerca de fatos da língua portuguesa e da técnica de versificação como instrumental do fazer literário.

Poucos são os autores modernos de nossa literatura que se têm debruçado sobre particularidades linguísticas do seu idioma e do aproveitamento delas com objetivos literários, como ocorre com o autor de *A cinza das horas*.

Percorrendo as cartas que lhe enviou Mário de Andrade, podemos acompanhar de perto as concordâncias e discordâncias de Manuel Bandeira em relação às escolhas idiomáticas do autor paulista para chegar à pretendida universalização da língua a serviço dos ideais estéticos dos escritores brasileiros contemporâneos.

Como o seu colega, M. Bandeira poderia dizer de si mesmo que sabia "o português duma forma acima do comum"[1] e era tal a sua aplicação no uso gramaticalizado da língua, que, por informação de Antenor Nascentes, obrigava o colega de classe a bem distribuir os pronomes átonos na frase: "Bandeira era dos mais vivos do grupo, dos mais brigões; corrigia qualquer erro que se cometesse. Foi com ele que comecei a tomar cuidado com a colocação dos pronomes à portuguesa."[2]

Para não alongar os limites desta contribuição, respigaremos apenas dois ou três pontos relativos a problemas de linguagem que mereceram o questionamento dos dois amigos na busca de novos caminhos de expressão a serviço do ideal estético da moderna língua literária do Brasil.

Ressalta-se — o que sempre fizerem Mário e Bandeira — que os desvios à tradição gramatical não se deveram à ignorância do idioma, mas a intenções com endereço linguístico certo; assim também o exagero e o descalibrado de certas soluções iniciais pretendiam apenas chamar a atenção dos escritores para os problemas trazidos à baila, e os desacertos, depois de devidamente analisados, seriam corrigidos ao longo da sistematização final.

Por sua vez, expõe Mário de Andrade ao amigo a seguinte justificativa dessa sistematização:

> Porque se trata de sistematização culta e não fotografia do popular, meu caro. Agora; essa sistematização tem de ser fatalmente pessoal. Não pode

ser doutra forma, pois estou começando uma coisa e não tirando uma gramática inteirinha de fatos documentados pela escrita culta e literária. Não quero imaginar que o meu brasileiro — o estilo que adotei — venha a ser o brasileiro de amanhã. Não tenho essa pretensão, juro. Por outro lado se eu não fizesse essa sistematização eu seria um escritor sentimentalmente popular e quero ser um escritor culto e literário. Não tenho medo destas palavras (...).[3]

A questão de colocação de pronomes no início do período foi um dos pontos de discordância entre Bandeira e Andrade. Este, guiado pela lógica, sistematizara colocar todos os pronomes chamados oblíquos no início do período, já que era normal dizer-se *me dê, te quero*. Assim justificava seu procedimento em carta escrita ao amigo em 6 de agosto de 1933:

> Seus comentários sobre o meu "O desespera" quase que me desesperaram. Não é justo da parte de você dizer que pra comigo é a toa falar numa coisa, como se eu não me rendesse a razões plausíveis. Me rendo sim senhor. Primo:
> Confesso com lealdade que jamais refleti seriamente sobre isso, isto é, seriamente refleti sim, mas não refleti longamente. Mas a seriedade está nisto: se emprego flexões pronominais iniciando a frase, coisa que literalmente é erro, *Me parece*, etc., devo empregar também literalmente "O desespera" porque o caso é absolutamente o mesmo. Se trata de uma ilação, é verdade, mas ilação absolutamente lógica sobre o ponto de vista filosófico, e tirada da índole brasileira o falar, o que a torna, além de filosoficamente certa, psicologicamente admissível. Diz você que não se trata dum fato de linguagem brasileira. Poderei estar de acordo. Mas isso se dá simplesmente porque o povo, pelo menos o povo rural que é a grande e pura fonte, ignora o "o" pronominal, e diz, por exemplo, "ele se desesperava", "desespera ele", "fazer isso", "dizer isso" por *fazê-lo* e *dizê-lo*. Você tem o argumento dos alfabetizados da cidade. Sim, mas estes desde que ponham um reparinho na fala, já não dizem "me parece" também, porque o professor da escola primária proibia. Mas se dizem sem querer "me parece", porque então não dizem "o desespera"? você retorquirá. Não dizem, meu caro? Veja Leonardo Mota, *Sertão alegre*, edição de Belo Horizonte, 1928, p.89. Diz o contador popular que ele cita: "O padre disse: — O projeto..."
> E, caso análogo, veja na "Peleja de Antonio Baptista e Manoel Cabeceira", da autoria do famoso rapsodo nordestino Leandro Gomes de Barros, literatura de cordel (tenho o exemplar):
> "Fiz Romano atropelar-se
> E fiz Germano correr,
> Abocanhei Ugolino
> Porém não pude o morder."

São os únicos exemplos que encontro na minha papelada, sem levantar da cadeira. O primeiro, porém, é categórico. Você não dirá mais que não é fato de linguagem. Porém, no caso, acredite o que me leva mais a sustentar o meu jeito, não é a existência desta prova, mas convenhamos que a lógica é terrível, e às vezes um homem se fatiga dela e busca viver com as suas afeições.[4]

Mário de Andrade, pelo que pude rastrear das citações encontradas na *Gramatiquinha da fala brasileira* — que realmente existe, pelo menos em apontamentos e que mereceu agora tese universitária da competente colega Edith Pimentel Pinto —, tinha lido e refletido muito a *Gramática secundária* de Manuel Said Ali, àquela quadra havia pouco saída, e, com certeza, repercutiram-lhe fundo no espírito as seguintes palavras do mestre, resumindo, em âmbito de livro escolar, o que já vinha ensinando desde 1895, nas páginas da *Revista Brasileira* e depois das *Dificuldades da língua portuguesa*: "A pronúncia brasileira diversifica da lusitana; daí resulta que a colocação pronominal em nosso falar espontâneo não coincide perfeitamente com a do falar dos portugueses."[5]

E seguindo critério apontado, estendeu o fato a todas as formas pronominais, em atender à realidade dos fatos do idioma.

Também Manuel Bandeira desde cedo aprendeu a boa norma quanto à colocação dos pronomes átonos; a boa lição haurida nas aulas de um mestre consumado, Silva Ramos, enquanto cursava o Pedro II. São suas palavras nas páginas de "Presente!", incluídas nas *Crônicas da província do Brasil*, ao ensejo do falecimento do antigo professor, ocorrido em dezembro de 1930:

> Silva Ramos era um espírito de formação clássica portuguesa. Mas ele entendia versar os clássicos naquele mesmo largo espírito humanista de que nos fala João Ribeiro, outro grande mestre do Pedro II daquele tempo: isto é, versá-los, situando-os em seu tempo, revivendo-os no ambiente de suas paixões. Com Silva Ramos o que se preocupava em Camões não eram os atestados de um bom comportamento de um pronome oblíquo nem a pessoalidade (no texto *personalidade*) irregular de um infinito, mas a força rítmica da oitava decassílaba, atrás da qual choravam as lágrimas de Inês ou de onde bradava o despeito amoroso de Adamastor. As cruéis vicissitudes do ensino secundário do Brasil privaram-nos desse mestre insigne no segundo ano do nosso curso. Pois bem, em nove meses de aulas Silva Ramos teve o talento, eu deveria dizer a alma, de pôr na cabeça de um menino até então inatento a qualquer espécie de beleza literária, o gosto, a verdadeira compreensão dos padrões mais nobres da nossa linguagem; no português que falo e escrevo hoje, mesmo quando me utilizo de formas brasileiras aparentemente mais rebeldes à tradição clássica, eu sinto as raízes profundas que vão mergulhar nos cancioneiros.[6]

Este uso consciente da língua no sentido de arrancar-lhe todas as potencialidades a serviço da mensagem levou Bandeira a acertar o passo com Antenor Nascentes ao escrever a famosa série didática intitulada *O idioma nacional*, por lhe parecer que sob essa denominação se sentia melhor aquele grupo de escritores que, não pretendendo criar uma "língua brasileira", intentava criar na linguagem escrita uma tradição mais próxima da linguagem falada natural, correta, mas sem afetação literária, da sociedade brasileira culta.[7]

Para termos a justa medida da educação filológica de Manuel Bandeira, vale a pena insistir na opinião que desse fato da língua tinha nosso autor:

> De fato, não se pode negar que é de uso corrente no Brasil, não só entre o povo, mas também na fala habitual da gente culta, mesmo da parte de escritores de sabor arcaico, como Carlos de Laet e João Ribeiro, aos quais ouvi dizer "Me dê". Todavia o uso brasileiro não abrange indistintamente todas as variações pronominais. É geral para a forma oblíqua da primeira pessoa, porém já não tanto para as outras. Mário de Andrade sistematizou o emprego e me parece que aqui incorreu no mesmo erro que os gramáticos da segunda metade do século XIX quando começaram a impor como leis inflexíveis o que era apenas tendência, sujeita, aliás, a toda sorte de exceções determinadas por necessidades de expressão ou de ritmo. (...) Considero perfeitamente legítimo o emprego da variação "me" no princípio de qualquer período. Considero perfeitamente legítimo o emprego das outras variações em começo de período quando continuam nele a mesma construção usada no período anterior (é o caso literário do "Te vejo, te procuro" de Gonçalves Dias, esclarecido por Sousa da Silveira na *Ordem*, número de junho de 42), e ainda em qualquer caso, por necessidade psicológica, das variações "te", "lhe", "nos". Considero, porém, erro iniciar o período pelas formas oblíquas "o", "a", "os", "as" ou "se" com o futuro e o condicional, por não se basearem estes casos em fatos da língua falada, popular ou culta: o povo não diz "o vi", diz (e muita gente boa também) "Vi ele", forma que Mário só admitiu quando o pronome é sujeito de um infinitivo seguinte ("Vi ele fazer"), ninguém, nem povo nem pessoa culta, diz "Se diria". Discuti muito esses dois pontos com o meu amigo, sem que nenhum de nós lograsse convencer o outro.[8]

Outros casos de colocação de pronomes átonos foram, sem dúvida, ventilados na correspondência dos dois amigos, mas será necessário esperar a publicação das cartas de Bandeira para termos ideia mais clara de seus pontos de vista. No seguinte passo de uma missiva de Mário a Bandeira, de 1925, vê-se que preocupava ambos a posição dos pronomes nas orações iniciadas por *que* ("que matou-se"), bem como as frases intimativas, imperativas:

E tem casos de frases intimativas, imperativas em que o verbo vem sempre ou quase sempre antes do pronome. Você cita alguns exemplos que eu já conheço e em que muito tenho pensado. É questão que eu ainda não resolvi bem e se você conhecesse a minha *Fräulein* veria que emprego várias vezes o erro "quem matou-se" e casos análogos. O pronome anteposto ao verbo não é invariável na minha sistematização, é apenas geral, nas intimações posponho o pronome.⁹

Ora, quanto a frases introduzidas por *que*, já tenha o problema sido ressaltado por Said Ali na *Dificuldades* e transposta a lição para a *Gramática secundária* que Mário muito leu para a elaboração dos apontamentos com vista à *Gramatiquinha*: "A conjunção *que* em oração causal, assim como em oração integrante e consecutiva que tenham o verbo no modo indicativo, pode deslocar ou deixar de deslocar o pronome átono."¹⁰

O outro ponto, o das frases intimativas, reporta-se, sem dúvida, à conhecida observação de João Ribeiro, nem sempre confirmada, aliás, pelos fatos da língua e posta, segundo parece, de quarentena por Mário de Andrade:

> Os nossos modos de dizer são diferentes e legítimos e, o que é melhor, são imediatos e conservam, pois, o perfume do espírito que os dita.
> Alterá-los é já uma falsificação e um princípio de insinceridade. O exame psicológico dos pronomes vai dar-nos uma exemplificação curiosa.
> O brasileiro diz comumente:
> Me diga... Me faça o favor...
> É esse um modo de dizer de grande suavidade e doçura ao passo que o "diga-me" e o "faça-me" são duros e imperativos.
> O modo brasileiro é um pedido; o modo português é uma ordem. Em "me diga" pede-se; em "diga-me" ordena-se. Assim, pois, somos inimigos da ênfase e mais inclinados às intimidades. Eis o suposto erro que, afinal, é apenas a expressão diversa da personalidade.
> E se quisermos uma prova decisiva nesta matéria temo-la no uso chamado português que também fazemos, quando há necessidades imperativas de mando ou de ênfase. Então, nesses casos praticamos sem o saber, a vernaculidade dos pronomes.
> Se, entre os brasileiros, um ordena que o outro se retire, diz logo:
> — Safe-se! Raspe-se! Suma-se!
> É a ênfase que vernaculiza a expressão, e eis por que não a admitimos onde seria imprópria, excessiva e contrária à nossa índole. "Me passa" os cobres... é a fórmula de uma cobrança amigável. "Passe-me" os cobres, é já uma intimação violenta, judicial, "manu militari".
> Que interesse temos, pois, em reduzir duas fórmulas a uma única e em comprimir dois sentimentos diversos numa só expressão? Em geral todas as mutilações por amor da vernaculidade (ou antes do portuguesismo) envolvem qualquer sacrifício d'alma, destrói os meios-tons, e os matizes criados sob a luz e o céu americano.¹¹

Outra particularidade idiomática que mereceu a atenção dos nossos dois escritores e que teve neles soluções divergentes foi o emprego da preposição "em" com os verbos de movimento. Para Mário: "No brasileiro a preposição 'a' quase não existe. Estará destinada a desaparecer? Não sei. Em todo o caso ficará limitada a muito poucas regências."[12]

Vemos o escritor paulista, sem o saber, naturalmente, na linha das colisões homonímicas que tanto notabilizaram a obra renovadora de Jules Gilièron e puseram luz à vida da linguagem com seus procedimentos de terapia e teratologia verbais, resultando daí criações novas e mortes de palavras. Dentro dessa linha, não tanto de natureza biologista, uma corrente de estudiosos alemães chamou a atenção para as íntimas relações entre forma e função linguística, como veem, por exemplo, na obra conhecida de W. Horn, *Sprachkörper und Sprachfunktion*. Nessa linha de raciocínio, supunha Mário que a missão linguística da preposição "a" estava prejudicada pela homonímia, razão por que a substitui por *em* com os verbos de movimento.

Já Bandeira, com maior intuição filológica, via na escolha do colega mais um forçar de nota a chamar a atenção para o problema, e também não concordava com a sistematização. São suas as lúcidas ponderações que se seguem:

> Outro ponto em que Mário de Andrade forçou a nota para focalizar o problema foi o do emprego da preposição "em" com os verbos de movimento. Em princípio tinha razão. Era em Portugal legítima sintaxe literária como se prova com textos clássicos, inclusive de Camões, mas arcaizou-se, mantendo-se, todavia em numerosas locuções ("ir de casa em casa", "voar de flor em flor", etc.). Conservou-se, porém, na fala brasileira, e não vejo motivo para que não o admitamos em linguagem literária. Às vezes, no entanto, a construção com "a" evita a ambiguidade, ou dá mais vigor ou movimento à expressão. No poema "Arraiada" escreveu o poeta:
> Manhãzinha
> A italiana vem na praia do ribeirão
> Interpreto que o que se quis dizer no poema é que a italiana veio à praia do ribeirão para lavar roupa. Podemos dizer "na praia" ou "à praia", mas imagino que se Mário não andasse preocupado com a sistematização, teria escrito naturalmente "à praia", construção que imediatamente excluía a possível interpretação de que a italiana vinha pela praia, ao longo da praia. Confusões dessas também se podem evitar não usando sistematicamente o verbo "ter" por "haver" impessoal.[13]

Neste último período do passo citado, Bandeira toca em mais um problema de língua que mereceu a atenção dos dois amigos. Poderíamos ainda perder-nos em digressões sobre tal matéria, bem como acerca da escolha dos processos de diminutivar no Brasil e em Portugal (Bandeira nos diz, em nota de rodapé da p. 50: "Muito discutimos sobre este ponto"), do emprego do *o*, *lhe*, *você* e *ele* com verbos transitivos diretos, do reforço *mas porém*, das formas *pra, pro, pruns*, etc., do *mas* e *porém*, dos procedimentos de superlativização, do uso de sufixos, dos pronomes oblíquos com verbos reflexivos, da colocação dos adjetivos, dos regionalismos, da substantivação de advérbios — em especial dos em *-mente* —, do falar paulista na obra de Mário, de questões de vocabulário e de neologismos, de problemas de versificação e até de indicações bibliográficas de Bandeira a Mário no que tange a livros sobre a língua portuguesa e sobre a linguagem em geral, poderíamos, como dissemos antes, discretear acerca de todos estes aspectos, mas isto iria levar estas linhas muito longe.

Bandeira, na verdade, estava mais apetrechado que Mário, em São Paulo, pois além de se ter educado no Pedro II, na visão alta dos problemas de língua como lhe ensinara Silva Ramos, gozava da companhia de especialistas como Sousa da Silveira e Antenor Nascentes ("espíritos sem ranço de gramatiquices estreitas, e com os quais se pode conversar"[14]), respirava o ar do ambiente do Rio de Janeiro onde circulavam as ideias avançadas de um Said Ali e de um João Ribeiro — apesar de também imperarem aqui os ranços retrógrados que repudiavam "as pobrezinhas das formas brasileiras" (no dizer zombeteiro de Bandeira).

O preparo técnico do autor de *Libertinagem* chegava a minúcias de distinções em língua e fala, como se patenteia neste lanço, defendendo e limitando os instintos estéticos do amigo:

> Não me consta que jamais Mário de Andrade tenha pretendido criar língua nova. Nem ninguém pensa que o português falado pelos brasileiros seja língua nova. Nos seus livros já publicados o poeta paulista anuncia a publicação próxima de uma *Gramatiquinha da fala brasileira*. Notem bem: não diz língua brasileira, e sim fala brasileira.[15]

Por tudo isto, vê-se a mina de informações que nos poderão ministrar as cartas de Bandeira a Mário no empenho de contribuírem, cada um a seu modo, para a nova roupagem da literatura brasileira, fiel ao seu tempo, representativa da alma de seu povo e conforme à sua dignidade histórica e cultural.

Texto publicado no jornal *Mundo Português* e na revista *Na Ponta da Língua*, originalmente em quatro partes: 9/11/2000, 16/11/2000, 23/11/2000 e 30/11/2000.

Notas

1   ANDRADE, Mário de. *Cartas a Manuel Bandeira*, 1.ª ed. Rio de Janeiro: Organização Simões, 1958, p. 85.
2   SILVA, Maximiano de Carvalho e (org.). *Homenagem a Manuel Bandeira: 1986-1988*. Rio de Janeiro: Monteiro Aranha/Presença, 1989, p. 65.
3   ANDRADE, Mário de. Op. cit., p. 87.

4   Ibid., p. 320-321.
5   ALI, Manuel Said. *Gramática secundária*. São Paulo: Melhoramentos, 1965, p. 279.
6   BANDEIRA, Manuel. *Crônicas da Provínia do Brasil.* Rio de Janeiro: Civilização Brasileira, 1937.
7   Ibid. "Fala brasileira", p. 135.
8   Ibid., p. 1213.
9   ANDRADE, Mário de. Op. cit., p. 89.
10 ALI, Manuel Said. Op. cit., p. 286.
11 RIBEIRO, João. *A língua nacional e outros estudos linguísticos*. Rio de Janeiro: Vozes, 1979, p. 11-12.
12 ANDRADE, Mário de. Op. cit., p. 90.
13 Id. *Poesia e prosa*, vol. II. Rio de Janeiro: Aguilar, 1958, p. 1215.
14 Ibid., p. 135.
15 Ibid., p. 135.

O ESTUDO DA FRASEOLOGIA NA OBRA DE JOÃO RIBEIRO

Dentre as múltiplas atividades intelectuais de João Ribeiro, o estudo da fraseologia portuguesa ocupa um lugar de constante interesse, conforme se pode comprovar nos livros, pequenas contribuições para revistas especializadas ou em meros artigos dirigidos ao chamado grande público, que integravam trabalhos de vulgarização sem as "discussões fonéticas e glotológicas que deprimem o espírito, sem o esclarecer devidamente", conforme palavras suas em colaboração à *Revista de Língua Portuguesa*, ano I, número 3, de 1920.

Numa época em que nem sempre se poderia contar com a rica bibliografia que hoje está à disposição do pesquisador, é digno do maior respeito e admiração o esforço de uma geração ávida em reunir o mais considerável número de elementos fraseológicos e tentar penetrar no complexo e fugidio segredo de sua análise e explicação histórica. Numa língua como o português, ainda hoje muito aquém da investigação lexicológica que outros idiomas apresentam, o caminho a ser percorrido se mostrava ao pesquisador repleto de escolhas e desvios sedutores quanto enganosos. Ao lado de uma saturada leitura de textos antigos e que cobriam vários domínios do saber, esse pesquisador precisava aliar a essa indispensável bagagem cultural e especializada uma viva intuição capaz de estabelecer elos e conexões de ordem histórica e social que ultrapassassem os limites do campo estritamente linguístico.

É extremamente lamentável e empobrecedor a uma visão ampla da investigação linguística que essa tradição que se iniciou tão auspiciosa e valente em Portugal e no Brasil, hoje se nos depare tão escassa e silenciosa, e que tantos subsídios poderia oferecer ao futuro dicionário histórico do português.

Nesse grupo de estudiosos, ocupa lugar significativo João Ribeiro, dotado, por um lado, dessa bagagem cultural e, por outro, dono de uma intuição larga que às vezes fazia exceder o voo da imaginação. Joaquim Ribeiro, filho de João Ribeiro e responsável pela 2.ª edição das *Frases feitas* (1.ª ed. 1908 e 1909), livro, como revela o título, todo dedicado ao estudo de fraseologia portuguesa, assim comenta o fato:

> Enganam-se totalmente os que julgam que a atividade científica é incompatível com o poder imaginativo. Este, realmente, representa significativo fator na constituição crítica.

João Ribeiro sabia combinar a sua erudição, o seu espírito crítico e a sua imaginação num equilíbrio harmônico, de fato, admirável. As suas conjecturas partem sempre de dados objetivos: possuem fundamentos documentais; não são aéreas e fantasistas. Todas são defensáveis.[1]

A leitura atenta das *Frases feitas* — cingir-me-ei aqui a este livro do autor por ser o mais representativo neste campo de pesquisa linguística — revela-nos a confirmação da explicação histórica de muitas frases já estudadas no português e, outras vezes, em línguas românicas, ao lado das conjecturas aceitáveis propostas por J. Ribeiro e de conjecturas esboçadas sem o menor fundamento.

Algumas vezes a falta de fundamento é entrevista pelo próprio autor, para resolver o dilema, arrola, para a mesma frase, outra e até outras conjecturas, que continuam não convencendo o proponente e o leitor.

Exemplo disto é o verbete relativo à nossa expressão *andar ao léu*. Embora tenha havido um outro retoque da 1.ª para a 2.ª edição, J.R. acabou por optar pelo caminho menos recomendável. Eis o texto definitivo:

> Conheço várias explicações da frase — *ao léu* — que ocorre sob aspectos vários: *ter léu* para alguma coisa, *andar ao léu*.
> Coelho deriva *léu de libitum*, o que não se conforma, nem pela substância nem pela forma, com os usos daquela expressão.
> Epifânio Dias propôs outra derivação, realmente mais aceitável, à luz da fonética, mas a seu turno insuficiente quanto ao sentido. Para este filólogo, *léu*, em expressões como *estar ao léu*, representa o latim *levem* pela vocalização do *v*, e está para *levem* como *nau* para *navem*.[2] Essa explicação é, aliás, de Júlio Moreira, ao que me informaram.

O nosso antigo lexicógrafo Morais parece aproximar, ao menos fortuitamente, a expressão de outra latina — *Leo* — que designa uma das casas do zodíaco.

A etimologia de Epifânio (*levem*) não dá conta do sentido da frase — *ter léu* — tempo, ocasião, lugar, oportunidade.

> Apenas tive *léu*
> De chegar à janela e despedi-lo
> Com aquela agonia.[3]

Acreditei e acredito ainda que é palavra francesa e das que antigamente entraram com o séquito da primeira dinastia. E assim ao que conjecturei devia ser *léu* (*leu* por *lieu*, como *deu* por *Dieu*, do francês antigo) derivado de *lieu*.

E *ter léu* seria *ter lugar* ou *oportunidade*.

E como é frequente confundir-se lugar, tempo e espaço em todas as metáteses populares, foi natural dizer:

> *Estar ao léu* = ao tempo, scil, espaço ou ao ar livre
> *Ter léu* para trabalhar (tempo).

É também mera conjectura essa explicação que, de caminho, aqui deixo, pois que a verdade estará em outro ponto. Também dizemos *ao léu* por *ao óleo* ou *a óleo* com o desvio do acento tônico; pelo menos isso corresponde aos modismos espanhóis — *estar ao óleo* — e *andar ao óleo* (talvez da pintura *al oleo*).

Contudo, prefiro derivar *léu* de *lieu*, lugar, tempo, hora disponível, prefiro-o por não achar satisfatórias as opiniões já conhecidas.

Inicio meu comentário pelas conjecturas de explicação de *léu* empregado em *andar ao léu*, *ter léu* para alguma coisa. Começa J. R. por afastar com razão a hipótese de étimo proposta por A. Coelho, e passa a discutir a lição que diz ser de Epifânio Dias, mas que — e isso declara mais adiante — seria primitivamente de Júlio Moreira, "ao que me informaram": *léu* viria do latim *levem* "pela vocalização do *v*". A seguir rejeita essa explicação, porque "não dá conta do sentido da frase *ter léu* — tempo, ocasião, lugar, propriedade", e propõe que se trata de palavra francesa, pois *léu* estaria por *lieu*, apoiado na frequente transposição semântica de "lugar" para "tempo" e "espaço".

Quando o leitor esperaria naturalmente o fim das conjecturas, eis que sai o autor com o comentário: "é também mera conjectura essa explicação *que, de caminho, aqui deixo, pois que a verdade estará em outro ponto* [o grifo é meu, e o trecho citado já vem na 1.ª edição]."

E complementa a declaração com um adendo que, se não se trata de algo incompreensível, é pelo menos, muito estranho, ao relacionar ou aproximar *ao léu* a *ao óleo* ou *a óleo* "com desvio do acento tônico; pelo menos isso corresponde aos modismos espanhóis — *estar al oleo* — e — *andar al oleo* (talvez pintura *al oleo*)".

Esta estranha aproximação que, segundo suponho, não tem nenhum apoio na história do léxico português, é rematada com o seguinte comentário desparecido no texto da 2.ª edição: "Deste uso é que havemos de deduzir os nossos; de andar bem-vestido [nesta edição explicaria J.R. os modismos espanhóis com o valor de *estar una cosa mui adornada y compuesta*] passou a significar *andar ao sol*, ou *fora de casa* (*andar ao léu*)."[4]

Das propostas de explicação para *léu*, J. Ribeiro passa muito rapidamente pelo verbete do *Dicionário* de Morais, de modo que não oferece ao leitor a oportunidade de perceber que a conjectura por ele adotada como plausível, já estava adiantada no velho e sempre prestimoso *Dicionário* do lexicógrafo patrício. Morais começa por falar de *leo* como designativo de uma casa do zodíaco; depois abre outro parágrafo para tratar de *leo* = leu, que considera "termo plebeu", com o significado de "lazer" e exemplifica: ter *leo* para fazer alguma coisa, *ainda não tive leo para isso*.

Sabemos que depois da edição de 1813, considerada a autêntica do nosso lexicógrafo, o *Dicionário* teve novas edições a que se juntaram notas deixadas pelo velho Morais e adendos dos seus sucessores; entre as edições posteriores, figura a 6.ª, de 1858, sob a competente responsabilidade de Agostinho de Mendonça Falcão que, em companhia de outras vozes, considero a melhor das que se editaram depois de 1813. Não posso, neste momento, rastrear qual das sucessoras foi responsável pela melhoria do verbete; acrescento apenas que a 6.ª já traz a explicação de *léu* pelo francês *lieu*, e separa nitidamente *leo* "leão" de *leo* (= leu) dos modismos aqui estudados:

Léo, s.m,. (do latim *leo*, leão). Um signo celeste. § Léo (+ ou Léu), + plebeu (do francês *lieu*, lugar v. lazer) "ter leo para fazer alguma coisa", "ainda não tive leo para isso", i.e., larga, espaço.§ +Andar com a cabeça, *com o peito ao léu*; expressão chula, i.e., "descoberto", "exposto ao ar".

Causa, outrossim, estranheza que J.R. considerasse "mais aceitável, à luz da fonética, a proposta de Júlio Moreira, segundo a qual *léu* representa o latim *levem* pela vocalização do *v*, e está para *levem* como *nau* para navem".

Inicialmente, J.R. atribuía a explicação de Epifânio Dias, mas quero acreditar que o fez por engano, pois que não me consta ter jamais o filólogo português estudado o étimo de *léu*. A aludida estranheza advém do fato de o autor persistir na tese de empréstimo ao francês *lieu*, quando conhecia a lição de D. Carolina Michaëlis de Vasconcelos exarada no *Glossário do Cancioneiro da Ajuda*, de 1922, transcrita em nota de rodapé da página 370, segundo a qual, acompanhando ensinamento de F. Diez em obra de 1863 e na *Grammatik*, *léu* é um empréstimo ao provençal oriundo do latim *levem*. Por que, então, a insistência do francês *lieve*? Se for para atender ao sentido secundário que tem *léu* na expressão *ter léu*, com valor de "ter lugar" ou "ter oportunidade", isto pode facilmente derivar do significado fundamental, conforme já havia sido explicado por Leite de Vasconcelos: "Léu, m. 'ocasião'. 'Quando eu tiver léu'. Do latim *levem*, sentido, 'alívio', 'descanso', 'vagar', "ocasião'. Cf. a frase 'andar ao léu'."[5]

O destino do -*v*- /-*u* / intervocálico latino de *levem*, *grevem* e *navem* em *léu*, *greu* e *nau*, entre outros exemplos, não é normal na fonologia histórica do português; a explicação há de ser encontrada em empréstimos diretos ou indiretos a outros idiomas românicos. Já vimos, desde Diez e Carolina Michaëlis, que *léu* e *greu* são devidos a empréstimos do provençal, enquanto *nau* chegou ao português pelo catalão; assim a hipótese de vocalização do -*v*- dentro do próprio português, como pensara Júlio Moreira, está fora de cogitação.

Objeções deste gênero podem ser feitas não só na leitura das *Frases feitas* como nas *Curiosidades verbais* e no *Fabordão*, que representam os livros de João Ribeiro, em especial os dois primeiros, mais especificamente voltados para problemas lexicológicos, *maxime* para explicações históricas de fraseologia do nosso idioma. O caso seguinte já vimos aqui nesta seção, mas cabe repartir por interessar ao tema.

Nas *Curiosidades verbais*, por exemplo, há todo um capítulo prejudicado, por ter o autor deixado levar-se pelas aparências de uma desajeitada grafia. Trata-se do capítulo XXXVIII, em que comenta e explica o termo *granadeces* de uma das *Cantigas de Santa Maria*, de Afonso X, consoante a lição adotada pelo padre Augusto Magne e oriunda da edição de Valmar:

> Num dos seus excertos [da edição de Magne]
> Alude-se à Virgem que abate os corações soberbos e ao mesmo tempo eleva os humildes
> ... provezendo
> Tas santas "granadeces"

Quer dizer "aumentando as tuas santas excelências", diz o poeta. Assim explica o padre Magne, em nota, apontando outros exemplos do poema em que ocorre a palavra "granadece" deriva de "granado" por sua vez derivado de "grano" = grão.

Uma messe "granada" era messe já em grão e, portanto, valorizada de grande apreço.

A "granadece" é a preciosidade e excelência ou perfeição.

Granadece, conforme explica Mettmann na introdução à sua edição, é grafia que ocorre erradamente no texto, ao lado da autêntica *grãadeces*, "grandezas"; de modo que, *granadece* nada tem a ver com *grano* ou *grão*, mas com *grande*, o que põe por terra a conjectura do nosso autor.

Apesar de senões deste teor, o investigador que desejar reunir material neste campo da lexicologia portuguesa terá de partir de uma leitura acurada das *Frases feitas*, pois que, segundo o correto julgamento de Joaquim Ribeiro, nestes dois volumes:

> a fraseologia vernácula, em toda a sua vasta extensão, era aplicada à luz do método histórico-comparativo e dos novos processos de pesquisas filológicas. Ao lado de um profundo conhecimento dos textos antigos do idioma, patenteia-se com máxima nitidez a familiaridade com os modernos recursos da linguística histórica.[6]

A primeira tarefa — e urgente — de quem desejar enveredar por tais estudos é, na minha opinião, preparar uma nova edição, crítica, das *Frases feitas*, já que a devida a Joaquim Ribeiro apresenta numerosos erros de revisão, mas o mais lamentável é não fazê-la beneficiar-se das correções e sugestões da crítica especializada dentro e fora do Brasil. Pela informação de Joaquim, sabe-se que João Ribeiro "preparou para a livraria Francisco Alves uma segunda edição que ora é levada a efeito". Realmente, um simples confronto das duas edições evidencia acréscimos, eliminações e referências a algumas emendas e sugestões de críticos; mas muita coisa ficou de fora, até pelo próprio desapego do autor à notoriedade que com justiça lhe era devida. Conheci amigos (Lindolfo Gomes e Pedro Augusto Pinto) que privaram da intimidade de J.R. e que me comunicaram, em conversa, que, mais de uma vez, o viram tirar do bolso, amassada, carta de D. Carolina Michaëlis e de outra autoridade do mesmo nível intelectual, ora elogiando, ora dissentindo de conjecturas defendidas em seus livros e artigos. Pelo que espelha o modo como João Ribeiro preparou a 2.ª edição, nosso autor devia pertencer ao grupo de Capistrano de Abreu, no que toca à feitura de notas que depois, eram perdidas ou não achadas. É o que nos confessa o notável historiador: "Dizia-me um amigo da Bib. Nac.: para que V. há de ser besta, gastar o tempo em tomar notas, pra depois perder? Disse a pura verdade e como invejo meus amigos Vale Cabral e Said Ali!"[7]

Aqui e ali, nas suas obras, deixa-nos J.R. entrever que a minha conjectura muito se aproxima da verdade. No *Fabordão*, por exemplo, livro publicado depois das *Frases feitas*, confessa-nos o autor:

> Indiquei a frase [Victor, amigos] de passagem e em conjunto com outros latinismos. O trecho de Carol Michaëlis está efetivamente nos seus

Studien zur romanischen Wortschöpfung (1876); citei de memória e pouco apropriadamente (...); provavelmente eu teria tomado nota que não pude verificar (...).[8]

Sentiu-o também Augusto Meyer:

> Escreveu [J.R] muito, coligiu muita cousa em livro, no seu caso a quantidade não chegou a prejudicar a qualidade (...)
> É claro que às vezes lucraria a qualidade não só de estilo como de sistematização da pesquisa e rigor da informação, com menos pedra e mais cimento. A revisão cuidadosa dos textos citados, por exemplo, viria mostrar que nem sempre desconfiava de sua memória, ou se empenhava mais a fundo na verificação dos originais.[9]

Ao revelar-nos Joaquim Ribeiro que o pai preparava uma segunda edição das *Frases feitas*, não no-la situa no tempo; todavia, pelas datas de obras citadas, é possível estabelecer o ano de 1923 como marco *ad quem* para a elaboração do texto corrigido e melhorado. Embora a folha de rosto anuncie que este novo texto traz "numerosos acréscimos e comentários da critica", a verdade é que um levantamento cuidadoso nos vai apontar mais "acréscimos" do que "comentários da crítica".

Se a data *ad quem* acima indicada não está longe da verdade, faltou o acréscimo de alguns estudos de fraseologia do próprio João Ribeiro. Para referir-me a um só exemplo, lembro o artigo intitulado "Estudos da fraseologia", saído no número 3 da *Revista de Língua Portuguesa*, de Laudelino Freire, de janeiro de 1920. Aí o autor estuda as frases *esperar por sapatos de defunto*; *grous de Ibico* e *falar francês*, esta última quer com o sentido de 'dizer as verdades como são', quer com o que de 'pagar de coitado', 'dinheiro à vista', aqui acompanhado de gesto expressivo pela fricção do polegar com o indicador da mão direita. Nenhuma destas expressões foi contemplada nas *Frases feitas* da 2.ª edição.

Se a primeira tarefa — a edição crítica das *Frases feitas* — se mostra complexa, não menos delicada será a segunda: o rastreamento da bibliografia de que se serviu João Ribeiro para a elaboração do livro, quer no que toca a obras de natureza literária e histórica, quer a livros e artigos de matéria propriamente linguística. Feito este levantamento, poderemos acompanhar o que dessas fontes colheu nosso autor como fonte de informação, até que ponto soube manipular os dados já colhidos e conhecidos para dar um passo adiante dos seus antecessores, até que ponto são plausíveis ou não suas conjecturas e as razões por que são ou deixam de sê-lo.

Também se deve assentar que a investigação das *Frases feitas*, como de outras manifestações do que Eugenio Coseriu chama *discurso repetido*, é da competência do linguista, do lexicólogo, e não, conforme se deixa entrever na obra de muitos estudiosos destes assuntos, domínio exclusivo do folclorista. Está claro que o linguista buscará subsídios e dados em domínios das mais variadas ciências da cultura, inclusive do Folclore, mas em de tratar as frases feitas como entidades linguísticas.

A leitura e o estudo reflexivo da obra de João Ribeiro impõem o prosseguimento do material que levantou e joeirou com mão de mestre, a fim de fazer progredir nosso conhecimento da fraseologia portuguesa e honrar o que já foi elaborado por uma plêiade de denodados batalhadores no Brasil e em Portugal.

> Texto publicado no jornal *Mundo Português* e na revista *Na Ponta da Língua*, originalmente em três partes: 8/3/2000, 15/3/2000 e 22/3/2000.

Notas

1. RIBEIRO, João. *Frases feitas: estudo conjetural de locuções, ditados e provérbios*, 2.ª ed. Rio de Janeiro: Francisco Alves, 1960, p. 49.
2. *Revista Lusitana: arquivo de estudos filológicos e etnológicos relativos a Portugal*, vol. 1, Livraria Portuense, 1887, p. 2.
3. FIGUEIREDO, Manuel de. *A apologia das damas*, ato I, cena I.
4. *Revista Lusitana*, vol. 1, p. 277.
5. Ibid., vol. IV, 1895-1896, p. 230.
6. Ibid., p. 23.
7. RODRIGUES, José Honório (org.). *Correspondência de Capistrano de Abreu*, vol. 2. Rio de Janeiro: Civilização Brasileira/INL, 1977, p. 168.
8. RIBEIRO, João. *O Fabordão: crônica de vário assunto*, 2.ª ed. Rio de Janeiro: Liv. São José [1964], p. 79, n.º 9.
9. MEYER, Augusto. *A chave e a máscara*. [Rio de Janeiro]: Ed. O Cruzeiro, [1964], p. 198-199.

O *Vocabulário portuguez e latino* de D. Raphael Bluteau

Para as comemorações dos quinhentos anos do Brasil a Universidade do Estado do Rio de Janeiro (UERJ), com a participação da sua Diretoria de Informática (Dinfo), do Departamento Cultural e de um grupo de professores de história, produziu em 2000 um CD-Rom (Sonopress Rimo Ind, e Com. Fonográfico Ltda.) que reúne os dez volumes do monumental e esgotadíssimo *Vocabulário portuguez e latino*, elaborado nos inícios do século XVIII, pelo erudito teatino padre Raphael Bluteau (1638-1734).

Antes de mais nada, vale a pena adiantar que o *Vocabulário* de Bluteau não é o primeiro dicionário da língua portuguesa, como se costuma apregoar. A existência de produção lexicográfica portuguesa na Idade Média está documentada pelas referências feitas a vários textos; mas, infelizmente, nenhuma obra dessa atividade lexicográfica é até hoje conhecida. Mas Telmo Verdelho assinala que uma dessas referências é o inventário dos livros do Mosteiro de São Vicente de Fora de Lisboa, anterior a 1245, no qual os

> textos lexicais, glossarísticos e paralexicais em geral, como as sentenças e até os saltérios — que funcionavam como instrumentos de memorização do vocabulário — ocupam, em relação ao restante conjunto bibliográfico, um espaço proporcionalmente importante e inesperado para a época.[1]

Pondo de lado não só a produção lexicográfica renascentista, muito usada em Portugal, especialmente os trabalhos do humanista espanhol Antônio de Nebrija, como seu dicionário latim — castelhano, saído em 1492 e o primeiro dos importantes dicionários humanistas (Calepino, 1502, Estienne, 1531), mas também a produção representada por léxicos parciais de vocábulos, índices e nomenclaturas (terminologia médica, botânica, jurídica, náutica, etc.), podemos citar como o primeiro dicionário bilíngue latim-português o de Jerônimo Cardoso, falecido em 1569: *Dictionarium latinum* (Coimbra, 1569/1570), onde se assinala a colaboração de Sebastião Stockammer, imigrante alemão, depois da morte de Cardoso. Este *Dictionarium* encerra cerca de seis mil vocábulos ou frases latinas com tradução ao português, e revela, como seria natural, grande influência da metodologia e da lição do dicionário de Nebrija.

Depois de assentarmos que o *Vocabulário* de Bluteau não é a primeira obra lexicográfica do português, mas sim o *Dictionarium* de Jerônimo Cardoso, convém referirmo-nos ao emprego de *dicionário* e *vocabulário* como títulos de obras dessa natureza. Enquanto Cardoso emprega ambos os termos, Bluteau, acompanhando outros autores (e naturalmente seu patrício francês Estienne), prefere *vocabulário* pelas razões que expõe:

> *Diccionario.* Livro em que as palavras de huma ou mais línguas estão impressas por ordem alphabetica. De ordinário lhe chamamos *Dictionarium*, que he palavra novamente [= recente] de *Dictio*, que em latim, como muito bem mostra Vossio no cap.31 do I livro *Divitijs Sermonis*, não significa uma dicção ou huma palavra. Outros lhe chamam *Vocabularium*, e tem este nome aventagem de ser derivado de *Vocabulum* de que Cícero usa para significar hua palavra.[2]

Modernamente usamos, para designar "um livro em que as palavras de uma ou mais línguas estão impressas por ordem alfabética", os seguintes termos: *dicionário*, *glossário*, *léxico*, *vocabulário*. Na língua corrente, tais denominações se usam indistintamente; mas na nomenclatura mais técnica fazem-se as seguintes distinções, como assinala nosso saudoso Antenor Nascentes no excelente *Dicionário de sinônimos*:

> *Dicionário* é obra onde grande número de palavras, muitas vezes todas as de uma língua, se acham dispostas em ordem alfabética, acompanhadas de respectiva definição e de outras indicações. *Glossário* é um dicionário especialmente consagrado à explicação de termos obscuros, arcaicos, dialetais, mal conhecidos. *Léxico*, originariamente dicionário grego, mais tarde também latino, hoje é o mesmo que dicionário. *Vocabulário* pode receber várias acepções: coleção de todos os vocábulos de uma língua, sem as definições, com o fim de ensinar apenas a grafia e a pronúncia; dicionário em que cada palavra recebe apenas curta explicação; coleção de palavras próprias de uma arte, de uma ciência. Ex. *Dicionário* de Morais, *Glossário Luso-Asiático* de Delgado, *Léxico de Suidas*, de Forcellini, *Léxico de Terminologia Linguística*, de Marouzeau, *Vocabulário Ortográfico e Resumido da Língua Portuguesa*, de Gonçalves Viana.[3]

Ao dicionário exaustivo (= com intenção de registrar o maior número de palavras de uma língua ou de determinado assunto) recebe também o nome de *tesouro*: *Tesouro da fraseologia brasileira* do mesmo Antenor Nascentes, ou o monumental *Thesaurus linguae latinae*, editado na Alemanha desde 1900 e ainda não terminado.

Mas voltemos ao *Vocabulário* de Bluteau.

Como a atividade lexicográfica sempre foi um instrumento profundamente empregado não só para o registro do significado de palavras e expressões do latim e das novas línguas a serem estudadas, mas também um extraordinário repositório de informações extralinguísticas que viessem ajudar a compreensão adequada dos mais variados textos (religiosos, literários e científicos), era muito natural que a natureza dicionarística ficasse, desde a Antiguidade, mesclada com a natureza enciclopedística. Assim, uma obra não se limitava a consignar ao seu leitor o significado e certas particularidades de emprego das palavras, mas também lhe fornecia informações outras no campo da religião, da mitologia, da astronomia, da história, da geografia, da medicina, da botânica e demais campos da cultura.

Como ensina o já citado Telmo Verdelho, a diferença, nem sempre factível, entre o dicionário de língua propriamente dito e o dicionário de coisas, de natureza enciclopédica "constitui uma aquisição essencial da técnica lexicográfica renascentista" (op. cit., p. 275). Até hoje os nossos dicionários, preocupados com a exaustividade da informação e com as mercadológicas, contrariam certa exigência metodológica no "crescente esforço de especialização do trabalho lexicográfico".

Bluteau, apesar de não estar alheio a esta diferenciação de dicionários, deixou-se levar pelo fascínio da explicação exaustiva, e a prova cabal dessa sua orientação está anunciada na proposta estampada na folha de rosto do volume primeiro; tão barroca quanto o era o ambiente da corte do rei João V, seu protetor: Vocabulário Portuguez e Latino, Anatomico, Architectonico, Bellico, Botanico, Brasilico, Comico, Critico, Chimico, Dogmatico, Dialectico, Dendrologico [= estudo das árvores], Ecclesiastico, Etymologico, Economico, Florifero, Forense, Fructifero, Geographico, Geometrico, Gnomico, Hydrografico, Homonymico, Hierologico, Ichtylogico, Indico, Isagogico, Laconico, Liturgico, Lithologico, Medico, Musico, Meteorologico, Nautico, Numerico, Neoterico, Ortographico, Optico, Ornithologico, Poético, Philologico, Pharmaceutico, Quiddidativo, Qualitativo, Quantitativo, Rethorico, Rustico, Romano, Symbolico, Synonimico, Syllabico, Theologico, Terapeutico, Technologico, Uranologico, Xenophonico, Zoologico.

Neste sentido de elaboração de um dicionário de palavras e de coisas, Bluteau contraria a opinião dos que acham que a preocupação do lexicógrafo deve ater-se ao que hoje chamamos de léxico primário, estritamente de natureza idiomática, como declara no seu exaustivo *Prólogo*: "(...) traz este *Vocabulário* os termos próprios de todas as ciências Humanas e Divinas, e de todas as Artes liberais, e Mecânicas com definições, ou descrições, que em breves palavras claramente expõem a substancia dellas", pois está imbuído da certeza do aval do leitor culto: "(...) não te parece pouco saber, o que cada vocábulo significa, porque (como disse Vincencio Gallo, na sua *Rethorica*) a notícia [= o conhecimento] das dicçoens he princípio de toda erudição."

Cremos que Telmo Verdelho tem razão quando afirma que tal maneira de encarar a elaboração de um dicionário pretende contrapor-se ao procedimento da Academia Francesa na realização do seu *Dictionnaire* que afirma: "*L'Académie a jugé qu'elle ne devoit pas y mettre les vieux mots (...), ni les termes des arts et des Sciences qui entrent rarement dans le discours (...) des honnets gens.*"[4]

Esta discussão entre palavra e coisa, entre linguagem primária e nomenclatura, vai desembocar, no século XX, na discussão teórica sobre se a definição do significado das palavras seria ou não objeto da descrição linguística. O grande teórico do estruturalismo americano, Leonard Bloomfield, defendia tese de que não deveria, atendendo à coerência interna do seu modelo de descrição, definir o significado, em especial o significado léxico. Assim, o significado de sal como "cloreto de sódio" pertenceria a tarefa da química, e não da linguística. O engano de Bloomfield residia em que realmente a coisa "sal" pertenceria à química; entretanto, o significado sal não deve ser descartado pela linguística, e esse nada tem que ver com "cloreto de sódio", mas sim com "sal de cozinha".

Afora mistura de dicionário e de enciclopédia que caracteriza e singulariza o *Vocabulário* de Bluteau dentro da atividade lexicográfica de língua portuguesa, ele se avoluma com dissertações eruditas que explicam seus oito volumes (de A a Z) e mais dois de *Suplemento*.

Para diminuir a excessiva grandiosidade dessas dissertações, abalançou-se o carioca Antonio de Morais Silva (1755-1824) a reduzi-lo e ampliá-lo também, já que, como ele mesmo declara no Prólogo da 1.ª edição (1789), "(...) que (Bluteau) achei em falta de vocabulário e frase, e mui frequentemente sobejo em dissertações despropositadas e estranhas do assunto, que fazem avolumar tanto a sua obra".

Modestamente, no rosto da sua obra, na 1.ª edição de 1789, declara: "Diccionario da Língua Portuguesa composto pelo Padre D. Raphael Bluteau, reformado e acrescentado por Antonio de Morais Silva." Que a informação não era de todo exata que se tratava, pela metodologia empregada, de realmente uma nova obra, e não de uma compilação, confirma-o o próprio Morais, com esses dizeres no *Prólogo*:

> Do que recolhi das minhas leituras fui suprimindo as faltas e diminuições que nele (Bluteau) achava; e quem tiver lido o Bluteau e conferir com este meu trabalho, achará que não foi pouco o que juntei, e mais pudera acrescentar se as minhas circunstâncias me não levassem forçado a outras aplicações mais fructuosas.[5]

As dissertações eruditas que acompanham muitos verbetes do *Vocabulário* de Bluteau se não interessavam diretamente ao consulente que buscava na obra explicação para o significado de palavras e expressões da língua, traziam extraordinárias informações sobre noções de outras ciências que muito interessariam aos historiadores, razão por que foram estes os que primeiro entre nós se sensibilizaram da importância de tornar acessível a consulta à obra do erudito teatino mediante a confecção do CR-Rom que a UERJ tornou possível, antecipando-se à editora alemã Olms, que programa para breve a reedição do *Vocabulário*.

Importante mérito do *Vocabulário* de Bluteau é, como lembra Telmo Verdelho, a "fixação de um *corpus* lexical autorizado, para a língua portuguesa, que teve início com o *Vocabulário* de Bluteau, ainda no século XVIII":

> As palavras não significam por sua natureza, mas por instituição dos homens, e cada nação, assim Barbara, como polida, deu princípio e sentido às palavras de que usa. Daqui nasce que não temos outra prova

da propriedade das suas palavras, que o uso dellas, e deste uso não há evidência mais certa e permanente, que a que nos fica nas obras dos Autores ou manuscritas ou impressas. [6]

Para completar tão meritório empreendimento no campo da cultura e, em especial, no domínio da lexicografia e da lexicologia, fica-nos a UERJ a dever a reprodução do *Dicionário* de Antonio de Morais Silva, elo indissolúvel do *Vocabulário* de Bluteau. E para os filólogos e linguistas o ideal seria que a reprodução se estendesse à 1ª edição de 1789 e à 2.ª de 1813, como é a intenção da Editora da UERJ. Não se poderia de melhor maneira comemorar os quinhentos anos da língua portuguesa no Brasil.

> Texto publicado no jornal *Mundo Português* e na revista *Na Ponta da Língua*, originalmente em duas partes: 20/7/2000 e 27/7/2000.

Notas

1 VERDELHO, Telmo. *As origens da gramaticografia e da lexicografia latino-portuguesas*. Aveiro: INIC, 1995, p. 167-168.
2 BLUTEAU, Raphael. *Vocabulário portuguez & latino*. Coimbra: Collegio das Artes da Companhia de Jesus; Lisboa: Officina de Pascoal da Sylva, 1712-1728.
3 NASCENTES, Antenor. *Dicionário de sinônimos*. Rio de Janeiro: Ed. Livros de Portugal, 1969, p. 228.
4 A academia considerou que não deve colocar nele as velhas palavras (...), nem os termos das artes e das ciências que raramente entram no discurso (...) de pessoas honestas. (Tradução do autor.)
5 SILVA, Antonio de Morais. *Diccionario da Língua Portugueza composto pelo padre D. Rafael Bluteau*. Lisboa: Na Officina de Simão Thaddeo Ferreira, 1789.
6 *Vocabulário*, cit. por VERDELHO, Telmo. Op. cit., p. 262.

OTHON MOACYR GARCIA – SEU LABOR CIENTÍFICO

(19/6/1912 - 1/6/2002)

Othon M. Garcia integrou uma geração de mestres emblemáticos que se vem desfalcando ano a ano: Olmar Guterres da Silveira, Sílvio Elia, Gladstone Chaves de Melo, só para lembrar-nos dos que mais estreitamente se ligaram às atividades do instituto de língua portuguesa do Liceu Literário Português.

Conhecedor admirável do sistema e das potencialidades expressivas do idioma, Othon soube aplicar sua fina sensibilidade a dois campos de estudos: a análise literária e a técnica de redação. No campo da análise literária, integrou a plêiade de jovens estudiosos que soube levar avante os alicerces de uma nova crítica literária exposta e praticada pioneiramente por Afrânio Coutinho e Eduardo Portella.

Pelos seus dotes excepcionais, este primeiro campo foi aquele pelo qual Othon se mostra mais produtivo e, por isso mesmo, conhecido e aplaudido entre os especialistas e o público devotado ao fenômeno literário. Aí estão seus ensaios *Esfinge clara: palavra puxa palavra em Carlos Drummond de Andrade* (1955); *Luz e fogo no lirismo de Gonçalves Dias* (1956); *A janela e a paisagem na obra de Augusto Meyer* (1958); *A página branca e o deserto, luta pela expressão em João Cabral de Melo Neto* (1958/1959); *Cobra Norato, o poema e o mito* (1962, sobre o poema de igual título de Raul Bopp); *Exercícios de numerologia poética* (1978), entre outros artigos em revistas e jornais.

Em 1996, pela Topbooks, sai, em 2.ª edição, uma coletânea intitulada *Esfinge clara e outros enigmas: ensaios estilísticos*, que engloba *Esfinge clara: palavra puxa palavra em CDA, Luz e fogo no lirismo de Gonçalves Dias, A janela e a paisagem na obra de Augusto Meyer, A página branca e o deserto, Cobra Norato: o poema e o mito* e *Exercícios de numerologia poética*.

Num admirável *Prefácio* de síntese, diz-nos Antônio Houaiss:

> Tais ensaios são, com justa razão, tidos como fundamentais para a exegese desses poetas e para a consolidação de nossa crítica literária moderna. É que as feições assumidas pela análise, crítica, sistemática e síntese literárias contemporâneas no Brasil, sobretudo as de origens bacharelescas ou doutorais, embora por vezes altamente tecnificadas, não colidem com

ensaios deste gênero, antes os valorizam, pois que estes têm a seu favor qualidades não apenas provindas do método, mas também de uma bagagem de leituras em primeira mão de fontes de várias línguas de cultura. Nesses ensaios, Othon M. Garcia exerce uma crítica literária cujas virtudes são realçadas pela riqueza empírica do exemplário, pela acuidade da análise, pela organicidade da interpretação, e pela sensibilidade e intuições estéticas, que o singularizam no gênero entre nós.

No segundo campo, desenvolveu sua atividade de magistério — atividade silenciosa — na tarefa de desenvolver nos seus alunos a técnica da redação. Aqui Othon, robustecido por uma prática de sala de aula e dos cursos ministrados a candidatos ao Instituto Rio Branco, concretizou essa experiência num livro excepcional que, saído em 1967 pela Fundação Getúlio Vargas, ainda hoje é o mais profundo guia na especialidade: *Comunicação em prosa moderna*. Partia de informações sobre os elementos estruturais da oração, de uma atividade que hoje é execrada por modernosos, mas que dela a velha geração de professores se serviu para conseguir que seus alunos chegassem a escrever com razoável decência de forma e fundo: a análise sintática. Sim, a análise sintática! Mas a análise sintática, antigamente chamada também *análise lógica*, ensinada sem os pruridos de erudição, e muito menos, da lógica e má lógica, oferecendo aos educandos a compreensão das relações gramaticais e semânticas que as palavras e funções mantêm entre si para a adequada e conforme manifestação do que se quer transmitir aos ouvintes ou leitores.

Começou Othon, nessa convicção, apoiando-se na lição sempre segura de uma autoridade, hoje injusta e lamentavelmente esquecida de seus colegas mais jovens de sala de aula; referimo-nos a Mário Barreto, que, num livro publicado em 1916, assim prevenia a professores e alunos:

> É um dos defeitos do nosso ensino gramatical a importância excessiva que se dá nas classes a isso que se chama análise lógica. Certo que é necessário saberem os alunos o que é um sujeito, um atributo, um complemento; certo que também é bom que eles saibam distinguir proposições principais e subordinadas, e vejam que estas acessórias ou subordinadas não são mais que o desdobramento de um dos membros de outra proposição e se apresentam como equivalentes de um substantivo, de um adjetivo ou de um advérbio: *proposições substantivas, adjetivas, adverbiais*, — nomenclatura que tem a duplicada vantagem de evitar termos novos e de fazer da análise lógica uma continuação natural da análise gramatical. Qualquer outra terminologia que se adote para a classificação das proposições dependentes levanta discussões entre os professores (...) Passar daí será para nos embrenharmos no intrincado labirinto das sutilezas da análise. A análise lógica pode ser de muito préstimo, se a praticamos como aprendizado da estilística, como meio de conhecermos a fundo os recursos da linguagem e de nos familiarizarmos com todas as suas variedades.[1]

Eis aí a grande e larga estrada que percorríamos em nossas classes, partindo da análise sintática para a construção com sentido do parágrafo, e daí para a construção de um texto integral. É o caminho magistralmente percorrido por Othon no livro *Comunicação em prosa moderna,* alicerçado na exposição didática dos manuais de língua inglesa e francesa sobre o conhecimento da estrutura gramatical do idioma, a variedade dos recursos expressivos da estilística (ainda não no sentido restrito da estilística de Charles Bally) e na fundamentação da arte de pensar e dizer.

Eis o grande patrimônio de herança que nos legou Othon Moacir Garcia, exemplo de homem e de companheiro de profissão, que dignificou a família e que agora, a 1.º de junho de 2002, às vésperas de completar noventa anos bem vividos, deixa órfãos também seus numerosos discípulos e amigos.

Texto publicado na revista *Confluência,* do Liceu
Literário Português, n.º 32, em 2006.

Nota

1   BARRETO, Mário. *Fatos da língua portuguesa,* 1.ª ed. Rio de Janeiro: Francisco Alves, 1916, p. 50-51.

Uma atividade pouco divulgada de D. Carolina Michaëlis: sua versão moderna da *Carta* de Pero Vaz de Caminha

Convidada pelos organizadores da *História da colonização portuguesa do Brasil*, empenhou-se D. Carolina Michaëlis de Vasconcelos em elaborar "versão em linguagem atual, com anotações", da *Carta* de Pero Vaz de Caminha ao rei D. Manuel para dar-lhe conta do "achamento" da nova terra e dos acontecimentos que nela se seguiram. A versão com anotações apareceu no volume II da obra, e ocupou as páginas 86 a 99. A *Carta*, que na feliz e poética frase do nosso eminente historiador João Capistrano de Abreu é "o diploma natalício lavrado à beira do berço de uma nacionalidade futura", já conhecera várias iniciativas de "tradução" ou "versão" para o português moderno. A primeira delas deve-se ao historiador e literato maranhense João Francisco Lisboa, em 1853, publicada no seu *Jornal de Timon*, que dessa maneira justifica a empresa: "Empregamos o termo 'traduzir' mesmo em relação a esta carta, porque está escrita em português tão antigo, e a ortografia é tal, que ao comum dos leitores não seria fácil a sua inteligência se não procurássemos remoçá-la mediante a tradução que fizemos."[1]

Antes de Lisboa, Ferdinand Denis, em 1821, apresentara em versão francesa, no *Journal des Voyages*, o texto de Caminha. Apesar do mérito na divulgação desse texto e da "alta compreensão do valor excepcionalíssimo da *Carta*",[2] João Lisboa justifica sua iniciativa nesses termos, ao referir-se à versão de Denis: "(...) buscando principalmente servir à clareza, estragou e desbotou as formas originais do autor, tornou-se muitas vezes frouxo e difuso, sem que, todavia, nem sempre acertasse com a verdadeira inteligência do texto."[3]

Em 1900, aparece "Versão em itálico no português da época"; acompanhando pela primeira vez edição *fac-símile*, publicada pelo Instituto Geográfico e Histórico da Bahia (IGHB).

Ainda nesse mesmo ano, Capistrano de Abreu escreve um longo estudo sobre o *Descobrimento do Brasil pelos portugueses*, em que bosqueja uma espécie de versão libérrima da *Carta*.

Em 1908, Capistrano retorna ao tema e publica, com muito mais fôlego e profundidade, seu segundo estudo, intitulado *Vaz de Caminha e sua Carta*.

Acerca da iniciativa modernizadora de João Francisco Lisboa assim se pronuncia o historiador brasileiro:

> Entendeu, com muita razão, o Timon maranhense que nem todo o mundo poderia orientar-se na prosa emaranhada do correspondente de D. Manuel e arvorou-se em sertanista. Seus conhecimentos de gramática histórica não davam, porém, para tanto, nem Aires do Casal lhe fornecia um texto escorreito. As passagens cruciais continuavam e continuam obscuras. Um comentário filológico feito por um entendido ainda hoje é imprescindível, hoje mais do que nunca.[4]

Com toda a certeza, estimulado por esse insistente convite, João Ribeiro, historiador, filólogo e folclorista nosso conhecido, estampa dois anos depois, pelas páginas do livro miscelâneo de "crônica de vário assunto" intitulado *O Fabordão*, o longo capítulo "Carta de Vaz de Caminha", com introdução crítica, leitura diplomática e anotações.[5]

Do valor dessa contribuição de João Ribeiro assim se pronunciou Cortesão, do alto de sua autoridade nos mais variados temas que a *Carta* envolve: "Trata-se, desta vez, do primeiro e até hoje mais sólido estudo filológico da *Carta*, porque se apoia quase sempre no exame comparativo de outras fontes linguísticas."[6]

Capistrano de Abreu, tão erudito quanto crítico perspicaz, mostra-se mais parcimonioso com a contribuição de João Ribeiro, em carta a João Lúcio de Azevedo da qual diz tão somente "João Ribeiro deu o primeiro passo no *Fabordão*".[7]

Na singeleza da frase e na frieza do julgamento, percebe-se que, para Capistrano, o trabalho de João Ribeiro, meritório sem dúvida, estava longe de se alçar ao julgamento "de primeiro e até hoje mais sólido estudo filológico da *Carta*", proferido por Cortesão.

É nessa linha de versões em linguagem moderna que aparece a colaboração de D. Carolina Michaëlis de Vasconcelos à monumental edição da *História da colonização portuguesa do Brasil*; o propósito da colaboração é explicitamente indicado:

> Versão em linguagem actual, com anotações (...) [da] admirável *Carta* que aqui tornamos legível, grafando-a e pontuando-a à moderna, vertendo as palavras e locuções antiquadas, — obra de um homem culto e dotado de inteligência superior.[8]

Cortesão, que se mostrara tão pródigo em elogios a João Ribeiro, foi, no mínimo, extremamente severo com o texto vertido e anotado pela ilustre catedrática da Universidade de Coimbra, como se pode comprovar neste parecer:

> Infelizmente a versão da grande romanista está acarretada por erros graves e até falhas de texto; e, se completa em parte o estudo de João Ribeiro, a sua valiosa lição filológica, que não se apoia no cotejo de outros textos, nem sempre faz honra à inolvidável Mestra.[9]

Em trabalho complementar ao seu estudo sobre a *Carta*, publicado no ano seguinte, em que discorre sobre a identificação do Porto Seguro de Cabral, retoma a crítica nesses termos:

> (...) a *História da Colonização do Brasil* reeditava, em 1922, pela pena prestigiosa de Malheiro Dias, todos os erros do Salvador Pires, acrescidos duma versão, nem sempre feliz, da *Carta* de Caminha, para linguagem actual, malgrado a competência magistral da sua autora, a eminente romanista Carolina Michaëlis de Vasconcelos.[10]

Pelo que conhecemos da tradição, o propósito "filológico" assim explicitado daria cabal cumprimento à tarefa que fora atribuída e tão ilustre mestra, cuja comparada erudição garantiria a excelência do trabalho, exceto, naturalmente, naqueles trechos controversos de leitura paleográfica do manuscrito e de natureza técnica das palavras e locuções do léxico que o outro apresenta e que ainda hoje desafiam os especialistas de língua, de história, de náutica, de etnografia e disciplinas afins.

Diante de tantos votos restritivos à execução da encomenda que lhe foi atribuída a tão competente filólogo, [preparamos duas comunicações universitárias, a primeira em homenagem ao saudoso linguista da Universidade de Coimbra] procuramos rastrear os seguintes pontos: a) quais teriam sido as incumbências atribuídas à D. Carolina em razão de sua especialidade, pela comissão organizadora da obra; b) a fidelidade da versão atualizada em relação ao texto ou aos textos que lhe foram oferecidos pelos organizadores da *História*, textos resultantes da leitura do paleógrafo da *Carta de Caminha*; c) a análise da justeza das notas elaboradas pela filóloga no que toca à modernização das palavras e expressões antiquadas, bem como às explicações linguísticas que se esperam de uma especialista; e, finalmente; d) o levantamento crítico das opiniões favoráveis e desfavoráveis de Jaime Cortesão acerca de cada passo do trabalho de D. Carolina que possam justificar o parecer do competente historiador português.

Do resultado desse rastreamento já saíram dois estudos publicados como comunicação a duas homenagens prestadas a dois eminentes professores universitários, José G. Herculano de Carvalho (Coimbra, 2003) e Maria Helena Mira Mateus (Lisboa, 2004).

Na primeira comunicação, rastreamos o modo como D. Carolina se houve na consecução para a qual foi convidada com a ajuda dos subsídios com que, à época, podia contar. A boa orientação aconselhava o que fez a nossa homenageada: serviu-se de um texto ou de textos resultantes de leitura confiável a cargo de um paleógrafo competente, pois, àquela obra a *Carta de Caminha*, segundo o levantamento elaborado por Manoel de Souza Pinto, e salvo qualquer provável omissão e trabalhos de estrangeiros, contava com 24 edições brasileiras e 11 edições portuguesas. Naturalmente, D. Carolina, diante de tão larga bibliografia, trabalhou com as leituras feitas em Portugal pelo eminente paleógrafo da Real Torre do Tombo, João Pedro da Costa Basto, em 1876, além do texto já melhorado, inserido em *alguns documentos do Arcebispo Nacional da Torre do Tombo* acerca das Navegações e Conquistas em

1892, sob a responsabilidade principal de José Ramos Coelho, em *Documentos relativos ao descobrimento e colonização do Brasil* durante o século XVI existentes em Arquivos Portugueses, obra que lamentavelmente não se acabou de imprimir.

Dos indícios que afloram na versão de D. Carolina podemos concluir que o texto ou textos que lhe serviram de base e guia para a atualização foram o de 1842 e o preferido pelo historiador e arquivista Pedro de Azevedo que, além do extremo conhecimento mútuo dos dois intelectuais, estiveram juntos antes de colaborarem na monumental *História da colonização portuguesa do Brasil*, já aqui referida.

Ora, esta provável decisão da ilustre filóloga seria o que normalmente se esperaria de um especialista a quem coubera a modernização de relativa singeleza. Não lhe competia a leitura diplomática já feita por reconhecidos técnicos, nem lhe competia enveredar pela mesma trilha da leitura diplomática empreendida pelo filólogo brasileiro João Ribeiro, lição que teve sempre debaixo de olhos para orientação e para uma discordância.

Daí se pode concluir que não cabe à D. Carolina a crítica que lhe endereçou Cortesão nesses termos: "Infelizmente a versão da grande romancista está acarretada por erros graves e até falhas de texto; e, se completa em parte o estudo de João Ribeiro, a sua valiosa lição filológica, que não se apoia no cotejo de outros textos, nem sempre faz honra à inolvidável Mestra."[11] Em trabalho complementar publicado no ano seguinte, Cortesão volta à carga:

> (...) *A História da colonização do Brasil* reeditava em 1922, pela pena prestigiosa de Malheiro Dias, todos os erros do Salvador Pires, acrescido duma versão, nem sempre feliz, da *Carta* de Caminha, para linguagem atual, mau grado a competência magistral de sua autora, a eminente romancista Carolina Michaëlis de Vasconcelos.[12]

Cabe-nos dizer que são procedentes as críticas do historiador português a falhas do manuscrito e erros de leitura, mas merece acrescentarmos, a bem da verdade, que D. Carolina não endossou esses erros de leitura em sua versão modernizada.

Em nosso primeiro encontro inserido na *Miscelânea* em homenagem ao saudoso Herculano de Carvalho selecionavam dois erros de leitura trazidos à baila por Cortesão. O primeiro deles ocorre na passagem da *Carta* em que Caminha narra o episódio da risada dos circunstantes diante da insistência do velho índio em querer introduzir na boca do capitão da brota o adereço que trazia no beiço. Lê-se no texto "hûû pouco rijnando", que o paleógrafo leu "rrijando" (rijnando) adotada por João Ribeiro. A esta proposta, comentou em nota D. Carolina: "*Reinando*, divertindo-nos. É o texto mais antigo em que encontrei o verbo *regnare*, empregado no sentido popular de *folgar, gozar, brincar. Reinação, reinadio, reinata* são hoje usados pelo vulgo." D. Carolina afasta-se da proposta de leitura do paleógrafo, e do historiador brasileiro, preferindo usar *rindo*, em obediência à lição narrada no manuscrito. De modo algum cabe, portanto, a reprimenda de Cortesão: "(...) lição esta seguida por João Ribeiro e Carolina Michaëlis."[13]

De igual injustiça é o comentário de Cortesão à atitude da ilustre filóloga ao seguir corretamente a lição do manuscrito, não deixando, entretanto, de aludir à dificuldade de leitura "*fomos em terra* daguada[e] *de lenha*", uma vez que as letras *ar* de ambas as palavras problemáticas sejam traçadas de modo que também podiam representar *aa*, e *aguada* seja frequentíssimo em certos relatos às navegações, não daria "sentido":

> Dar guarda de lenha. Creio — continua D. Carolina — que devemos ler assim, visto que Sancho de Toar desembarcou realmente com homens armados a fim de proteger os carpinteiros que iam abater árvores e preparar os madeiros para a cruz. A oração *fomos em terra* continua bem com *dar guarda de lenha* e *lavar roupa* (nota 46).

Não cabe, estamos a ver o comentário de Cortesão.

> A verdade é que o problema não existe. Nas duas palavras se lê distintamente *ar*. Mais uma vez Mestra insigne dormitou (...) Mas com ela entendemos que o autor quis dizer que foram fazer a guarda armada aos que faziam lenha, preparavam a madeira da cruz, e lavavam roupa.[14]

Diga o leitor quem realmente dormitou.

Texto lido e comentado no XX Colóquio de Lusofonia, Seia, Portugal, em 2013.

Notas

1 LISBOA, João Francisco. *Jornal de Timon* apud CORTESÃO, J. n.º 9, 1943a, p. 35.
2 CORTESÃO, J. n.º 9, 1943a, p. 35.
3 LISBOA, João Francisco. *Jornal de Timon*. Lisboa, 1853.
4 ABREU, Capistrano de. *Vaz de Caminha e sua carta*. Rio de Janeiro: RIHGB, 1908, t.71, vol. 118, p.106-122.
5 RIBEIRO, João. *O Fabordão: crônica de vário assunto*, 2.ª ed. Rio de Janeiro: Liv. São José [1964], p. 225-271.
6 CORTESÃO, J. *A Carta de Pero Vaz de Caminha*. Editora Livros de Portugal, 1943b, p. 39.
7 ABREU, Capistrano de. *Correspondência de Capistrano de Abreu*, 2 vols. Rio de Janeiro: Civilização Brasileira, 1977, p. 290.
8 MICHAËLIS, Carolina. *História da colonização portuguesa do Brasil*. Porto: Litografia Nacional, 1923.
9 CORTESÃO, J. Op. cit., 1943b, p. 39.
10 Id. *A Carta de Pero Vaz de Caminha*. Lisboa: Imprensa Nacional/Casa da Moeda, 1944, p. 18.
11 Ibid., 1943b, p. 39.
12 CORTESÃO, J. Op. cit., 1944, p. 18.
13 CORTESÃO, J. Op. cit., 1943b, nota 47.
14 Ibid., nota 54.

Sesquicentenário de um grande mestre

Este 7 de abril assinala a passagem do sesquicentenário de Augusto Epifânio da Silva Dias (7/4/1841-30/11/1916), mais conhecido entre os especialistas brasileiros como Epifânio Dias, que pertenceu à plêiade de professores aos quais coube a divulgação em Portugal dos modernos estudos linguísticos desenvolvidos na Europa, especialmente na Alemanha, no início do século XIX. Foi Adolfo Coelho que fez conhecido, entre portugueses, esse gigantesco edifício chamado filologia românica, tarefa que cedo contou com o apoio e a inteligência de Epifânio Dias, Leite de Vasconcelos, Gonçalves Viana, Ribeiro de Vasconcelos, Gonçalves Guimarães, além da figura ímpar de D. Carolina Michaëlis de Vasconcelos, alemã de nascimento (e portanto com o convívio direto das renovadas obras de seus patrícios) e portuguesa pelo casamento com o professor e crítico de arte Joaquim de Vasconcelos.

A Epifânio Dias coube-lhe a tarefa difícil de reformular os compêndios gramaticais destinados ao ensino da língua portuguesa e do latim, introduzindo neles o resultado do progresso dos estudos linguísticos do seu tempo. Neste sentido contribuiu para uma maior atenção ao capítulo da sintaxe, até então reduzido ou muitas vezes inexistente. Em 1870, inspirado nos estudos aplicados à sintaxe das línguas clássicas — máxime nos trabalhos de Madvig — e das línguas modernas, escreveu uma *Gramática prática da língua portuguesa*, para uso dos alunos do primeiro ano do curso dos liceus, remodelada em 1876 com o título *Gramática portuguesa*, e em 1881, na sua 4.ª edição, denominada definitivamente *Gramática portuguesa elementar*, de larga tradição entre os compêndios escolares até quase a terceira década do nosso século.

O papel de pioneirismo que exerceu na renovação dos livros didáticos pra o ensino do português, do latim, do grego e do francês — efetivando ainda no domínio do liceu as novas ideias da filologia românica e da linguística geral — não o transformou no caturra, de bengala na mão, a distribuir, pela imprensa e pelos livros, castigos e censuras aos perpetradores de solecismos e barbarismos, atividade por sinal, muito cultivada em Portugal e no Brasil, só muito recentemente minorada, e não de todo extinta.

Sua obra gramatical e filológica, ao contrário, revela um espírito atento não só à historicidade da língua, mas também à potencialidade para encontrar, através do trabalho de seus escritores, novos recursos de expressão. Insurgia-se, todavia, quando a língua possuía correspondente exato à novidade que se queria impor. Quem percorre suas substanciosas anotações à edição de *Os Lusíadas* percebe facilmente o constante cuidado em conservar a lição do texto do vate lusitano, encontrando justificação no latim ou na prática dos escritores portugueses aos pretensos erros de linguagem ali apontados.

Natural era que, estudando historicamente a língua, não tivesse chegado aos autores contemporâneos com a mesma leitura profunda que demonstra dos clássicos e pré-clássicos; nem por isso deixa de ser receptivo ao registro de inovações sintáticas e práticas de linguagem, algumas das quais curiosamente até hoje não merecedoras do beneplácito de gramáticos, puristas e escritores.

Vale a pena trazer à baila que, na *Sintaxe histórica portuguesa*, uma dessas inovações vem justamente abonada com exemplo extraído de *O primo Basílio*.

Trata-se do uso sem valor reflexivo dos pronomes *se, si, consigo* aplicados à pessoa com quem falamos e a quem tratamos na 3.ª pessoa. É novidade do português de Portugal, de explicação ainda discutida, documentada literariamente no século XIX e que não passou ao Brasil, onde o fato é condenado pela maioria dos gramáticos. Mesmo em Portugal este uso não mereceu logo aprovação, até entre escritores representativos, como foi o caso de Camilo Castelo Branco.

A novidade de linguagem já vinha assinalada na *Gramática elementar* (§187, d), sem abonação literária; o recuado na datação evidencia que a observação feita por Epifânio no compêndio escolar — e, portanto, a consagração como norma — é anterior à lição exarada por Meyer-Lübke na sua *Grammatik*, à qual se refere na *Sintaxe histórica*.

Não enfraquece a argumentação da presença de Eça na *Sintaxe histórica* o fato de se tratar de citação indireta, de segunda mão, colhida em Meyer-Lübke. O que é necessário que fique patente é que Epifânio não vacilou em registrar um fenômeno linguístico do português contemporâneo com o testemunho de Eça, bem como arrolar o romancista e *O primo Basílio* entre autores e obras citadas no seu último livro, editado postumamente.

Outra construção durante muito tempo considerada errônea, por bárbara, consiste no emprego da preposição *por*, em vez de *de*, a introduzir complemento de substantivo ou adjetivo que exprime disposição de ânimo para com pessoa ou coisa: *amor pelo próximo, respeito pelas leis*.

É importante observar que, num latinista do porte de Epifânio, esta novidade do português moderno encontra registro sem sanha e sem comentário desabonador, apenas assinalando a diferença de construção entre a língua atual e a prática entre os clássicos. A lição se encontra, pelo menos, desde o compêndio elementar, na sua versão de 1876, já que não me é possível, neste momento, consultar a versão de 1870:

> No português atual vê-se a preposição *por* empregada depois dos substantivos e adjetivos que exprimem disposições do ânimo para com um objeto, v.g. *respeito pela vida alheia* (em português clássico: *respeito da vida alheia*).[1]

O teor deste registro evidencia, entre outros casos, que se faz necessária uma edição crítica da *Sintaxe histórica* à altura do que devem os estudos linguísticos à atividade de Epifânio e mesmo como demonstração de justiça ao desenvolvimento dos estudos linguísticos em Portugal. Faço este comentário para dizer que a lição exarada na *Sintaxe histórica* — editada postumamente em 1918 — traduz uma posição anterior do filólogo, mais conservadora que a que se viu no compêndio elementar de 1876, senão vejamos o que diz o §206:

> Escritores modernos, menos cuidadosos da pureza da linguagem, empregam *por* depois de substantivos e adjetivos que significam disposições do ânimo, ou manifestações de disposições do ânimo em relação a um objeto (v.g *respeito pela vida alheia*). É galicismo. Em bom português, diz-se, v.g. *sem respeito de equidade nem verdade* (Sousa, *V. do Arc.*, 1, 148), *sem consideração nem respeito ao bem espiritual dellas* (Id., 1, 257).

Epifânio andou ainda adiantado a gramáticos e puristas ao registrar sem admoestação a possibilidade de elipse da preposição no início de orações subordinadas que funcionam como objeto indireto ou complemento relativo e ainda complementos circunstanciais, do tipo de *preciso (de) que, tenho necessidade (de) que, estou desejoso (de) que, convido-o (a) que parta*. Sabemos que ainda hoje encontramos gramáticos e puristas que não veem com bons olhos esta construção.

Acerca do meu último exemplo, cumpre assinalar que Epifânio não só registra a discordância de usos da língua atual para a clássica, mas também em sentido inverso, como procedeu no comentário à estança 3.ª do c. VI, v. 3: "*O convida que parta e tome asinha.*"

No português moderno dir-se-ia "*a que parta*".

Os exemplos deste tipo, se espaço e ocasião houvesse, poderiam ser multiplicados; para não alongar mais este rol de comprovações, limito-me a lembrar um caso de sintaxe que é objeto de repúdio de quase todos os nosso gramáticos: Epifânio (*Sintaxe histórica*, §347, obs. 1.ª) registra sem crítica o emprego da preposição *para* depois do verbo *pedir*, quer se entenda a lição como se a partícula estivesse a introduzir o complemento oracional do verbo (*pedir para falar* ou *pedir para que fale*, em vez de *pedir que fale*), quer como simples possibilidade de elipse do objeto direto *licença*, uso este condenado, entre outros, por Cândido de Figueiredo.

Na sua atividade zelosa de professor e de pesquisador consciente dirigiu críticas muito severas a personalidades políticas e colegas do mesmo ofício, o que lhe causou muitos aborrecimentos e chegou a levá-lo à prisão da qual foi absolvido por unanimidade, o que o levou a dedicar sua preciosa edição comentada de *Os Lusíadas* ao advogado Eduardo Alves de Sá. Também os maus alunos tiveram no Mestre um examinador imparcial. Vale a pena recordar esta passagem de um aluno seu, nada menos que Leite de Vasconcelos:

> Como examinador diziam-no terrível, feroz, chamavam-lhe tirano, e não lhe faltaram assuadas nas ruas. Muito se iludia o vulgacho, que

confundia a honradez com a maldade, a virtude com iniquícia! O que o Sr. Epifânio era, era espírito justiceiro, retíssimo, que exigia que os examinados possuíssem os conhecimentos necessários para se apresentarem dignamente na sociedade. Só os maus estudantes o caluniavam. Os que com ele aprendiam, ou seguiam com atenção os seus cursos, não duvidavam, nem por instantes, das sinceras intenções do julgador. [2]

Apesar deste testemunho sincero e humano, a verdade é que o que ficou na memória dos seus contemporâneos e o que passou aos pósteros, foi o juízo que, tão sintética quanto cruamente, emitiu o colaborador da *Grande enciclopédia portuguesa e brasileira* sobre o filólogo e o homem, no verbete dedicado a Epifânio Dias:

> Professor e escritor. De origem muito modesta, consagrou-se ao estudo, vindo a ser uma dos mais notáveis latinistas e helenistas do seu tempo. Exerceu o professorado nos liceus de Santarém, Porto e Lisboa, alcançando fama de grande severidade, descomedida exigência e severa irascibilidade.

Epifânio Dias, digno de nossa admiração e do nosso respeito, está acima da mesquinhez humana.

Texto publicado no jornal *Mundo Português* e na revista *Na Ponta da Língua* originalmente em duas partes: 12/4/1991 e 19/4/1991.

Notas

1   DIAS, Epifânio. *Gramática portuguesa*. Ed. Porto, 1876.
2   VASCONCELOS, Leite. *Epiphanio Dias: sua vida e labor scientífico (oratio de sapientia* pronunciada na sessão de abertura solene da Universidade de Lisboa em 10 de dezembro de 1921). Lisboa: Imprensa Nacional, 1922, p. 34.

Silva Ramos: mestre da língua
(6/3/1853 - 16/12/1930)

O último 6 de março assinalou a passagem do sesquicentenário de nascimento de um dos fundadores da Academia Brasileira de Letras, José Júlio da Silva Ramos, vindo ao mundo, como quase tudo parece indicar, na cidade do Recife, em 1853.

Digo "como quase tudo parece indicar" sua naturalidade recifense, porque assim sempre o proclamou Silva Ramos, diante da curiosidade de netos, intrigados que estavam do carregado sotaque lusitano que o avô conservou pela vida fora. Para corroborar essa pequena ponta de desconfiança existem alguns dados relevantes que um futuro biógrafo seu terá de examinar com mais profundidade, entre os quais trago à luz dois. Do arquivo da Universidade de Coimbra chegou-me a certidão de batismo do nosso homenageado, onde se declara que o ato religioso ocorreu aos 19 de junho de 1853, na Igreja da Conceição Nova de Lisboa e que o pequerrucho José Júlio, filho de João da Silva Ramos e de Augusta Apolinário Ramos nascera em Lisboa.

O outro dado, não intrigante como o anterior, mas também não desdenhável, consiste na omissão do nome do nosso acadêmico no *Dicionário bibliográfico brasileiro* de Sacramento Blake, que não deixara de arrolar, em dois momentos, o pai pernambucano. É bem verdade que contamos com possível incompletude, lembrada pelo próprio operoso bibliográfico; mas estranha que faltasse informação de um professor do Colégio Pedro II, de cujo pai se ocupara Sacramento Blake com boa largueza de informações.

Mas não fostes convidados a esta sessão para uma escavação de ordem biográfica do nosso ilustre homenageado, e sim para revivermos juntos os consagrados méritos que o guindaram ao quadro dos trinta primeiros que pensaram e arquitetaram a construção deste cenáculo acadêmico, cada vez mais respeitado e amado do povo brasileiro, como síntese harmoniosa de sua pujança cultural e literária.

Acostumado e afeito às tertúlias de sua longa permanência em Coimbra e em Lisboa, e *causeur* cintilante que era, as reuniões da Academia ao lado de poetas, romancistas, críticos e jornalistas, traziam-lhe à lembrança e à saudade os doces momentos de convivência com João de Deus, Guerra Junqueiro, Cesário Verde e muitos outros. De tal modo lhe eram gradas as sessões acadêmicas, que se inscreve entre os mais assíduos. Para terdes uma ideia dessa assiduidade, basta dizer-vos que das 89 realizadas entre 1896 e 1908, sob a presidência de Machado de Assis, assistiu a 69, juntamente com João Ribeiro, só atrás de José Veríssimo, com 79, e do presidente, com presença quase integral.

Sua doação à Casa e o talento que seus confrades lhe conferiam devem, certamente, ter pesado para que fosse, na sessão de 18 de janeiro de 1897, eleito para ocupar o cargo de 2.º Secretário com vista a integrar a primeira diretoria completa, juntamente com o 1.º Secretário, Rodrigo Otávio.

Nas homenagens que justamente lhe foram tributadas *in memoriam*, no seu falecimento, ocorrido em 1930 e no transcurso do 1.º centenário de nascimento, em 1953, os pontos de exaltação incidiram na sua produção de poeta, jornalista e tradutor, embora não fossem esquecidos os méritos de excelente filólogo e exímio professor de língua portuguesa.

Sobre Silva Ramos recaíam os votos da crítica de então elogiando o delicado poeta romântico com ressalto de sua veia lírica, denunciada na epígrafe de Alfredo de Musser "*L'amour est tout... Aimer est le grand point...*" ["O amor é tudo... Amar é o grande ponto"] com que abria seu único livro de versos, *Adejos*, publicado em Coimbra, em 1871, registrando-lhe os arroubos juvenis dos 16 aos 18 anos. Ressaltava-se-lhe também o cronista encoberto no pseudônimo Júlio Valmor de *A Semana* e outros órgãos da imprensa fluminense e, com não menos ênfase; o professor de nomeada, estimulador de estilistas e incentivador de futuros cultores do idioma.

Os dotes de sua poesia, é bem verdade, foram exageradamente exaltados pelo paulista que lhe sucedeu nesta Casa, o inspirado autor de *Vida e morte do Bandeirante*, Alcântara Machado. Outro ocupante da mesma cadeira n.º 37, 67 anos depois, com o peso de sua autoridade de excelente poeta, melhor os ajuizou. Eis as palavras do nosso confrade Ivan Junqueira no seu discurso de posse, acerca de *Adejos*:

> (...) esses versos de Silva Ramos, além de irremediavelmente datados, refletem antes, ou tão somente, os arroubos de um espírito ainda em ebulição e as fundas influências que recebeu em Coimbra, as quais seriam decisivas para a sua sólida formação de gramático e filólogo.[1]

Todos os discípulos que tiveram a honra de lhe assistir às aulas são unânimes em aludir ao amor ao idioma que inoculava em seus ouvintes, à interpretação reveladora das excelências linguísticas escondidas nos textos e à vivacidade com que, no sotaque lusitano, emprestava à leitura de trechos literários recolhidos na mais clássica e de bom gosto seleta escolar, a *Antologia nacional* de Fausto Barreto e Carlos de Laet.

Silva Ramos perscrutava os meios estéticos de expressão utilizados nos textos literários, reconhecendo-lhes e decifrando-lhes "a indocilidade com que eles recebiam a rigidez de normas inflexíveis", para trazermos aqui uma frase feliz do saudoso Barbosa Lima Sobrinho, em saudação à passagem do centenário do ilustre filólogo.

Neste sentido extremamente reveladores os depoimentos de seus numerosos alunos, entre os quais lembrarei apenas dois, o de Manuel Bandeira e o de Sousa da Silveira, ambos filólogos que, já adultos, recordavam as aulas do nosso homenageado a crianças do 1.º ano da turma de 1897 do Ginásio Nacional, denominação, àquela fase republicana, do Colégio Pedro II.

> Ainda hoje recordo — diz-nos Bandeira — a maravilhosa lição que foi a leitura que fez da "Última corrida real de touros em Salvaterra": não só tenho bem presente na memória o quadro objetivo da sala de aula, a atitude dos colegas, a figura subitamente remoçada do mestre, a voz com todas as suas inflexões mais peculiares, como também todas as imagens interiores evocadas pelo surto eloquente da leitura: o garbo e esplendor da ilustre Casa de Marialva ficou para sempre dentro de mim como um painel brilhante. Na verdade em um ponto da minha consciência quedou armado um redondel definitivo para essa última corrida de touros em Salvaterra, a qual nunca deixou de ser uma das festas preferidas da minha imaginação. A tal ponto, que longe de ser a última, passou a ser a eterna corrida de touros, eterna e única, pois foi a primeira que vi — porque positivamente a vi! — e me fez achar insípidas, mesquinhas, labregamente plebeias as verdadeiras touradas a que assisti depois com os olhos do corpo e não com os da imaginação excitada pelo gosto literário do mestre.[2]

O testemunho de Sousa da Silveira revela-nos o filólogo que aceita aquela indocilidade à rigidez de regras inflexíveis a que atrás referi. Falando a Homero Senna acerca do mestre, lembra Sousa fatos de língua que já denunciam a argúcia do futuro comentador de textos:

> Nesse primeiro ano do Ginásio encontro, entre os professores, Silva Ramos, de saliente e forte personalidade, embora disfarçada pela sua modéstia e encantadora simplicidade. Posso dizer que foi ele quem primeiro me chamou a atenção para as belezas do idioma que falamos e para os recursos do estilo. Lembra-me, por exemplo, quem em classe fazia ressaltar as onomatopeias que se encontram na célebre página de Camilo referente ao suplício da Marquesa de Távora. Na "Última corrida de touros em Salvaterra", de Rebelo da Silva, entre muitas outras coisas, o velho mestre salientava a impressão de ansiedade que, em certa altura, se traduz pela sucessão de períodos curtos. Também não me esquecerei jamais de que nos versos de Gonçalves de Magalhães, relativos à descrição do Amazonas, indicou-nos o efeito dos dois proparoxítonos usados pelo poeta para sugerirem a ideia de largura e vastidão do rio:
> Baliza natural, ao norte avulta
> O das águas gigante e caudaloso
> Que pela terra alarga-se vastíssimo.

Ora... outro professor a respeito de tais versos, nos teria dito que os nossos românticos não se preocupavam muito com a correção da língua, locavam desordenadamente os pronomes. Censuraria, com certeza, Magalhães por ter colocado o pronome átono depois do verbo na oração subordinada relativa e ainda por cima depois de um adjunto adverbial. E não seria de admirar que, se fosse versejador, sugerisse aos alunos uma emenda, substituindo um verso, como o de Magalhães, belo e sugestivo, por outro corretíssimo, do ponto de vista gramatical, mas sem nenhum poder de expressão. Foi com Silva Ramos que adquiri o gosto do gênero de comentários que tenho feito à obra de alguns autores nossos e portugueses de que pode servir de exemplo a edição crítica que organizei das poesias de Casimiro de Abreu... Esses comentários têm suas raízes nas lições do querido professor, o qual lançou em meu espírito sementes que frutificaram... Sabia fazer com que os alunos tomassem gosto pelo estudo da língua. E o mais importante... é que lecionou à nossa turma apenas durante o ano de 1897. Mesmo assim, pôde influir fortemente em meu espírito.[3]

Na oportunidade deste sesquicentenário desejo mostrar-vos, em modesto bosquejo, um Silva Ramos eminentemente filólogo, no mais amplo sentido de que se reveste o termo, com um embasamento teórico que raramente se encontra nos seus contemporâneos, numa época de formação de superior autodidata dentro de um momento histórico altamente renovador nos métodos de estudo científico da linguagem e das línguas, especialmente modernas, cujo marco deflagrador, nas pegadas de Frederico Diez, se acha assinalado, em Portugal, a partir de 1869, com a produção pioneira de Francisco Adolfo Coelho e, no Brasil, em 1878, com a *Gramática histórica*, de Pacheco da Silva Júnior e, em 1881, com a *Gramática portuguesa*, de Júlio Ribeiro.

Silva Ramos, sem nos deixar uma obra orgânica sobre nossa língua, estava a par dos princípios metodológicos mais correntes no seu tempo, princípios metodológicos a que chamava "estudos positivos dos fatos da linguagem (...) que constituem a ciência das línguas". Sabia a posição mais correta e operacional em que deviam ficar tais princípios na tarefa de ensinar a língua a jovens estudantes ginasianos: por trás do mestre, orientando e disciplinando seu discurso linguístico e metalinguístico, e não fazendo desses princípios e das questões complexas que envolvem, o assunto da aula.

Graças ao empenho e iniciativa editorial de Laudelino Freire, podemos contar hoje com uma coletânea de prosa, poesia e algumas lições de língua portuguesa, vinda à luz em 1922, intitulada *Pela vida fora*. Caberá acrescentar à coletânea, acrescida de outras lições esparsas em jornais e revistas, além de um opúsculo que pouco aparece na sua bibliografia, *A reforma ortográfica e a Academia Brasileira de Letras*, 1926.

Expôs seu ideário didático-pedagógico em mais de uma oportunidade; lembrarei uma de suas lições no artigo que escreveu para o número inicial da *Revista de Cultura*, do padre Tomás Fontes, em 1927, com o título de "Em ar de conversa":

> Toda nação tem o seu código de bem falar e escrever em que se instruem os naturais até aos quinze ou aos dezesseis anos, e cada qual procura exprimir-se de acordo com ele, abandonando os problemas da língua aos filólogos e aos gramáticos a quem compete destrinçá-los.
> Entre nós, que sucede? Os estudantes de português e muitos dos que escrevem para o público descuram inteiramente da gramática elementar para se interessarem pelas questões transcendentais: a função do reflexivo *se*, se ele pode ou não figurar como sujeito, o emprego do infinitivo pessoal e do impessoal, qual o sujeito do verbo *haver* impessoal e outras que tais coisas abstrusas que nada adiantam na prática.[4]

O apuro científico de Silva Ramos está presente em muitas de suas declarações sobre fatos da língua; um mergulho nelas, por superficial que seja, nos revela o princípio ou os princípios em que assentam. Quando se alude ao mestre, logo acodem à lembrança palavras suas que se tornaram clássicas e assumiram até certo ar anedótico, como aquela afirmação: "eu não sei como se colocam os pronomes, pela razão muito natural que não sou eu quem os coloca, eles é que se colocam por si mesmos e onde caem, aí ficam."

Por trás deste comentário aparentemente inocente, há um punhado de princípios metodológicos que cabe trazer à luz para análise. O primeiro deles é, novidade àquela quadra dos estudos de linguagem, a introdução dos fatores de fonética sintática e de entoação frasal como motivadores de fatos de distribuição de termos oracionais, especialmente do jogo de vocábulos tônicos e átonos no boleio da frase. Não se tratava mais da famosa explicação por atração dessa ou daquela palavra, mas sim pelos fenômenos de entoação, tema então recente entre os estudos de fonética praticados especialmente pelos linguistas alemães, revelados de maneira inovadora por M. Said Ali, em artigo na *Revista Brasileira*, a 1 de março de 1895, de cuja lição só Silva Ramos soube extrair orientação para seu magistério, pois as melhores e mais correntes gramáticas da época, ainda insistiam na improdutiva e falsa teoria da atração vocabular.

Ainda nas pegadas de Said Ali e como corolário da nova teoria da entoação frasal, pôde Silva Ramos compreender que, estando a distribuição dos pronomes oblíquos sujeita ao ritmo frasal e que esse ritmo era diferente entre brasileiros e portugueses, natural seria que a colocação não coincidisse nos dois espaços geográficos — o americano e o europeu. E mais: que o brasileiro teria direito a esse uso, recriminado pelos portugueses. Eis a lição de Silva Ramos, em 1914, comentando os *Novíssimos estudos da língua portuguesa*, de Mário Barreto.

> Acreditamos, entretanto, que, quando o professor Mário Barreto se dispuser a tratar o assunto com a amplitude que ele comporta, a conclusão a que terá de chegar, necessariamente, em face dos princípios da ciência que tanto acata e venera, é que a situação do pronome átono na proposição, tanto no Brasil como em Portugal, é determinada exclusivamente pelo ritmo, diferente numa e noutra região, consoante a tonicidade e o

valor dos fonemas que não condizem aquém e além-mar. O fenômeno é puramente de som, daquela fonética de que fala Brugmann, que considera a frase como "uma unidade fonética completa em si mesma."[5]

Em 1907, na prova escrita do concurso a que se submeteu para preenchimento de cátedra do Colégio Pedro II, não fora diferente da sua lição.

> Seja como for, o regulamento único da distribuição dos pronomes átonos na locução brasileira é igualmente o ritmo, governado por princípios de que os naturais do Brasil não têm a mínima consciência, como os que nasceram em Portugal não a têm dos que regulam a cadência da linguagem brasileira ao ritmo, ao número, à cadência da linguagem portuguesa é irracionável empreendimento (...) Ora, dependendo exclusivamente a situação dos pronomes átonos brasileiros da fonética peculiar ao Brasil, como se pôde originar essa preocupação dos gramáticos e mestres do vernáculo, entre nós, de estabelecerem regras para a colocação daqueles elementos, de acordo com os hábitos do falar português, a ponto de ter o assunto servido de tema para uma tese do concurso no Colégio Pedro II? Essa singularidade veio a gerar-se da maneira seguinte: José Feliciano de Castilho, português, a cujo ouvido mal toava a construção brasileira, lembrou-se de censurar a José de Alencar pela forma por que ele usava colocar os pronomes. Ora, se o ilustre escritor e crítico se tivesse limitado a afirmar que a fraseologia do autor de *Iracema* se afastava, nesse particular, dos bons modos da língua vernácula, nada haveria que lhe opor: ele, porém, não se ficou por aí: pretendeu sustentar, de clássicos em punho, que sempre eles obedeceram a uma norma, na maneira como colocavam os pronomes; e entrou a deduzir regras. Foi o que o perdeu. Alencar defendeu-se galhardamente. Choveram de todos os lados contestações. À autoridade contrapunha-se autoridade, à citação retorquia-se com citação. Castilho quase perde a cabeça (...) Os nossos gramáticos correram açodados a sancionar a doutrina de Castilho, estabelecendo regras que todas padeciam de fraqueza orgânica, visto como repousavam todas em considerações reportadas à sintaxe e à morfologia, que nada têm que ver com a espécie: atração para o sujeito, afinidade para as subordinativas, solicitação por parte das negativas, e quejandas relações, que deviam embaraçar muito seriamente (...) os que têm por ofício manipular os acepipes literários.

A visão científica com que Silva Ramos investigava a linguagem e fatos da língua portuguesa habilitara-o a tratar com a superioridade que não se encontrava nos gramáticos da sua época, ainda os mais bem informados, a existência das variedades de uma mesma língua histórica, diversificadas em diferenças cronológicas, regionais, sociais e estilísticas, em todas as dimensões de concretização dos seus atos de língua. Está claro que se encontram em estudiosos de todas as épocas percucientes intuições dessas variedades, mas não fazem delas emprego operacional e funcional. Considerar uma língua não como um bloco homogêneo e unitário, mas como um diassistema, vale dizer, um complexo conjunto de variedades, é conceito bem moderno na ciência das línguas. Silva Ramos, estilista e funcionalista *avant la lettre*, tirava partido dessa realidade nos artigos sobre que doutrinava os adultos e nas lições em que instruía os alunos.

Com as grandes figuras, estava a par das doutrinas em que se havia educado, mas não deixava de procurar, aperfeiçoar conceitos e métodos. Assim é que a linguística antes do seu tempo se caracterizara pelas raízes do método evolucionista e naturalista, segundo cujos preceitos as línguas eram emparelhadas aos organismos vivos, sob a égide das ciências naturais, que nasciam, cresciam, se desenvolviam e morriam independentes da vontade dos homens.

Recebeu também Silva Ramos as luzes do método histórico-comparativo alemão e a ele acrescentou o ideário sociocultural da escola do americano Whitney. E mais avante acrescentou, já no final da vida e da ocupação magisterial, os ensinamentos incipientes do psicologismo francês de Ferdinand Brunot, em *La pensée et la langue*, saído em 1922.

Registrem-se diferenças de visão da linguagem e das línguas nos dois excertos seguintes; o primeiro, datado de 1918, tipicamente fiel a um ideário naturalista em que a linguagem é uma proprietária biológica do homem. Neste sentido, vê como um processo fatalista de evolução as diferenças que se vão criando entre o português do Brasil e o português de Portugal, que haverão de favorecer o surgimento de um dialeto brasileiro independente.

> O que particularmente nos poderia interessar a nós brasileiros, como se depreende das consultas endereçadas frequentemente aos professores de português, era saber se está próxima ou remota a emancipação, do dialeto brasileiro, a ponto de se tornar língua independente.
> A dialetação, como bem sabeis, é um fenômeno natural que ninguém é dado acelerar ou retardar, por maior autoridade que se arrogue; ao tempo, e só ao tempo, é que compete produzi-lo. As línguas românicas foram dialetos do latim, um dos dialetos por sua vez do ramo itálico, dialeto ele próprio da língua dos árias; não pode haver, portanto, dúvida mínima para quem aprendeu na aula de lógica a induzir, que o idioma brasileiro, de dialeto português que ainda é, chegará a ser um dia a língua própria do Brasil. Que poderão, entretanto, fazer os mestres neste momento histórico da vida do português na nossa terra?
> Ir legitimando pouco a pouco, com a autoridade das nossas gramáticas, as diferenciações que se vão operando entre nós, das quais a mais sensível é a das formas casuais dos pronomes pessoais regidos por verbos de significação transitiva e que nem sempre coincidem lá e cá; além da fatalidade fonética que origina necessariamente a deslocação dos pronomes átonos na frase, o que tanto horripila o ouvido afeiçoado à modulação de além-mar.

> Consentiremos que os nossos alunos nos venham dizer que *assistiram festas, responderam cartas, obedeceram ordens, perdoaram colegas* e que, em compensação, assegurem aos mestres que *lhes estimam*, que se *lhes não visitam* com frequência, é que receiam *incomodar-lhes* e que se *lhes não saudaram* na rua, foi que *lhes não viram*.
> Por mim, falece-me autoridade para sancionar tais regências, nem acredito que qualquer dos meus colegas se abalance a tanto. E, contudo, o que nenhum de nós teria coragem de fazer, hão de consegui-lo os anos que se vão dobrando lentamente.[6]

Em outro tom é o seguinte comentário, de 1919:

> A língua não é um ser independente, não se pode desagregar de todos os outros aspectos da atividade social a que está intimamente ligada, para se considerar em abstrato; é uma resultante necessária da vida coletiva nas suas infinitas modalidades. Se conseguirmos, portanto, assimilar as virtudes dos atenienses, ático será o nosso dizer; se persistirmos em importar, à mistura com os hábitos de elegância, os vícios, elegantes ou não, dos bárbaros e civilizados, proliferarão os barbarismos (= estrangeirismos), e se levarmos a desídia ao extremo de nos abandonarmos, como os habitantes de Soles, segregados da Grécia culta num recanto da Cilícia, não há fugir aos solecismos e acabaremos todos por falar como a mucama que tanto me irritou. É fatal.[7]

Por fim, cabe-nos falar da maior batalha que Silva Ramos travou nesta Casa: a batalha da ortografia, a cuja vitória final chegou muitos anos depois de morto, pelo peso científico dos princípios defendidos nos recuados anos de 1915.

Todas as discussões havidas nesta Academia sobre sistematização ortográfica, iniciadas com a proposta de Medeiros e Albuquerque aprovada na sessão de 11 de junho de 1907, se caracterizavam por um empirismo e, como consequência, por soluções que transgrediam muito do progresso já conseguido lá fora sobre os fundamentos científicos em que se deveria assentar um tão razoável quanto possível sistema de representação na escrita do plano fônico da língua.

As primeiras luzes no domínio do português vieram com o aparecimento, em 1904, da *Ortografia nacional*, elaborada pelo competente foneticista e ortógrafo lusitano Gonçalves Viana. Aperfeiçoadas as suas recomendações com a eliminação de alguns exotismos, as propostas de Viana serviram de base para a reforma oficial da ortografia portuguesa de 1911. No Brasil, esta reforma simplificadora recebeu o beneplácito de Silva Ramos no seio da Academia, e no magistério pela acolhida de Mário Barreto, Sousa da Silveira, Antenor Nascentes, Clóvis Monteiro e Jaques Raimundo, para ficarmos apenas com os mais representativos professores do Rio de Janeiro.

Aceitando os argumentos técnicos do nosso homenageado, acolhe esta Casa sua proposta de adoção da reforma portuguesa na sessão de 11 de novembro de 1915.

Essas núpcias entre as duas Academias duraram pouco, pois, em 1919, resolveram nossos confrades de então abandonar o acordo, pondo por terra tudo o que se havia deliberado sobre a magna questão ortográfica. O retrocesso muito magoou a Silva Ramos, que resolveu não mais tratar do assunto com seus pares.

O argumento que nesta Casa se levantou contra a proposta incidia numa falsa razão ainda hoje trazida à baila em debates dessa natureza: a lusitanidade da pronúncia respeitada pelo acordo e tão natural ao autor de *Pela vida fora*. Havendo diferenças visíveis na pronúncia de brasileiros e portugueses, era impossível um sistema gráfico único para as duas nações, justificavam.

Ora, falso o argumento, porque o sistema ortográfico não é essencialmente fonético, mas fonológico, isto é, só leva em conta as unidades fônicas que têm valor linguístico distintivo. Vale isto dizer que um vocábulo como *menino, diretor* ou *também* pode ser proferido diferentemente nas diversas regiões do Brasil e de Portugal, mas só será representado na escrita, cá e lá, de uma única maneira. E aí reside efetivamente a só responsabilidade de um sistema ortográfico. O fato ocorre com toda língua espalhada no vasto território nacional ou entre nações diferentes — como o espanhol, o francês, o inglês, o russo ou o árabe; por exemplo —, mas para esses idiomas existe apenas um modo de se grafar a grande maioria de seus vocábulos.

Entre brasileiros e portugueses ainda não se chegou a uma razoável unidade porque se tem insistido em que o sistema ortográfico — argumento nem sempre verdadeiro — com a utilização excessiva de notações gráficas (como acentos, consoantes mudas e até o hífen) leva o falante a pronunciar "corretamente" as palavras dentro da diversidade fonética existente em todo o espaço da lusofonia. Aqui está o calcanhar de Aquiles que tem impedido a tão sonhada unidade gráfica no seio da Academia Brasileira de Letras e da Academia das Ciências de Lisboa: quer-se uma unidade e se a ameaça ela com os fatores da diversidade.

A proposta de 1915 de Silva Ramos e dos confrades que a subscreveram, adotando o sistema oficial português, assinalaria o primeiro passo no sentido da pretendida unificação. Posta em prática por largo tempo, viriam fatalmente as emendas para se alcançar a unidade a que tanto aspiramos como um dos fatores de difusão da língua portuguesa no mundo.

Os argumentos de Silva Ramos contra propostas menos científicas acabaram vitoriosos com a aprovação do *Formulário ortográfico* de 1943, revisto em pequenas alterações de 1971, que consubstanciava a velha lição de Gonçalves Viana.

De todo este percurso intelectual e acadêmico de Silva Ramos como filólogo abalizado e como mestre da língua exemplar resta-nos, nesta passagem do sesquicentenário de nascimento, assumir o compromisso de levar avante sua obra e suas lições.

Texto publicado no jornal *Mundo Português* e na revista *Na Ponta da Língua*, originalmente em quatro partes: 22/5/2003, 29/5/2003, 5/6/2003 e 12/6/2003.

Notas

1. JUNQUEIRA, Ivan. *Discurso de posse*. Disponível em: https://www.academia.org.br/academicos/ivan-junqueira/discurso-de-posse. Acesso em junho de 2022.
2. BANDEIRA, Manuel. *Poesia e prosa*. Rio de Janeiro: Editora José Aguilar, 1958, vol. 2.
3. Apud SILVA, Maximiano de Carvalho e Silva. *Sousa da Silveira, o homem e a obra: sua contribuição à crítica textual no Brasil*. Rio de Janeiro: Presença/Pró-memória/Instituto Nacional do Livro, 1984.
4. RAMOS, Silva. "Em ar de conversa". *Revista de Cultura*, n.º 1, jan. 1927.
5. Id. *Pela vida fora*. Rio de Janeiro: Edição da Revista de Língua Portuguesa, 1922, p. 82.
6. Ibid., p. 178-179.
7. Ibid., p. 119-120.

Vieira como padrão de exemplaridade

Desde cedo as expectativas da oratória de Vieira se impuseram a quantos o ouviram no púlpito, a quantos, no dizer feliz de seu contemporâneo ilustre D. Francisco Manuel de Melo, mandavam lançar tapete de madrugada em S. Roque, para escutar as suas palavras. Depois dos manuscritos e das edições avulsas, puderam beber as palavras buriladas pelo autor nos volumes da edição *princeps* dos *Sermões*, a partir de 1679.

Durante muito tempo, o nome e a fama de Vieira ficaram prática e exclusivamente associados a uma verdadeira teoria parenética dimanada de preceitos e censuras exarados pelo grande orador no "Sermão da sexagésima", proferido na Capela Real, no início da Quaresma de 1655. Daí se extraía o método que no futuro seria o alicerce e a orientação do que se chamaria o método português de pregar: partindo sempre de um tema latino, se iria depois desenvolver

> segundo um esquema constituído pelo exórdio, a definição da matéria e a sua divisão, a confirmação ou a confutação baseadas em provas, *exemplos* ou textos, e destinados a responder aos *reparos*, isto é, às dúvidas previsíveis no espírito do auditório, e, finalmente, a peroração.[1]

Se o século XVIII assistiu a longo, exaustivo e quase sempre injusto confronto ao estilo parenético atribuído a Vieira e, consequentemente, condenação estética de seu sermonário, esse mesmo século assistiu a um reconhecimento das notáveis qualidades da língua de Vieira por parte dos estudos de carácter filológico-gramatical que então experimentavam vigorosa renovação em Portugal.

Desde cedo os especialistas de língua souberam apontar a dicotomia entre o discurso parenético e a exemplaridade idiomática. Disto nos avisa um dos mais distintos filólogos do século XVIII, António das Neves Pereira, no "Ensaio sobre a filologia portuguesa por meio do exame e comparação da locução e estilo dos nossos mais insignes poetas que floresceram no século XVI", publicado no volume V das *Memorias de litteratura portugueza* (Academia Real das Ciências, 1793), apesar de, como facilmente poderemos observar, não se livra dos então dominantes juízos do pombalismo:

> Mas quanto ao Padre Vieira, não posso dissimular uma perversa opinião que tenho achada arraigada em muitos, aliás, doutos, e que até

> deles tem dimanado para a mocidade com bem prejuízo da Literatura Portuguesa: e nasce este erro de muitos confundirem o estilo da língua com o estilo da eloquência, ou o estilo dos assuntos. Vieira, é verdade, corrompeu a eloquência portuguesa, mas não corrompeu a língua, assim como o Sêneca dos romanos corrompeu a eloquência romana, escrevendo puramente latim; de outra sorte nem o orador português nem o filósofo romano dominariam tanto o gosto dos homens até os levar em seu séquito, se não fosse a pura e bela locução com que os iludiram. Uma maneira de pensar extraordinária, comum a ambos estes autores, que tanto prejudicou o bom gosto e a eloquência foi de algum proveito à linguagem considerada em si mesma.[2]

Que esta aproximação demorou muito para que fosse analisada nos seus justos limites prova-o o fato de ainda, no século seguinte, Adolfo Coelho necessitar insistir neste mesmo ponto:

> No século XVIII reinava na península a ideia de que as línguas espanhola e portuguesa estavam corruptas, tendo chegado ao mais baixo grau de decadência. Confundiam-se duas coisas distintas: o estilo e a língua; a forma e a fórmula gramatical com o modo de as empregar e o que nelas se incluía. O que estava em decadência era o estilo, sujeito aos caprichos da escola, privada completamente da naturalidade da verdade.[3]

À exemplaridade idiomática de Antônio Vieira prestou reverência o famoso *Dicionário* da Academia, publicado o 1.º e único tomo em 1793, dedicando-lhe o mais extenso discurso no seu *Catálogo dos autores e obras que se leram e de que se tomaram as autoridades para a composição do Dicionário*.

Bastam estes dois testemunhos para pôr em evidência o valor e o peso da língua praticada por Vieira como modelo da exemplaridade idiomática no século XVIII.

As gramáticas elaboradas no Brasil, durante o século XIX, começaram cedo a explorar e a descrever fatos sintáticos, o que favoreceu a consulta permanente aos textos clássicos dos séculos XVI e XVII, especialmente em prosa, para exemplificar as questões de uso postas em discussão e análise. Nestas circunstâncias, pode-se dizer que Vieira é a fonte a que mais frequentemente vão os gramáticos beber a lição, quer nos *Sermões*, quer nas *Cartas*, quer na *Arte de furtar*, embora, neste último caso, a obra apareça como "atribuída" ao notável escritor.

Dessas gramáticas, é justa uma menção especial à *Nova gramática analítica da língua portuguesa*, publicada no Rio de Janeiro em 1881, pela Tipografia Nacional, depois da morte de seu autor, o professor suíço Adrien Grivet, radicado entre nós desde 1856, com quarenta anos de idade.

Apesar dos seus bons conhecimentos de teoria gramatical e do excelente domínio da língua portuguesa, faltava a Grivet, como se revela na leitura atenta de sua obra, a informação histórica haurida pela leitura de monumentos literários de outras épocas. Por isso não soube interpretar convenientemente certos fatos do português, contra os quais se insurgia, apesar de estarem fartamente documentados nos bons autores, inclusive em Vieira, seu autor preferido, cuja obra leu e conheceu como poucos entre os gramáticos brasileiros de então. Fundamentava-se em conceitos levantados pela estrita lógica gramatical, fechando os olhos a outros fatores ponderáveis do funcionamento efetivo da língua.

Entre os seus desacertos que, diga-se a bem da verdade, ainda hoje presentes em manuais de ensino e consultórios gramaticais divulgados em nossos melhores periódicos, está o emprego de acento grave — não indicativo de presença de crase! — em construções do tipo assinalado na página 118 da *Nova gramática*. Prendendo-se ao expediente segundo o qual a obrigatoriedade da presença do acento se rege pela possível substituição de *à* por *ao* junto a substantivo masculino, assim condena o seu uso em *matar à fome*, frequentemente em Vieira:

> O mesmo processo dá a conhecer que, no seguinte excerto, equivocou-se o revisor do livro na colocação de um acento: "Outros dirão que, para ter muito, o melhor remédio é tê-lo, guardar, poupar, não gastar, morrer de fome, e matar à fome" (p. Ant. Vieira) (...) Reproduz-se a mesma equivocação neste outro excerto: "Um é afeiçoado à caça; e quando os cães andam luzidios e arrafados, ver-lhe-eis os criados pálidos, e *mortos à fome*" (p. Ant. Vieira).

Na realidade, o que a investigação moderna comprova é que, entre os séculos XVI e XVII, começaram os escritores a sentir necessidade de uma distinção entre contextos em que o complemento verbal (objeto direto) aparecia materialmente igual a expressões circunstanciais, como *matar a fome*, "saciá-la" e *matar a fome* "por meio da fome", "pela fome". O expediente usado foi socorrer-se de um morfema suprassegmental que consistia em abrir o timbre da vogal *a*, no complemento circunstancial, proferida normalmente fechada quer na representação do artigo feminino (*matar a fome* "saciá-la"), quer da simples preposição (*matar a fome* "matar pela fome").

O expediente fonético distintivo pela prática de assinalar o *a* de timbre aberto conheceu larga aceitação nos textos escritos, desorientando o estreito raciocínio dos gramáticos de ontem, como Grivet, e de hoje também.

Acerca de outro fenômeno de fonética sintática que não estava cogitado no campo do logicismo gramatical reinante parece assinalar o nosso Grivet como o primeiro em detectar o fato linguístico e o primeiro em dar-lhe a pior explicação, ensinamento errado que ganhou adeptos e hoje corre vitorioso nas gramáticas e nos manuais de redação elaborados por alguns de nossos mais respeitáveis órgãos da imprensa, além de atravessar o Atlântico e contaminar nossos irmãos portugueses.

Eis a lição de Grivet:

> Pois, sendo da índole da língua portuguesa o autorizar frequentemente a interposição de um sujeito ou de um complemento direto entre uma preposição e seu regime, e dando-se em consequência diariamente o caso pressuposto de contração indevida, por ignorância das leis sintáxicas, muito convém tratar do assunto pelo miúdo, para atalhar

tamanho abuso. Infelizmente aparece este erro patrocinado por mais de um exemplo tirado dos clássicos. Porém, entendendo-se de outro lado que, na mor parte dos casos, os mesmos mestres de boa linguagem se cingiram escrupulosamente às regras da lógica, fica-se em dúvida se tais erros lhes devem ser imputados como meros descuidos, se não foram antes o resultado de uma distração de compositor tipográfico ou o da infidelidade de um primeiro copista presumido.[4]

Depois de citar vários exemplos clássicos, especialmente de Vieira, nos quais não se dá a contração, acrescenta:

Ora, em contraposição a estas lições confirmativas de um princípio são, encontram-se exemplos como os seguintes: "Que cousa é a formosura senão uma caveira bem-vestida, a que a menor enfermidade tira a cor, e, *antes da morte a despir* de todo, os anos lhe vão mortificando a graça" (p. Ant. Vieira); "Eis aqui o que éramos, as gentes, *antes da lei* evangélica e graça de Cristo *ter* domado nossos corações (p. Man. Bernardes); "E, *além disto não ter* lícito, quanto à consciência também não é conveniente quanto à boa política" (p. Man. Bernardes); "*Depois do infante casar*, assentou e acrescentou mais no repouso e gravidade" (André de Resende); "(...) e *depois dele se ir*, disse o companheiro que aquele bispo era santo em tudo (...)" (p. Baltasar Teles).

Em favor de Grivet, poder-se-á acrescentar que, na sua reprimenda quanto à pretensa quebra da lógica da gramática, pelo menos ele se mostrou coerente, pois condenava também a contração da preposição com o objeto direto, quando se tratava da preposição *por* (*per*), em construções do tipo *pelo afrontar* (em vez de *por o afrontar* ou *por afrontá-lo*), *pelo não saberes* (em vez de *por o não saberes*), *pelas furtar* (em vez de *por as furtar* ou *por furtá-las*).

Como sabemos, tais sintaxes foram aplaudidas pelos gramáticos posteriores a Grivet e, por isso, praticadas por escritores contemporâneos afeitos a arcaísmos, como ocorre em escritos de Rui Barbosa, com os aplausos de Mário Barreto: "Mas ninguém tem forcejado mais do que eu pela realizar."[5]

A um bom analista não teria escapado que a norma linguística admitirá as duas possibilidades em construções do tipo *É o tempo de os alunos saírem* e *É o tempo dos alunos saírem*.

Do ponto de vista da expressividade textual, o orador e o escritor poderão optar por enfatizar o sujeito — caso em que não haverá a contração — ou não utilizar o recurso da ênfase, praticando a contração.

Rodrigues Lapa, com muita acuidade, em sua *Estilística da língua portuguesa*,[6] mostra-nos como os escritores, especialmente José Régio, deixando-as independentes, quando desejam "acentuar o valor expressivo autônomo do morfema, em casos em que o aspecto gráfico contradiz já muito o uso oral da língua".

A exemplaridade da língua de Vieira continua a ser amparo às lições de nossos gramáticos até o momento em que, com o advento da perspectiva sincrônica introduzida pelo estruturalismo linguístico, os clássicos foram postos de quarentena, quando não de todo abolido, e com eles, a língua literária, ainda a contemporânea, pelas hostes mais iconoclastas da linguística moderna. Vieira, assim, ficou fora do alcance da leitura e dos estudos linguísticos superiores.

Estas hostes passaram a defender a tese que o verdadeiro objeto de estudo é a língua oral, espontânea e viva. A língua escrita passou a ser encarada por elas como artificial, antiliberal, e imposta aos falantes pela classe dominante como instrumento de seleção social e de alienação daqueles que não lhe conseguem entrar nos segredos.

Felizmente, passada a ênfase iconoclasta, já se vai a pouco e pouco revendo estes pontos de vista, com a ajuda de teóricos da linguagem, entre os quais cabe menção especial a um Vittore Pisani, a um Antonino Pagliaro e a um Eugenio Coseriu, principalmente.

Das variedades de que se constitui uma língua histórica se abstrai um *corpus* relativamente homogêneo e unitário que se chama língua funcional: além de sincrônico, será também sintópico, sinstrático e sinfásico. Como só se pode descrever um objeto homogêneo e unitário por necessidade metodológica, se impõe ao modelo estruturalista funcional esse corte epistemológico; mas isto está longe de significar que essa linguística sincrônica é o modelo que dá conta de toda a complexidade da linguagem nas suas dimensões universal, histórica e individual. Na realidade da língua, o fato sincrônico (o funcionamento) e o fato diacrônico (a mudança) não representam dois momentos diversos, mas um só, já que a sincronia não passa de um aspecto da sua diacronia.

Daí transformar uma distinção metodológica numa distinção real é empobrecer a realidade da linguagem e, consequentemente, reduzir seu objeto de estudo.

Destarte, só a história pode considerar, no seu conjunto, a variedade e a homogeneidade da língua. Só ela pode dar conta com coerência da tensão existente entre as estruturas diacronicamente concorrentes. Só a história pode, assim, considerar a língua no seu constituir-se e, finalmente, só a história pode considerar a língua nas suas relações com as outras formas da cultura espiritual e material, como é o caso, por exemplo, da presença do Humanismo e do Classicismo na relatinização do português do século XVI ou do Barroco no estilo do século XVII em Portugal.

Percebe-se que, portanto, o quanto da confusão entre metodologia e realidade tem contribuído para um esvaziamento do plano cultural dos currículos de formação dos professores de Letras.

Só a volta ao caminho largo, colocará nossos estudantes universitários em condições de, dentro das suas variadas especialidades, prosseguir trabalho dos grandes filólogos do passado que, entre nós, foi interrompido.

Texto publicado no jornal *Mundo Português* e na revista *Na Ponta da Língua*, originalmente em três partes: 11/11/1999, 18/11/1999 e 25/11/1999.

Notas

1 CASTRO, Aníbal Pinto de. Discurso proferido na Academia das Ciências de Lisboa.
2 PEREIRA, Antônio das Neves. "Ensaio sobre a filologia portugueza por meio do exame e comparação da locução e estilo dos nossos mais insignes poetas que floresceram no século XVI". In: *Memorias de litteratura portugueza*, vol. V. Lisboa: Academia Real das Ciências, 1793, p. 160-161.
3 COELHO, Adolfo. *Curso de Literatura Nacional para uso dos Liceus Centrais I. A língua portuguesa: noções de glotogia geral e especial portuguesa*, 3.ª ed. Porto: Livraria Universal de Magalhães e Moniz, 1896, p. 166.
4 GRIVET, Adrien. *Nova gramática analítica da língua portuguesa*. Rio de Janeiro: Tipografia Nacional, 1881, p. 385.
5 BARRETO, Mário. *Novos estudos de língua portuguesa*, 3.ª ed. Rio de Janeiro: Presença, p. 111.
6 LAPA, Manuel Rodrigues. *Estilística da língua portuguesa*, 8.ª ed. Coimbra: Editora Coimbra, 1975, p. 261.

Particularidades da linguagem em Machado de Assis

Distinta e competente colega de magistério nos pergunta por que Machado de Assis assim começa o capítulo CXXX do romance *Dom Casmurro*: "Porquanto um dia Capitu quis saber o que é que me fazia andar calado e aborrecido (...)." "Não encontro — confessa a professora — justificativa para o emprego dessa conjunção nesta frase; não percebo qualquer relação que possa estabelecer com o capítulo anterior." Atrevemo-nos a sugerir duas explicações que julgamos perfeitamente válidas em se tratando de um artista da palavra, verdadeira mina de recursos de técnica expressiva, hauridos na observação atenta dos escritores que integravam seus mestres de cabeceira ou que ele mesmo originalmente ensaiava, ou ainda, como leitor assíduo dos clássicos portugueses, sabia aproveitar o que neles se colhia de usos linguísticos. Pela primeira explicação, a de estruturação redacional, o *porquanto* enigmático estaria relacionado e justificado não em razão do capítulo anterior, mas sim em razão do capítulo seguinte, intimamente preso às circunstâncias relatadas no capítulo CXXX, a ponto de confessar o romancista, ao iniciá-lo com reticências, como que quisesse, aos olhos do leitor, mais uni-lo ao capítulo CXXXI:

> (...) Perdão, mas este capítulo devia ser precedido de outro, em que contasse um incidente, ocorrido poucas semanas antes, dois meses depois da partida de Sancho. Vou escrevê-lo; podia antepô-lo a este, antes de mandar o livro ao prelo, mas custa muito alterar o número das páginas; vai assim mesmo, depois a narração seguirá direita até o fim. Demais, é curto.[1]

E conclui o capítulo CXXXI, ligando-o ao capítulo inciado pelo agora (cremos nós) não tão enigmático *porquanto*: "(...) mas este outro incidente não é radicalmente necessário à compreensão do capítulo passado e dos futuros; fiquemos nos olhos de Ezequiel."[2] A segunda plausível explicação é de ordem linguística. Como sabemos, Machado de Assis era um inteligente e atento ledor dos clássicos portugueses dos séculos XVI e XVII, impregnados de autores latinos. Liam e escreviam na língua de Roma, e traziam para a tersa prosa ou poesia vernáculas reminiscências linguísticas que nelas encontravam. Machado cedo lia clássicos portugueses em suas visitas ao Real Gabinete Português de Leitura, aos domingos, tendo como mentores dois talentosos cultores da boa literatura e da casta linguagem: Manuel de Melo e Francisco Ramos Paz. Manuel de Melo, filólogo por amor, e não por profissão, deve ter sido responsável por dotar o jovem Machado de profunda visão teórica sobre língua e sobre seu funcionamento, cujos vestígios surpreendemos em muitos conceitos que o romancista emite em variadas páginas de sua obra de ficção e de crítica. O *porquanto* aqui pode ser exemplo de um latinismo, à semelhança de *enim* ou *nam*, usado adverbialmente, que, traduzido em português, vale por um início de cláusula tipo *e foi que*, fato sintático de que trata Epifânio Dias, no § 386, 3, de sua *Sintaxe histórica portuguesa*, reminiscência do que diz Madvig na sua *Gramática latina*, § 435, obs. 4, traduzida do alemão pelo excelente mestre lusitano, em 1872.

Outra particularidade da linguagem machadiana que intrigou nossa colega foi o emprego da expressão *zás que darás* que ocorre no capítulo XXI do mesmo *Dom Casmurro*: "Prima Glória pode ser que, em passando os dias, vá esquecendo as promessas; mas como há de esquecer se uma pessoa estiver sempre, nos ouvidos, zás que darás, falando do seminário?"[3]

A expressão já era antiga no repertório léxico de Machado, pois a vemos empregada em *Histórias sem data* (1.ª ed. em 1884), no conto "O lapso": "(...) e o alfaiate, seu amigo, que ali estava presente, e que entisicava, às noites à luz de uma candeia, zás que darás, puxando a agulha..."[4] É fácil imaginar que a expressão começa com a interjeição onomatopeica *zás*, que indica o som da pancada ou golpe rápido, vocábulo que Machado conhecia bem, tanto na forma simples, como na reforçada *zás, zás*.

Estavam, assim, abertas as frequentes criações pela rima de expressões onomatopeicas, como *zás-catrás*, *zás-trás*, já dicionarizadas, e a nossa *zás que darás*, em que, segundo cremos, *que darás* é criada pela rima, e não tem significado particular nenhum. A expressão total significa algo que se repete sem parar excessivamente: a conversa mole de José Dias azucrinando aos ouvidos da mãe do futuro seminarista, e o constante vai e vem da agulha puxada na faina ininterrupta do alfaiate.

Texto publicado no jornal *O Dia*, em 20/3/2011.

Notas

1   ASSIS, Machado. *Dom Casmurro*, 1.ª ed. Rio de Janeiro: Garnier, 1899, p. 356.
2   Ibid., p. 358.
3   Ibid., p. 64.
4   Id. *Histórias sem data*. Rio de Janeiro: Liv. B. L. Garnier, 1884, p. 28.

Celso Cunha, um filólogo dos que se separam

Celso Cunha entrou no cenário de atividades de grandes nomes dos estudos filológicos e linguísticos no Brasil numa época de apogeu desses domínios da vida universitária, herdeira que foi dessa geração de mestres da altura de Mário Barreto, Antenor Nascentes, José Oiticica, padre Augusto Magne e Sousa da Silveira, que atuavam no Rio de Janeiro. Ao lado destas personagens, em outras áreas geográficas brilhavam Martinz de Aguiar no Ceará; Mansur Guerios no Paraná; Theodoro Maurer, Nicolau Salum e Segismundo Spina em São Paulo. Em Minas Gerais atuavam Cláudio Brandão, Aires da Mata Machado e Mário Casassanta. Na geração subsequente só no Rio de Janeiro tínhamos os excelentes e fecundos trabalhos de Mattoso Câmara e Silvio Elia, na área da linguística; Serafim da Silva Neto e Ismael de Lima Coutinho, na área da filologia histórica e da romanística; Clóvis Monteiro, Cândido Jucá (filho), Rocha Lima e Gladstone Chaves de Melo, na área dos estudos de língua portuguesa, como os representantes que mais aparecem em textos escritos em livros e revistas especializadas. Por essa época todos nós antegozamos a esperança de ter entre nós, trabalhando conosco e nos orientando em domínios mais profundos das ciências da linguagem, pela transferência para o Brasil, um jovem linguista, natural da Romênia, educado na Itália e adotado no Uruguai — Eugenio Coseriu — que, convidado por Mattoso, na década de 1950 ministrou três palestras muito fecundas na Biblioteca Nacional do Rio de Janeiro. Essa esperança durou pouco tempo, porque, por convite do grande romanista alemão Harri Meier, foi ser professor universitário na Alemanha, preenchendo a cadeira vaga na Universidade de Tubingue pelo falecimento de Ernst Gamillscheg. Por um pouco não tivemos efetivamente entre nós um dos maiores linguistas do século XX que, com toda certeza, iria produzir frutos sazonados entre os jovens universitários brasileiros daquela época.

Celso pôde brilhar dentro deste universo tão fecundo de talentos, inaugurando ou reatando laços anteriores na área da crítica textual (deixados pelos estrangeiros radicados no Brasil — Oskar Nobiling e Nella Aita, o primeiro com sua edição das *Cantigas de Guilhade* e ela com estudos sobre o *Códice florentino de cantigas de Afonso X*), da métrica medieval e moderna e em algumas reflexões científicas e pedagógicas em temas muito discutidos na época como, por exemplo, a correção gramatical, a conceituação de brasileirismos e o ensino da língua portuguesa na realidade brasileira.

Mineiro, oriundo de uma nobre família de políticos e professores, Celso reunia ao seu talento de filólogo um bom conhecimento na área governamental e administrativa do país, o que lhe permitiu não só um convívio demorado no estrangeiro, em missões de docência que enriqueceram sua experiência e saber. Seus olhos atentos de professor souberam também aproveitar este prestígio para possibilitar oferecer a seus alunos o desenvolvimento de atividades e projetos na vida universitária. Assim foi que, por exemplo, enviou Nelson Rossi a Coimbra, para trabalhar no Laboratório de Fonética de Armando Lacerda, a fim de que, retornando ao Brasil, fosse útil à futura equipe que traçaria os atlas linguísticos preparados na Universidade da Bahia, vitoriosamente iniciados com o *Atlas prévio dos falares baianos*. Lembro-me ainda do encaminhamento do talentoso jovem Hélcio Martins que, na Espanha, seguindo as lições de Damaso Alonso e Carlos Bousoño pôde, de volta ao Brasil, arejar os estudos estilísticos na atividade universitária brasileira.

Seu contacto e amizade com o excelente linguista mexicano Lope Blanch acenderam-lhe as esperanças de, alargando as ambições no campo da geografia linguística, favorecer o início das pesquisas levadas a cabo pelo Projeto da Norma Urbana Culta brasileira que até hoje, quando cientificamente aproveitados os seus testemunhos, orientam melhor o problema da correção idiomática. Ficamos também agradecidos à atividade internacional de Celso Cunha o estreitamento do diálogo com grandes nomes da filologia e da linguística do mundo universitário, na realização de alguns congressos internacionais, entre os quais vale lembrar o promovido na Bahia em 1956 sobre a língua do teatro, tão importante quanto o congresso realizado em 1937 em São Paulo sobre a língua cantada, graças à iniciativa de Mário de Andrade.

No campo de suas preocupações pedagógicas, vale lembrar o que colaborou para que o Ministério da Educação reunisse os catedráticos do Colégio Pedro II a fim de elaborar o projeto da Nomenclatura Gramatical Brasileira, tão útil e inspirador que estimulou a que Portugal também produzisse a Nomenclatura Gramatical Portuguesa. Depois de alguns textos escolares para o ensino da língua portuguesa, associou-se ao grande mestre lusitano Lindley Cintra na elaboração da *Nova gramática do português contemporâneo* que, além da criteriosa visão científica, inaugurou entre nós a exemplificação literária colhida em escritores brasileiros, portugueses e africanos, num testemunho eloquente da unidade da língua escrita culta portuguesa.

Texto publicado no *Jornal de Letras*, em maio de 2017.

Antonio Houaiss: influências e afinidades no seu labor linguístico-filológico

Sr. Presidente,
   Senhores acadêmicos, senhoras acadêmicas,
   Falar de Houaiss é falar de um amigo dileto. No meu caso, um amigo dileto à distância, o que significa que ele não fazia dessa distância um impedimento de me proporcionar grandes oportunidades de trabalho, já que a nossa diferença de idade era realmente acentuada.
   Mas gostaria nesta tarde, no convívio desta sala em que sempre esteve presente Antonio Houaiss, falar de três momentos da sua carreira erudita. O primeiro momento foi nos albores das Faculdades de Letras criadas aqui no Brasil, primeiro em São Paulo, depois no Rio de Janeiro, quando Antonio Houaiss, ao lado de Othon Moacir Garcia e do filho de Antenor Nascentes, Olavo Nascentes, se candidataram ao curso de latim. O ponto sorteado da prova escrita foi o alfabeto latino, e a banca examinadora deu aos candidatos quatro horas para dissertação. No fim das quatro horas, faltando pouco para terminar a prova, Houaiss chegava, depois de uma longa discussão de várias páginas, em que dissertara sobre a origem de diversos alfabetos. Diante disto, um dos componentes da banca examinadora quis anular sua prova, argumentando que Houaiss não entrara no assunto proposto. Mas um dos colegas de banca, não sei se Sousa da Silveira ou Ernesto Faria, ponderou que ele não fugira do assunto, porque se um candidato passa quatro horas falando profundamente da história da invenção do alfabeto, imagine se ele tivesse mais quatro horas para falar do alfabeto latino. Prevaleceu, no caso, a razão.
   Por aí estamos vendo o grau de competência e erudição do Antonio Houaiss ainda jovem, honrando o que aprendera, ao lado de grandes professores, dois mentores da sua formação intelectual, Antenor Nascentes e José Oiticica. E dessa competência e dessa convivência com estes dois mestres, mais tarde vamos encontrar Houaiss brilhando em outros setores. Antenor Nascentes e Oiticica foram os primeiros a trabalhar, em livro didático, o problema da ortografia e da pronúncia, o ensino da fonética em seus reflexos na ortoepia, chamando a atenção para os problemas naturais da fala. Isso levou o professor de língua portuguesa a se comunicar com a direção da escola, ao detectar certas dislalias, certos defeitos de fala que podem ser corrigidos hoje pelas ciências que se desenvolveram neste sentido.

O segundo momento da carreira erudita de Antonio Houaiss está na sua contribuição ao Congresso Brasileiro de Língua Falada no Teatro, realizado em 1956, na Bahia. O Primeiro Congresso da Língua Nacional Cantada tinha acontecido em 1936, em São Paulo, sob o estímulo e o entusiasmo do grande escritor paulista Mario de Andrade. Este Primeiro Congresso Brasileiro de Língua Falada no Teatro se deu em grande parte ao prestígio, entusiasmo e competência de Celso Cunha, outro ilustre acadêmico desta Casa. Para este congresso, Antonio Houaiss apresentou longo trabalho intitulado "Tentativa de descrição do sistema vocálico do português culto na área dita carioca", de 102 páginas, trabalho altamente elogiado por um dos grandes estudiosos de fonética histórica portuguesa, o professor francês I.S. Révah no seu parecer. Infelizmente este trabalho morre nas páginas deste Congresso, porque têm sido poucos os trabalhos de gramática portuguesa que levam em conta a colaboração e as pertinentes referências e soluções que Houaiss ofereceu neste trabalho, como dizia D. Carolina Michaëlis de Vasconcelos, ao dificílimo e finíssimo sistema vocálico da língua portuguesa.

Aí está a segunda presença erudita de Houaiss que se manifesta no seu *Dicionário*. Ele o começou no âmbito da Academia Brasileira de Letras que não tinha, até então, os recursos, nem um grupo de especialistas, como tem hoje, para examinar e levar avante esse trabalho. O *Dicionário Houaiss* assim como o *Dicionário Aurélio*, também começado entre os muros desta Academia, por problemas econômicos, foram publicados fora da Instituição.

Essas duas obras corrigem um primeiro engano em matéria de estudos linguísticos dos fundadores da Academia Brasileira de Letras, porque partiam do pressuposto, pelo menos na opinião de Joaquim Nabuco, exposto no discurso inicial segundo o qual só cabia aos brasileiros o levantamento dos brasileirismos. Em grande parte, a língua do Brasil é remanescente da língua portuguesa que chegou trazida no século XVI. Sabemos, graças aos trabalhos da geografia linguística em que os italianos foram realmente mestres extraordinários, que as línguas transplantadas se caracterizam pela sua arcaicidade em relação aos usos da metrópole. E o português do Brasil é, incontestavelmente, a continuação pura do português trazido pelos nossos descobridores e colonizadores, naturalmente mesclado com outras classes naturais, outros povos principalmente africanos e os indígenas, existentes no país. Naquela época, tratar deste assunto era entrar em um terreno muito alagadiço porque, como também hoje ocorre, ainda não foi estabelecida uma visão rigorosa daquilo que podemos realmente atribuir o selo de brasileirismo a fatos linguísticos correntes no Brasil.

A Academia Brasileira de Letras levou a sério a lição trazida pela lexicografia e sem muito alarde passou a preocupar-se, de fato, linguística e filologicamente com o português do Brasil, e não apenas com os brasileirismos. O *Dicionário* do Aurélio saiu eminentemente literário, exemplificando as acepções dos seus itens lexicais com textos extraídos da nossa literatura. Entra nas minúcias das franjas semânticas em que o vocábulo aparece nos textos de autores brasileiros e portugueses. Mas o Houaiss não. Houaiss fez um dicionário histórico, isto é, um dicionário que procurou acompanhar o vocábulo desde a sua primeira datação. E essas datações são sempre precárias, tendo em vista não o problema de filologia e linguística, mas o da deficiência com que os primeiros textos portugueses foram editados, tanto no Brasil como em Portugal. Os dois dicionários se completam e seus dois grandes mestres levam a Academia Brasileira de Letras, indiretamente, a seguir no rumo certo, já mais ou menos traçado por Mario de Alencar, e seguido por Laudelino Freire, que promoveu um dicionário, ainda hoje digno de atenção, publicado na década de 1940. Temos que corrigir essa primeira intenção, revelada no discurso inaugural de Joaquim Nabuco, de que só cabe aos brasileiros o levantamento dos brasileirismos e que os brasileiros precisam estudar a língua, nas lições dos gramáticos, dos filólogos e dos linguistas portugueses. Cândido de Figueiredo, no prefácio do seu *Dicionário*, desfaz essa declaração de Joaquim Nabuco, declarando abertamente que os portugueses sempre aprenderam gramática com os textos elaborados pelos brasileiros. Após 1887, apareceram as grandes gramáticas de revolução linguística, baseadas em uma metodologia histórico-comparativa, obras ainda hoje lidas com interesse e atenção como as de João Ribeiro, Pacheco da Silva Junior, Lameira de Andrade e Maximino Maciel.

O Setor de Lexicologia e Lexicografia da Academia Brasileira de Letras, também presidido pelo querido confrade Eduardo Portella, colocará a língua portuguesa ao lado das grandes línguas internacionais. Porque as grandes línguas internacionais têm um dicionário do seu grande escritor: os ingleses ostentam um dicionário de Shakespeare; os alemães um dicionário de Goethe; a Espanha, o dicionário de Cervantes e, dentro de algum tempo, a ABL apresentará o levantamento de um dicionário, feito dentro dos princípios mais modernos da lexicografia, que é o *Dicionário de Machado de Assis*. Este dicionário honra a tradição iniciada na Academia pelos dicionários de Laudelino Freire e de Aurélio Buarque de Holanda, e principalmente pelo dicionário de Antonio Houaiss. Homenageando Antonio Houaiss, estamos homenageando também todo este filão de contributo.

> Efeméride em homenagem a Antonio Houaiss, proferida em plenário da Academia Brasileiras de Letras, em setembro de 2015.

Considerações em torno do *usus scribendi* de Luís de Camões

À medida que se vão dando passos decisivos no apuro da fixação textual da obra épica e lírica de Luís de Camões, mais e mais se vão juntando os tênues e fragmentários elementos para o levantamento ainda e sempre provisório do *usus scribendi* do grande vate lusitano, cujo valor intrínseco e cuja repercussão literária, linguística, estética e cultural, enfim, são os alicerces que incentivam e sustentam, mais uma vez, esta VI Reunião Internacional de Camonistas, ao abrigo da Universidade de Coimbra, desta Coimbra tão cara ao nosso poeta. De importância primária entre os critérios internos a serem levados em conta na escolha de uma lição está o fato de o crítico não perder de vista que nada, neste terreno da crítica textual, tem caráter "universal". Como judiciosamente comenta G. Pasquali:

> Facile e difficile non sono termini assoluti, e quel che è difficile, cioè inconsueto, pernoi, può essere stato facile per nomini di altre età. Il giudizio soprafacilità o difficultà di una lezione sarà tanto più sicuro, quanto meglio il giudice conoscerà le consuetudini di linguaggio e di pensiero delle età che l'hanno trasmessa, che possono averia coniata (...) Un critico siffato è un ideale che nessuno può incarnare in sè perfettamente, ma al quale ognuno ha il dovere di cercare di avvicinarsi.[1]
> (Stori della tradizione e critica del testo)

Graças a reiteradas leituras críticas dos textos e ao acúmulo de estudos no campo do pensamento e da arte, da gramática, da fonologia e da ortografia, do léxico e da métrica, vamos conhecendo melhor a língua e o verso de Camões; mas estamos ainda longe do levantamento que nos permita falar, com a segurança que se deseja ideal, sobre *usus scribendi* ou *dicendi* do poeta, e dele nos servirmos na solução de problemas que a crítica textual nos impõe. Se este *desideratum* é complexo quando o crítico trabalha com autor que se caracteriza por um monoestilismo — como é o caso, até certo ponto, de escritores que se pautaram pelo modelo da chamada *escola vicentina* ou por aqueles épicos que giraram em torno da influência e do prestígio da tradição de *Os Lusíadas* —, mostrar-se-á a questão muito mais complexa quando se trata de autores, como o nosso patrono, que nos legou textos pertencentes a vários gêneros literários. Optar, em casos assim, como às vezes se vem fazendo, por uma variante textual que tem a seu favor o peso quantitativo da maior frequência, pode ser um procedimento válido pelo que tem de objetividade, para não chamá-lo "mecanicista", mas que poderá deixar na sombra uma particularidade de inovação estilística original, fruto que é do saber expressivo do autor.²

Estudos de língua e de crítica textual, esquecidos da particular atenção que se deve dar a tais recursos inovadores porque a norma não ofereceu ao artista aquilo de que precisava naquele momento de criação, têm chegado a lições e opções menos certeiras. Dois exemplos curiosos dão deste fato testemunho precioso.

A não flexão do adjetivo "português", no conhecido verso de *O Hissope* "A nossa *português* casta linguagem" (canto V, verso 134), tem servido de fundamento à afirmação de filólogos e literatos de que este fato de gramática teria chegado até o século XVIII, testemunhado pelo uso de Cruz e Silva. Segundo até onde pude averiguar, a lição parece ter começado nesta nota, aliás mal interpretada ao depois, do erudito português José Maria da Costa e Silva à passagem de Sá de Miranda em texto recolhido e comentado no vol. II do *Ensaio biográfico sobre os melhores poetas portugueses*:

> Os adjetivos em *or*, e *ês* e alguns outros eram antigamente comum de dous; por isso achamos tantas vezes nos autores antigos e mesmo em João de Barros: *cidade competidor, uma português, uma holandês*, etc. Mesmo muitos tempos depois deste uso ter cessado, António Dinis da Cruz e Silva, que decerto sabia a sua língua, não duvidou dizer no *Hissope*:
>
> "É [a] nossa português casta linguagem", V, 133.³

Do *Ensaio* o comentário transformou-se em lição nas excelentes gramáticas que para o português escreveram Carl von Reinhartoettner⁴ e J. Cornu,⁵ e daí estava aberto o caminho para que a afirmação passasse às gramáticas, históricas ou não; assim está nos compêndios escritos por João Ribeiro, J.J. Nunes, A. Nascentes, Ismael de Lima Coutinho, entre outros.

No caso da não flexão de "português" há aspectos interessantes a considerar, um para a cronologia da flexão nominal e outro para uma particularidade diafásica. Quanto ao primeiro, já o nosso primeiro gramático Fernão de Oliveira registrara a existência de "portuguesa" ao seu tempo como fato incipiente, depois de referir-se a invariabilidade de "português" como fato de norma. Em relação ao segundo aspecto, é curioso assinalar que João de Barros, em suas *Décadas* (talvez pelo caráter arcaizante de estilo e de língua do gênero histórico), opta pela forma invariável do termo, mas na sua obra gramatical — em que o arcaísmo seria recurso destoante — só emprega o termo marcado "portuguesa", bem como "francesa", embora continue a usar, por exemplo, "espanhol" invariável.

Retornando ao recurso estilístico usado por Cruz e Silva, deveu-se, no meu parecer, a uma caracterização, com certa dose de ironia, do pensar e do sentir do padre Mestre que, dialogando com Lara, condena a invasão de expressões francesas a manchar a pureza do idioma pátrio, do padre Mestre que o autor orna com rica tradição haurida nos venerandos clássicos do português e do latim.[6] Não se trata, pois, de um fato vivo ainda na língua do seu tempo; é sim um belo exemplo do que Eugenio Coseriu[7] chama *diacronia subjetiva* ou *diacronia dos falantes*, isto é, intuída como tal pelos próprios falantes e que muitas vezes não coincide com a diacronia objetiva que o historiador da língua estabelece.

Tanto é assim que, fora desse momento de dircurso de apologia à antiga tradição, o padre Mestre só se socorre da forma "portuguesa", com marca de feminino. Tal recurso estilístico não perturbaria apenas a descrição linguística; reflectir-se-ia também na crítica textual. Uma cópia d'*O Hissope* existente na Biblioteca de Coimbra, de 1795, a cargo de Domingos dos Santos Morais, estranhando naturalmente o fato, adota:

> É o nosso português, casta linguagem.
> A edição de Lisboa de 1834 opta por
> É a nossa portuguesa linguagem.

O consciente editor José Ramos Coelho adota a versão mais difundida, aceitando registrar como intencional a não flexão do adjetivo e, muito agudamente, justifica sua opção desta maneira: "Conservamos — a nossa *português* — feminino antiquado, por julgarmos que o poeta o pôs intencionalmente na boca do padre jubilado, o qual era, como se vê, inimigo do modernismo em matéria de língua."[8]

Outro grande sabedor da língua da qual extraía a seiva do seu estilo engenhoso foi, sabemo-lo todos, o padre Antônio Vieira. Entre os momentos de suspensão da norma para fins expressivos está o intrigante início de frase *Me avisam que* (...).

Numa carta dirigida a Capistrano de Abreu, datada de 9 de setembro de 1926, o notável sintaticista brasileiro M. Said Ali refere-se à estranha prática de linguagem e tece a seguinte engenhosa explicação:

> O afamado *Me avisam que* não atribuo à influência do falar brasileiro. Está em carta datada de Roma. Por aquela época Vieira recorria às vezes a um modo de dizer estrangeiro, para cumprir o provérbio: "A bom entendedor meia palavra basta." Queria o padre significar que a notícia procedia de boca italiana.[9]

Infelizmente o comentário ficou por aí, não tratando do problema nem em carta nem em artigo específico. Todavia, uma análise do contexto em que ocorre o fato sintático e de outras situações em que o missivista, em missão do governo português, pede discrição de seus avisos e informações, bem pode justificar a explicação dada por Said Ali. Eis o texto comentado até aqui:

> "Me avisam *em muito secreto* [o sublinhado é meu] que Espanha tem resoluto romper a guerra com França primeiro que ela o faça (...)"[10]

O missivista insiste na descrição em outras cartas:

"Tive aqui notícias por via certa (mas de nenhum modo passe de V. Sa.) que o decreto se tinha mandado a Roma (...)"[11]

"(...) de que me pareceu avisar a V. a. para que S. A. se confirme na cautela com que o não tem querido ouvir; mas, se esta notícia chegar a tempo, sirva-se V. as. de que se não saiba o autor."[12]

Passando a problemas de crítica textual que podem encontrar solução no *usus scribendi* ou *dicendi* de Camões, começo por trazer à baila os discutidos versos d'*Os Lusíadas* em que se procura ver falha do copista ou editor por aparecerem versos rimados "à custa da mesma palavra":[13]

> Das águas se lhe antolha que *saíam*,
> Par'ele os largos passos inclinando,
> Dous homens que mui velhos pareciam,
> De aspeito, inda que agreste, venerando.
> Das pontas dos cabelos lhe *saíam*
> Gotas, que o corpo todo vão banhando;
> A cor da pele baça e denegrida,
> A barba hirsuta, intonsa, mas comprida.
> (IV, 71)

O competentíssimo Epifânio Dias relutou em aceitar a hipótese de erro tipográfico nos lugares em que editores do passado interferiram na lição dos textos com data de 1572, sob a alegação de que, argumentavam, dificilmente o épico macularia o poema com versos rimados com repetição do mesmo significante, ainda que alguns tivessem significado diferente, quando a mácula teria seu peso atenuado. Num desses passos que registra a interferência abusiva de editores, Epifânio teve oportunidade de advertir:

> A rima da mesma palavra (ou de homófonos) — aqui de "profundo" empregado como substantivo com "profundo" empregado como adjetivo — ocorre em outros lugares do poema: "jeito" em 1.81, "pressa" em V, 32, "viram" (de "vir" e de "virar") em II, 68, não falando da rima de palavras simples com um seu composto, como "fundo" e "profundo" em IX, 40. No suposto 1.º manuscrito de FS lia-se "facundo" neste lugar (comentário a IV, 102).[14]

Com ter procedido com tanta cautela e acerto neste comentário, contudo inclinou-se a aceitar a proposta de retificação do segundo "saíam" do quinto verso da citada estança, alterando-o para "caíam", sem apresentar nenhum argumento, limitando-se a informar: "a correção, nem por todos aceita, é já antiga". Entre os que não o acompanharam na emenda está outro competente camonista, José Maria

Rodrigues, que reuniu nos *Estudos sobre Os Lusíadas,* resenhando criticamente a 2.ª edição do poema a cargo de Epifânio Dias, juntamente com os comentários deste grande mestre, o mais rico repositório de informações com que até hoje contamos para o *usus scribendi e dicendi* de Camões e, até certo ponto, para o nosso conhecimento da língua do século XVI.

Apesar do peso de sua autoridade, a contraposição de José Maria Rodrigues cingiu-se à questão meramente interpretativa, não indo, segundo suponho, ao âmago do problema: "O contexto mostra que se deve manter o verbo primitivo. As gotas não 'caíam' diretamente no chão; 'saíam' dos cabelos e escorriam pelo corpo abaixo."[15]

Acredito que as razões para a manutenção do "saíam" que se quer destronar, por gralha tipográfica, se devem a motivos de ordem mais elevada e aí encontrar solução. Em primeiro lugar, não se pode perder de vista que os "dous homens, que mui velhos pareciam" representam a antropomorfização dos rios Ganges e Indo, que nascem de antigos e altos montes, como duas claras e altas fontes.

Ora, se nos lembrarmos de que, na expressão do competente mestre Orlando Ribeiro, Camões foi o mais geógrafo dos nossos poetas, será mais fácil compreendermos a habilidade com que usava a fraseologia náutica e marítima. *Sair o rio, a fonte* é expressão padronizada da fraseologia desse domínio semântico, onde "sair" concorre com "nascer" para indicar o lugar onde nasce ou surge uma fonte ou um rio. Dentre muitos outros exemplos que o poeta deve ter lido nas fontes históricas — e até ouvido na sua vivência no mar —, cite-se a seguinte passagem de João de Barros, onde "nascer" alterna com "sair", com predominância deste último:

> O primeiro destes rios *nasce* de duas fontes ao Oriente de Chaul quase per distância de quinze léguas em altura entre dezoito e dezenove graus: ao rio que *sai* de uma das fontes, que jaz mais ao Norte, chamam Crusná; e ao que *sai* da que está ao Sul, Benhorá, e depois que se adjuntam em um corpo, chamam lhe Ganga, o qual vai *sair* na foz do ilustre rio Gange entre estes dous lugares (...).[16]

O próprio poema nos fornece mais de uma vez o emprego do verbo "sair" nessa aplicação especial; note-se o paralelismo descritivo da estança que acabei de analisar com esta do Canto VII, 18:

> Lá bem no grande monte, que cortando
> Tão larga terra, toda Ásia discorre
> ....
> As fontes *saem*, donde vem marcando
> Os rios, cuja grã corrente morre
> No mar Índico (...)

Dir-se-á que servir-se de tal sistema de explicação do *usus scribendi* pode chegar às raias do arbítrio; mas, como lembra G. Pasquali, é melhor uma conjectura engenhosa em que se crê ou em que se têm boas razões de crença, do que um sistema excessivamente mecânico.[17]

Aqui e ali a tradição manuscrita da lírica camoniana com que vem trabalhando o filólogo brasileiro Leodegário A. de Azevedo Filho, apresenta "o" em contextos em que a sintaxe padrão exigiria "ao", forma esta que às vezes a tradição impressa documenta. É o caso de perguntar se, em tais momentos, houve interferência corretiva de RH ou de RI, ou a fonte por que os editores se orientaram já apresentava a forma canônica "ao". Exemplo disto é a passagem que o filólogo brasileiro comenta no recente volume dedicado às *Canções*. Na que começa por "*Com força desusada*", p. 129, o testemunho dos manuscritos LF e Ms. Jur. oferece:

> que asi como o doente

enquanto que RH, RI e FS apresentam a lição "ao doente".

Aqui está um uso que pode incluir-se como de possível responsabilidade do poeta, pois que se trata de fenômeno linguístico existente no seu tempo e que se prolonga até nossos dias, embora em estilo informal. À época de Camões o fenômeno podia ocorrer em estilo formal, e até em *Os Lusíadas* parece ter-se o poeta servido dele em duas passagens que a crítica textual resolveu alterar, subtraindo talvez ao autor uma característica linguística que lhe era cara: a convivência equilibrada das formas antigas com as do moderno erudito ao gosto renascentista, convivência já posta em relevo, entre outros, por F. Adolfo Coelho e José Maria Rodrigues.

A primeira passagem, conservada nos dois textos com data de 1572 e em edições posteriores, está em IV, 41, 8:

> A sublime bandeira castellana
> Foi derribada os pés da lusitana.

Epifânio Dias aceita a emenda "aos pés" e adianta que a correção "é já antiga". A segunda está em IX, 74, 3:

> Vendo rosto o férreo carro erguido

Depois de agasalhar a emenda:

> Vendo no rosto o férreo cano erguido,

anota o ilustre sintaticista: "Man[uel] Corrêa escreveu 'vendo no rosto'; a ed. de 1597 traz 'ó rosto' (o que equivale, na pronuncia popular a 'ao rosto'), lição que Trigoso, ao que me parece, não muito fundadamente, acha preferível."

Outra vez temos todos de lamentar não ter Epifânio explicitado as razões por que considerava como de pouco fundamento a preferência de Trigoso, já que a preposição "a" estaria a meu ver perfeitamente adequada: *erguer o cano à altura do rosto*.

Nas mesmas condições está o terceiro verso do soneto "*Alegre campos, verdes arvoredos*", segundo a lição ministrada por TT (manuscrito 2209 do Arquivo Nacional da Torre do Tombo):

> que en vós debuxais ô natural,[18]

Contra o testemunho unânime de CrB e LF "ao natural". O editor brasileiro, rejeitando — por coerência da norma que adotou — a lição de TT, atribui o "ô" à influência galega, pondo de lado a possibilidade de ser este um fato também do português.

* * *

Um caso que está à espera de maior investigação no esforço para o levantamento do *usus scribendi* e *dicendi* de Camões é o que toca a formas do tipo em que entram -*bil* e -*vel*, como em *afábil, impossíbil*, etc.

Epifânio Dias, no *Registro filológico* de sua edição do poema, informa-nos:

> Os adjetivos derivados terminados em -*vel* têm nos *Lusíadas* a forma latina -*bil* (-*bilis*) (...)

Leodegário,[19] rigorosamente de acordo com seu princípio de tomar, nas decisões relativas ao *usus scribendi* do poeta, o testemunho d'*Os Lusíadas*, ao encontrar em manuscritos erigidos por básicos ou merecedores de crédito, lições discordantes, prefere rejeitá-las em favor da lição do poema épico. Assim é que, embora os versos 11 e 14, em rima, do soneto "Apolo e as nove Musas d[e]scantando", ofereçam na tradição manuscrita de base os finais em -*vel* — *invisível* (aliás, feliz solução do editor, em vez de *impossível*) e *passível* —, intervém no texto, alterando-o para *invisíbil* e *possíbil* respectivamente, sob o peso da lição unânime de *impossíbil* d'*Os Lusíadas*. Se o poeta preferiu, na época, as formas alatinadas em -*bil*, isso não significa que, noutro gênero, não pudesse optar pelas formas com feição vernácula; é até possível que, aqui e ali, assim procedesse para marcar diafasicamente a natureza ou a feição formal de cada gênero, como, aliás, procedeu enquanto autor de peças teatrais e de cartas.

* * *

Campo ainda mais escorregadio para o levantamento do *usus scribendi* e *dicendi* em obras desses tempos afastados é o que diz respeito a opções ortográficas onde interferem não só fatores de ordem linguística — como o privilegiamento da pronúncia à instável e débil norma ortográfica vigente, ou a alterações devidas a fenômeno de dissimilações e metafonias —, mas também fatores de ordem cultural e estética, como o peso da influência erudita nas grafias latinizantes.

De igual maneira, a observação se estende ao hábito de escrever juntos ou separados os elementos integrantes de palavras de formação secundária. Não se pode aceitar sem certo ar de suspeita a afirmação de que o *usus scribendi* do poema impõe, por exemplo, grafias do tipo "em fim", em duas palavras, por ser esta a lição unânime d'*Os Lusíadas,* o que denuncia, para os que adotam tal afirmação, que, na época do poeta, ainda não estava definitivamente consolidada a justaposição dos termos. Partindo dessa premissa, interfere-se na lição apresentada pela tradição manuscrita de base, quando não acerta o passo com o exemplo ministrado pelo poema. Faltam-nos estudos para adotar com tranquilidade o preceito, ainda mais porque na própria epopeia aparece duplicidade de grafias do tipo de "atento"/ "a tento", "também"/"tão bem", não faltando o par "enfim"/"em fim" (VIII, 77 e 78).

Lembra bem M. Barbi, em *La nuova filologia* (p. 4), que são delicadas questões que não se podem resolver nem com o ouvido moderno nem com os nossos hábitos ortográficos, mas com paciente e minucioso estudo do uso comum e do uso literário desses tempos passados.

No estado atual do nosso conhecimento da língua do século XVI, são de muita prudência as seguintes ponderações de Antônio Salgado Junior na *Introdução geral* à *Obra completa,* de Luís de Camões:

> Ao tempo de Camões não há lugar, ao que parece, para olhar as grafias como reveladoras da pronúncia particular a um grupo ou a um indivíduo, como sucede com as grafias dos séculos posteriores. Bem sabemos que a oscilação na grafia de certas palavras pode levar à conclusão contrária, isto é, que essa duplicidade indica dupla pronúncia e o direito em que cada um se sentia de a registrar (...) Não podemos acreditar, efetivamente, que Camões tivesse tantas duplas pronúncias de vogais quantas são as palavras em que se manifesta dupla grafia. Pensamos que a oscilação é, neste caso e nos casos similares, meramente gráfica, reveladora não da pronúncia oscilante do autor, mas das oscilações da simples pronúncia dos vários compositores tipográficos intervenientes. Se foi o autor quem reviu, cruzou os braços atendendo a que, afinal, tanto fazia uma ou outra das grafias, porque uma e outra existiam.[20]

> Comunicação lida em sessão plenária durante a VI Reunião Internacional de Camonistas, Universidade de Coimbra, Faculdade de Letras, Coimbra, de 16 a 19 de abril de 1996.

Notas

1   PASQUALI, Giorgio. *Storia della tradizione e critica del testo*, 2.ª ed. Florença: Le Mounier, 1952. Nova edição publicada por Arnoldo Mondadori em 1974.

Fácil e difícil não são termos absolutos, e o que é difícil, isto é, incomum, para nós, pode ter sido fácil para nomeados de outras idades. O julgamento acima da facilidade ou dificuldade de uma lição será ainda mais certo quão melhor o juiz vai saber os costumes da linguagem e pensamento das idades que têm transmitido que pode ter cunhado. (...) Um crítico visual é um ideal que ninguém pode incorporar em si mesmo perfeitamente, mas ao qual todos têm o dever de tentar se aproximar. (História da tradição e crítica ao texto) (Tradução do autor.)

2   Cf. as sensatas ponderações de Armando Balduíno em *Manuale di filologia italiana* (Florença: Sansoni, 1979) e, para os autores greco-latinos, de Bertold Maurenbrecher em *Grundlagen der klassïschen Philologie* (Stuttgart: W. Violet, 1908).
3   SILVA, António Dinis da Cruz e. *O hissope, poema herói-cômico em 8 cantos.* Lisboa, 1851, p. 48.
4   REINHARTOETTNER, Carl von. *Grammatik der portugiesischen Sprache.* Estrasburgo, 1879, p. 185.
5   CORNU, Jules. *Grammatik der portugiesischen Sprache.* Estrasburgo, 1888, p. 97.
6   "Desta audácia, senhor, deste descoco,
    Que entre nós, sem limite, vai grassando,
    Quem mais sente as terríveis consequências
    É a nossa português casta linguagem
    Que em tantas traduções corre envasada
    (Traduções que merecem ser queimadas!)
    Em mil termos e frases galicanas!
    Ah! se as marmóreas campas levantando
    Saíssem dos sepulcros, onde jazem
    Suas honradas cinzas, os antigos
    Lusitanos varões, que com a pena,
    Ou com a espada e lança pátria honraram,
    Os novos idiotismos escutando,
    A mesclada dicção, bastardos termos,
    Com que enfeitar intentam seus escritos
    Estes novos, ridículos autores
    (Como se a bela e fértil língua nossa,
    Primogênita filha da latina
    Precisasse de estranhos atavios)"
    (p. 177-8 da ed. de 1879).
7   COSERIU, Eugenio. *Lecciones de linguística general.* Madri: Gredos, 1981, p. 296-297.
8   SILVA, António Diniz de Cruz e. *O Hyssope*, edição crítica por José Ramos Coelho. Lisboa: Empreza do Archivo Pittoresco, 1879, p. 309.
9   RODRIGUES, José Honório (org.). *Correspondência de Capistrano de Abreu*, vol. III. Rio de Janeiro: MEC-JNL, 1954, p. 204-205.

10 D'AZEVEDO, João Lúcio (coord.). *Cartas do padre António Vieira*, 3 vols. Lisboa: Imprensa Nacional, 1970-1971.
11 RODRIGUES, José Honório (org.). Op. cit., vol. II, p. 414.
12 Ibid., vol. II, p. 434.
13 JUNIOR, Antonio Salgado. *Luís de Camões – Obra completa*. Rio de Janeiro: Aguilar, 1963, p. 884.
14 DIAS, A. Epifânio da Silva. *Os Lusíadas*, 2.ª ed., vol. 1. Porto: Companhia Portuguesa, 1916, p. 266. Acerca desta obra pronunciou-se Leite de Vasconcelos com o peso do seu saber. "A crítica poderá descobrir nesta, como em todas as obras humanas, alguns senões; mas quando virá outra edição que derrube o glorioso monumento levantado a Camões pelo Sr. Epifânio?" (*Epiphanio Dias: Sua vida e labor scientifico*. Lisboa: Imprensa Nacional, 1922, p. 31.)
15 RODRIGUES, José Maria. *Estudos sobre Os Lusíadas* (1.ª ed. pela *Revista de Língua Portuguesa*, de Laudelino Freire, e, em 2.ª ed., pela Editora Lucerna, Rio de Janeiro, 1991). Veja-se ainda, de Hamilton Elia, *Normas para uma edição crítica de Os Lusíadas*. Rio de Janeiro: Real Gabinete Português de Leitura, 1981.
16 BARROS, João de. *Da Ásia*, década 1.ª, 1777, 2.ª parte, p. 292.
17 PASQUALI, Giorgio. Op. cit., p. 125.
18 Cf. FILHO, Leodegário Azevedo. *Lírica de Camões*, 2, Sonetos, t. I, p. 76.
19 Ibid., t. II, p. 329.
20 JUNIOR, Antonio Salgado. Op. cit.

DE ETIMOLOGIA, DE ETIMOLOGIA PORTUGUESA E DA CONTRIBUIÇÃO DE JOAN COROMINAS

O dicionário etimológico é a obra que registra o resultado da pesquisa de vários domínios de disciplinas linguísticas, com vistas a, penetrando na história, determinar a forma primitiva que explique, como diz Antoine Thomas, "as formas sucessivas ou coexistentes pelas quais uma palavra se apresenta em todas as épocas e em todas as variedades da língua a que pertence", para depois "reencontrar numa outra língua, anterior ou vizinha, o ponto de partida desta forma primitiva".[1]

Para levar a bom termo tal empreendimento "o único método que convém é o método histórico", pois é preciso "estudar comparativa e dialeticamente a sucessão dos *fatos*, dos *sons*, das *ideias*".[2]

Indagando a história é que podemos colher as precisas informações das fontes possíveis de nosso léxico – as chamadas "leis" ou regras ou constantes pelas quais os sons, como elementos materiais das palavras, se modificam através dos séculos nos domínios a que pertence a palavra, mostrando-nos os procedimentos pelos quais se altera o significado primeiro das palavras e as mudanças que a forma pode sofrer sob a influência do significado.

Em geral, as informações contidas no dicionário etimológico de uma língua ficam limitadas ao que se costuma chamar de *etimologia próxima*, isto é, a indagação do etimológico se circunscreve à língua imediatamente anterior ou vizinha de onde procede o vocábulo em causa. Às vezes o mergulho no passado para identificação dessa procedência (latina, por exemplo) é muito simples e fácil, enquanto a segunda fase do mergulho para estabelecer donde dimana esse étimo (latino) em relação a outra língua anterior ou vizinha pode ser uma investigação mais intrincada ou impossível; mas deste segundo mergulho na história não cuida quem faz etimologia românica, salvo quando o manancial latino é lacunoso e às vezes pouco informativo.

Embora a etimologia se constitua como parte integrante da lexicologia histórica, é com a gramática histórica que mantém seus traços mais estreitos, pois que lhe fornece as informações substanciais para o seu instrumental operativo. O fazer etimológico também estabelece um diálogo dialético com a linguística e com a filologia.

A primeira tarefa do etimólogo consiste em acompanhar na tradição escrita a história da palavra: buscar nos documentos literários ou não a mais antiga forma atestada. A datação torna-se imprescindível para decidir se a palavra é hereditária, procedente de uma fase anterior como o latim, ou se representa um empréstimo de uma língua vizinha.

Esta procura do testemunho datado mais antigo nem sempre é possível pela falta ou escassez de documentos, prejuízo que ganha proporções enormes, quando se trata de uma língua em que textos importantes estão à espera de edição ou, o que é mais grave, foram editados sem o rigor que requer o trabalho científico.

Levantada a documentação, entra o etimólogo no domínio do estudo fonético da palavra, a ver se as mudanças da expressão se deram de acordo com os princípios da fonologia diacrônica estabelecidos pela gramática histórica da língua em questão. Esta fase da indagação histórica chegou a ser tida, no início do considerado estudo científico das línguas, como a explicação decisiva para se aceitar ou rejeitar uma proposta de étimo. Era assim que pensava Diez, o fundador da etimologia românica, ao escrever o seu dicionário em 1854. No prefácio à obra, declara desejar inaugurar em etimologia um método "crítico", em contraposição ao método "não crítico" (*unkritisch*) dos que o precedem.

Não foi diferente o modo de trabalhar dos romanistas que lhe seguiram as pegadas. G. Körting, no dicionário publicado em 1890-1891 (3.ª e última edição em 1907) e Meyer-Lübke, no seu famoso *Romanisches Etymologisches Wörterbuch* (REW), saído em 1911 e com 3.ª e definitiva edição em 1935, pondo de lado as reimpressões destas três obras. Quanto ao método, ele se mostrou ainda mais rigoroso em Meyer-Lübke, o mais importante representante das ideias neogramáticas no domínio da romanística, que, como sabemos, trabalhavam com mais exigência o princípio das chamadas "leis" fonéticas.

Para maior rigor desse método a que Diez chamava "crítico", o dicionário etimológico tinha de ter uma visão panromânica, visão que se vai atenuar — e até desaparecer — nas fases posteriores deste tipo de investigação.

Como corolário do rigor com que se aplicavam os princípios das "leis" fonéticas, assistiu-se a um aumento de afirmações do tipo "foneticamente impossível", "de origem desconhecida", "de origem incerta", "provavelmente". Vale a pena lembrar a este propósito a estatística levantada, no fim do século passado, pelo romanista Gustavo Gröber, segundo a qual há uma coincidência de 72% nos étimos estabelecidos por Ménage — representante maior do método "não crítico" e principal alvo das ironias de Voltaire contra a etimologia — e Diez; dos 28% restantes, no domínio das discordâncias, acrescenta Gröber que grande parte, ainda à época em que elaborara a estatística, não tinha origem unanimemente aceita entre os especialistas.

Está claro que o predomínio da Dama Fonética teve cedo seus críticos, que privilegiavam o conteúdo sobre a expressão, isto é, entrava em cena como protagonista a Dama Semântica. Nesta discussão tornaram-se justamente célebres os artigos da polêmica travada entre A. Thomas e Hugo Schuchardt. Não é que o mestre francês pusesse de lado a semântica na indagação etimológica; acreditava que ela deveria vir depois da explicação fonética. Se o significado confirmasse a explicação do significante, era sinal de que o etimólogo estava no bom caminho. Se tal não acontecesse, o testemunho da semântica era posto de lado, pois se consideravam às vezes ou quase sempre insondáveis as razões das mudanças de significado.

Todavia, o desenvolvimento científico do método etimológico foi atenuando a visão intransigente de Thomas e seus seguidores, acabando por prevalecer as razões de Schuchardt, de que uma etimologia deve ser uma história da palavra, de sua forma, do seu significado, dos seus empregos e de sua extensão; encerrá-la exclusivamente no domínio fonético é transformá-la num trabalho meramente mecânico e, por vezes, de pouco proveito.

Uma outra fase da metodologia etimológica vai entroncar-se nas ideias de Frederico Nietzsche, expostas em 1972 na obra *Da utilidade e da desvantagem da história para a vida*, onde o conceituado pensador insurge contra a tendência historicista e evolucionista que orientava a ciência do seu tempo. Sob o influxo direto ou indireto dessa reação, alguns estudiosos sofreram a devoção do estudo das línguas medievais e da diacronia, e passaram a dar atenção à língua viva, aos dialetos, à gíria e aos estudos sincrônicos, fazendo ressaltar as forças criativas da linguagem popular, conforme observou o ilustre e saudoso romanista alemão Harri Meier. Esta mudança de norte da metodologia não só etimológica, mas também da linguística como um todo — repartida nas pesquisas de geografia linguística, da objetologia (*Wörter und Sachen*), entre outras disciplinas —, está bem caracterizada nas obras de Gilliéron, especialmente *La faillite de l'etymologie phonétique* (1919) e nos volumes do linguista romeno-francês Lázaro Sainéan *Les sources indigènes de l'etymologie française* (1925-1930).

As novas tendências abrem definitivamente as portas para a contribuição de muitas formas linguísticas que até então apareciam a medo nas tentativas de explicações etimológicas. Cite-se, em primeiro lugar, o papel desempenhado pelas onomatopeias, expressões imitativas ou fono-simbólicas, presença rara em Diez e menos rara em Meyer-Lübke, e privilegiadas já nas explicações de Schuchardt, depois em Leo Spitzer, Max Leopols Wagner, Angelo Prati, Karl Jaberg, von Wartburg, García de Diego, Corominas e tantos outros.

Outro filão muito explorado por essa orientação é o das explicações por *cruzamento de palavras*, por se entender que o falante associa e confunde constantemente termos sinônimos ou de formas semelhantes. Assim é que o francês "*orteil*" (dedo do pé), relacionado com o latim "*ariticulus*" pode ter explicado o "o" inicial por influência do céltico "*ordiga*".

Ainda dentro desta orientação psicologista podem ser incluídas as criações motivadas pelas metáforas, nascidas da força inventiva e humorista da gíria e da linguagem popular; é o que se deu, segundo lembra Spitzer, com o francês "*pucelle*" (donzela), cujo "ü" não pode prender-se etimologicamente ao latim "*pullicella*", mas, sim, a uma metaforização com o provençal "*puce*" (pulga, pulguinha).

Facilmente se explica que essa visão sincrônica e interessada em surpreender criações expressivas e espontâneas da linguagem popular viria contribuir para reduzir a perspectiva panromânica a que já aludi anteriormente. A verdade é que toda essa ênfase a tais processos vista e praticada com tanto otimismo há oitenta ou sessenta anos atrás, produziu resultados menos efetivos e seguros do que os investigadores esperavam.

Depois de todo esse percurso metodológico, estaríamos esperando que aqueles 28% da estatística de Gröber levantada no final do século passado ou no início deste estariam bem reduzidos hoje; todavia, a acreditar numa outra estatística realizada por Pierre Guiraud, no livro *Dictionnaire des étymologies obscures*, em 1982, poucos meses antes de sua morte, o resultado mostrou-se decepcionante: das 16 mil entradas do dicionário etimológico francês de Bloch/Wartburg, umas dez mil representam latinismos e helenismos, quase sempre de fácil explicação: das restantes seis mil palavras populares, nada menos de 1.600 se incluem naquelas de "*origine inconnue*" ou "*probablement*". Assim sendo, a extensão de nossa ignorância no tocante à etimologia francesa — e não se perca de vista que o francês é a língua românica mais bem estudada! — equivale aos quase 28% encontrados por Gröber. Como diz Harri Meier, passados quase cem anos, pouco ou quase nada progrediram os estudos de etimologia francesa, apesar das gerações de bons cultores da disciplina dentro e fora da França. Para o mesmo mestre alemão, o que aconteceu foi que, ampliando o conceito da palavra *etimologia* e identificando-a com a "história das palavras", a atenção ficou mais bem concentrada na documentação lexical com o material dialetal, histórico e outros, do que na busca e na discussão da origem das palavras. Neste sentido, o riquíssimo conjunto dessa documentação no *Französisches Etymologisches Wörterbuch* (FEW) de von Wartburg recolhido em 25 volumes é uma prova cabal disto.

Apesar deste balanço negativo e talvez por isso mesmo, os etimólogos de profissão continuaram neste fim de século a buscar novas soluções que se vêm somar aos esforços precedentes. Nesta direção, tem-se hoje insistido, principalmente no domínio românico e com maior ou menor entusiasmo por parte desse ou daquele investigador, nos seguintes princípios metodológicos relacionados por Harri Meier:

a) A fonética das gramáticas chamadas históricas tem-se limitado quase exclusivamente a uma fonética de palavras, da palavra isolada, em geral de palavras simples com poucas sílabas; daí os investigadores mais recentes dedicarem atenção especial aos possíveis fenômenos de fonética sintática, aqueles que ocorrem em palavras combinadas ou com verbos compostos, cuja importância começa a ser enfatizada pela fonologia estruturalista. Figge, por exemplo, em livro de 1966 (*Die romanische Anlautsonorisation*) assenta definitivamente o conceito de "sonorização inicial", solução que já havia sido aventada por Schuchardt em artigo de 1874, sonorização que a gramática histórica tem explicado, conforme o caso, por assimilação, dissimilação, cruzamento de palavras, influência de termos afins estrangeiros e outras causas *ad hoc*. Assim é que o português e espanhol "trapo", ao lado do francês "*drap*" e do italiano "*drappo*", alicerçado pela documentação da forma "*drappus*" em Oribásio (século V ou VI), costumam ser inicialmente filiados a um étimo iniciados por *dr*- (o céltico "**drappus*"). Todavia, a sonorização inicial torna provável como primária a forma ibero-românica com *tr*- e talvez filiado ao étimo latino "**(in)trapedare*" (dividir em pedaços), proposta pelo discípulo de Harri Meier, Horst Bursch.[3]

Também alguns etimólogos modernos preferem renunciar pelas mesmas razões, ao recurso de cruzamentos com sinônimos germânicos para explicar o destino do "v" latino de "*vespa*", "*vipera*", "*vastare*" no francês "g(u)", dos continuadores "*guepe*", "*guivre*", "*gater*".

b) Também transparece das pesquisas etimológicas e lexicais a necessidade de ampliar nossas informações no domínio da morfologia histórica, especialmente no que tange ao capítulo de formação de palavras. A busca incessante de um étimo com "br" que explicasse o francês "*brûler*" e o italiano "*brustoilire*", ambos evidentes continuadores do latim "*usturale*", tem dado muito o que fazer aos etimólogos romanistas. Entretanto, a boa explicação já tivesse sido dada por Muratori em 1739, ao partir de um prefixado "**perusturale*" (queimar totalmente), com sonorização inicial e síncope da sílaba átona. Na mesma direção pode estar a família românica de /bramare/, prendendo-se ao prefixado latino "**peramare*", reconstrução que não está longe do bem documentado advérbio "*peramanter*", usado por Cícero nas cartas.

c) O estruturalismo, que já apontamos aqui como uma fonte de renovação da metodologia etimológica, começa a ampliar sua influência quando a semântica diacrônica estrutural pôs a atenção nas mudanças semânticas reais e aparentes da passagem do latim para as línguas românicas; importa ampliar e completar a lexicologia e uma etimologia estruturais do conteúdo, à semelhança do que em parte já se faz com as funções gramaticais. Como bem assinala Coseriu,[4] sempre se considerou como fato lexicológico por excelência a estreita relação entre o plano da expressão e o plano do conteúdo. Daí se apresentar, tanto em semântica diacrônica quanto em etimologia, como mudança de significado o que, na realidade, não afeta senão a expressão. E, ao contrário, se desprezam mudanças de conteúdo quando se mantêm os vínculos entre a expressão e o conteúdo. Estes enganos também se estendem ao domínio da gramática. Por exemplo, no tocante à lexicologia histórica, se considera a mudança do latim "*bucca*" > português "*boca*" (isto é, a substituição do latim "*os*" por "*bucca*") como um caso de mudança semântica, porque, em latim, "*bucca*" significa "bochecha", enquanto, em contrapartida, aparecem, sem comentário algum, mudanças do tipo latim "*niger*" > português "*negro*", em que os conteúdos respectivos não são equivalentes. Realmente, a substituição de "*os*" por "*bucca*" também se relaciona com uma mudança "semântica", já que "*os*" significava "boca" e "bico" e para o significado de "bochecha" o latim possuía "*bucca*" e "*gena*". Percebe-se, portanto, que a mudança "semântica" propriamente dita (isto é, mudança no conteúdo) não é a de "*bucca*" > "*boca*" e não pode ser comprovada partindo-se do vínculo entre o significante "*bucca*" e seu significado. Para comprová-lo, é necessário examinar, em latim, as relações entre os significados "*facies*", "*vultus*", "*os*", "*gena*" e "*bucca*" e, no português, as relações existentes entre os significados "cara", "bico", "boca" e "bochecha". Da mesma forma, o desenvolvimento histórico "*niger*" > "*negro*" constitui também uma substituição material, já que o português "*negro*" corresponde também ao latim "*ater*". No entanto, para tal comprovação, é preciso considerar as relações de conteúdo em que "*niger*" funcionava em latim.[5]

Daí se conclui que na metodologia etimológica e na lexicologia histórica das línguas românicas deve haver uma relação de mútua implicação, muito maior do que a que tem havido até aqui. Neste particular, a lexicologia histórica do latim tem de dar muitos passos adiante da situação em que hoje se apresenta, porque quase sempre os seus dicionários etimológicos não explicitam as relações de conteúdo em que funcionavam muitos termos latinos. Constitui, neste sentido, exceção louvável o dicionário de Ernout-Meillet que com muita frequência aponta as oposições semânticas das palavras latinas.

Passando do domínio românico para uma especialização ao português, a investigação etimológica tem contado com poucos cultores, tanto no Brasil, quanto em Portugal, especialmente nos tempos modernos, em que os exemplos de D. Carolina Michaëlis de Vasconcelos, Leite de Vasconcelos e Gonçalves Viana escasseiam. Já no estrangeiro, o panorama se apresenta mais rico, pois predominam as contribuições, entre outros, de Yakob Malkiel, Harri Meier, Joseph Piel, K. Baldinger, García de Diego e Joan Corominas.

A etimologia em língua portuguesa se beneficia consideravelmente dos resultados das duas edições do dicionário etimológico que Corominas erigiu para o castelhano e domínio ibérico. Esta contribuição fez mudar a feição dos antigos, mas prestantes, dicionários etimológicos de A. Coelho e Antenor Nascentes, conforme se pode depreender do *Dicionário etimológico reduzido*, de A. Nascentes e dos dicionários de J. Pedro Machado e A. G. Cunha.

Há, portanto, para nova geração de linguistas e filólogos brasileiros, portugueses e galegos desta virada do século um estimulante campo de trabalho, uma verdadeira floresta virgem à espera de diligentes desbravadores.

Texto publicado na revista *Idioma* n.º 20, ano XVII, em 1998, numa homenagem do Instituto de Letras, da UERJ, pela passagem dos setenta anos do professor emérito Evanildo Bechara.

Notas

1 THOMAS, Antoine. *Nouveaux essais de philologie française*. Paris: Bouillon, 1904, p. 3.
2 Ibid., p. 11.
3 BURSCH, Horst. *Die lateinisch: romanische wortfamilie Von *interpedare und seinen parallelbildungen*. Bonn: Romanistisches Seminar der Universität Bonn, 1978.
4 COSERIU, Eugenio. *Principios de semántica estructural*. Madri: Gredos, 1977, p. 19.
5 Ibid., p. 21.

Uma obra preciosa ao romanista: a *Lateinische Umgangssprache* de Johann Baptist Hofmann

Entre os modernos representantes da filologia clássica e da linguística indo-europeia que interessam ao âmbito da romanística, sem favor ocupa lugar de relevo especial Johann Baptist Hofmann. Pondo de lado importantíssimos artigos, das obras de Hofmann que mais de perto manuseia o romanista, merece atenção a sua extraordinária participação nos seguintes trabalhos:

No *Thesaurus linguae latinae* (começado em 1900, mas que teve como repositório preparativo os artigos inseridos nos 15 volumes do substancial *Archiv für lateinische Lexikographie und Grammatik*, 1884-1908); na revisão e enriquecimento da parte de sintaxe da 5.ª edição da conhecida *Lateinische Grammatik* (1928), de Stolz-Schmalz, que figura na monumental coleção de Iwan von Müller, *Handbuch der klassischen Wörterbuch Altertumswissenschaft*, iniciada em 1885; na fecunda colaboração da 3.ª edição do *Lateinisches etymologisches Wörterbuch*, de Alois Walde e na elaboração de um livro de rara fortuna, que aprofunda raízes na língua de uso dos romanos, a *Lateinische Umgangssprache* (1.ª edição de 1926), que Joan Corominas, em sua tradução para o espanhol (Madri, 1958), intitulou *El latín familiar*, e que Licinia Ricottilli, na tradução italiana, com excelente introdução e fartamente anotada (Bolonha, 1980), denominou *La lingua d'uso latina*. *Lingua d'uso*, entre especialistas italianos, equivale à língua de conversação, de colorido familiar, como assinala o *familiar*, no título da tradução de Corominas.

Uma boa exposição deste conceito entre os linguistas italianos se pode ver em Migliorini no livro *Lingua e cultura*.[1]

Hofmann nasceu em Neukenroth, na Alta Frância, aos 11 de fevereiro de 1886, e morreu na sua querida e esfuziante Munique, aos 27 de julho de 1954. Em 1904 encontramo-lo inscrito na Universidade de Munique, no curso de filologia clássica ministrado por Fr. Vollmer e no de linguística comparada, a cargo de W. Streitberg. Depois de oito semestres de estudos, em 1909, a dissertação "De verbis quae in prisca latinitate extant deponentibus", elaborada sob a orientação de Vollmer, superou brilhantemente o *Staatsexamen* e o *Doktorexamen*. Seu orientador de estudos, que foi também um de seus mestres diletos, em janeiro de 1909 convida-o para integrar a equipe de redação do *Thesaurus linguae latinae*, já que, como tudo indicaria, lhe seria difícil, a Hofmann, fazer a carreira do magistério secundário e superior, depois do agravamento de uma doença de ouvido, manifestada ainda nos anos de universidade e que viria, com o tempo, privá-lo quase completamente da audição.

Na equipe de *Thesaurus* aprendeu com mais profundidade a técnica da pesquisa dos fatos de língua, lexicais e gramaticais, técnica detidamente explicitada por outro notável conhecedor da língua latina, Eduard Wölfflin, no prefácio programático do volume primeiro do citado *Archiv*, voltado, como dissemos, a reunir material com vista à redação do *Thesaurus*, este iniciado em 1900 e até hoje em plena vitalidade de elaboração.

Neste convívio, Hofmann revelou-se com tal competência e aptidão, que logo se tornou um dos mais conspícuos alicerces da gigantesca obra de lexicografia latina, em que trabalhou de 1909 até os últimos anos de sua vida. Só um exemplo patenteia a sua intimidade com os meandros e sutilezas do latim na confecção de verbetes: o lema dedicado à conjunção *et* arrola cem mil citações!

Dono de sólida informação de linguística teórica posta a serviço da redação do *Thesaurus,* beneficiou-se Hofmann desta circunstância para a consecução de seus preciosos estudos sobre latim e línguas itálicas, refletidos na remodelação e melhoramentos introduzidos na 3.ª edição *do Lateinische etymologisches Wörterbuch* de Alois Walde, publicado entre 1938 e 1954, confirmando-o como o melhor instrumento de trabalho da linguística latina, pela comparação do léxico do latim com as outras línguas indo-europeias e pela riquíssima informação bibliográfica.

Não foi menor o remanejamento feito na 5.ª edição (1928) da parte de sintaxe inicialmente devida a Schmalz da extensa *Lateinische Grammatik* de Friedrich Stolz e Joseph Hermann Schmalz, renovação não apenas na parte relativa ao latim, mas ainda nas constantes aproximações do idioma do Lácio às línguas germânicas, mormente, como seria natural, ao alemão, e às línguas românicas, tornando, assim, a obra um precioso instrumento de informação ao romanista. Ainda na preparação da 6.ª edição desta citada obra, sob a supervisão de Anton Szantyr e saída em 1965, beneficiou-se o novo editor de várias notas e observações que Hofmann apusera ao seu *Handexemplar*, confirma Szantyr no prefácio (p. vi).

O seu extraordinário conhecimento do latim levou-o a escrever uma obra de importância fundamental a que já antes fizemos referência. Trata-se de uma obra estimulante, de difícil confecção, já se vê, no rastreamento daqueles fatos que, registrados em obras escritas, denunciam traços da língua de uso, da língua de conversação. Seu objetivo é distinto do que motivou a obra de um compatriota seu, Fr. Oskar Weise saída em 1.ª edição em 1891, sob o título *Charakteristik der lateinischen Sprache*, que alcançou, segundo parece, três reedições (1905). Trabalho que reúne observações finais, ao lado de outras impressionistas, entre fatos de língua e reflexo da mentalidade do povo, obra que teve larga divulgação no mundo dos especialistas.

Todavia não foram os livros como o de Weise que serviram de inspiração à obra de Hofmann; explicitamente nosso autor aponta como inspiradores os trabalhos de Hermann Wunderlich (*Unsere Umgangssprache* [Nossa língua coloquial], Weimar e Berlim, 1894), em que estuda a língua da conversação em alemão, de Leo Spitzer (*Italienische Umgangssprache* [Língua coloquial italiana], Bonn, 1922), sobre o italiano coloquial, e de Charles Bally (*Traité de stylistique française*, Heidelberg, 1909), além, naturalmente, dos trabalhos predecessores relativos à língua coloquial latina, como, entre outros, o de O. Rebling (*Versuch einer Charakteristik des römischen Umgangssprache* [Ensaio de uma característica da língua coloquial dos romanos], Kiel, 1873).

Para Hofmann, essa *Umgangssprache* se caracteriza, em primeiro plano, como língua afetiva; e é nessa linha que procura rastrear, nos documentos escritos, essa variedade diafásica, estilística.

Bem mais difícil do que a tarefa de Wunderlich e Spitzer, que pesquisavam a língua viva, possível de ser quase fotografada, Hofmann lidou com textos escritos de épocas distintas, o que representa *corpora* variados no tempo, nos gêneros e nos estilos de época. Daí certos cuidados de resenhadores da obra em aceitar alguns dos resultados a que chegou o nosso latinista, embora todos reconheçam os méritos do trabalho como um todo. Como diz Pasquali, a consideração histórico-linguística não se separa impunemente da história-literária (*Pagine stravaganti*, 2, 333).

Hofmann teve de enfrentar problemas de ordem teórica: citem-se o conceito de *Umgangssprache*, a relação entre línguas escrita e língua falada e, não menos complexo, os pontos de contato e de distância entre o latim da conversação e o chamado latim vulgar. Neste último caso, Hofmann nega, com muita razão, que esse latim vulgar possa estar inserido num conceito único, quer no tempo, quer no espaço.

Apesar das dificuldades inerentes a uma obra dessa natureza, o profundo conhecimento do latim, especialmente de sintaxe, tão profundo que parece instintivo — como assinala Heinz Haffer, em conferência lembrada por Licinia Ricottilli, faz da *Lateinische Umgangssprache* um livro precioso.

Infelizmente, em língua portuguesa, especialmente entre brasileiros, o excelente livro de Hoffman passou quase despercebido, embora suas lúcidas observações possam ainda trazer subsídios à análise e à interpretação dos que fazem hoje estudos sobre o português falado. Faz exceção o prof. Said Ali que, já em época próxima à saída da 1ª edição da obra (1926), a utilizara em artigo sobre interjeições, depois inserido nos *Meios de expressão e alterações semânticas* (Rio de Janeiro, 1930).

> Texto publicado na revista *Confluência*, do Liceu Literário Português, n.º 31, em 2006.

Nota

1   MIGLIORINI, Bruno. "Lingua litteraria e lingua dell'uso". In: MIGLIORINI, Bruno. *Lingua e cultura*. Roma: Tumminelli, 1938, p. 47-60.

Francisco Adolfo Coelho

Dedicado este número da *Confluência* às variedades da língua portuguesa na África e no Oriente, conforme tema do Simpósio Internacional ideado pelo Instituto de Língua Portuguesa e patrocinado pelo benemérito Liceu Literário Português, não poderia ser homenageada nesta oportunidade senão a figura de Francisco Adolfo Coelho, introdutor em Portugal dos então modernos estudos de ciências da linguagem, especialmente da linguística comparada, inaugurados na Alemanha e espalhados por todo o mundo culto da época.

Adolfo Coelho nasceu em Coimbra, aos 15 de janeiro de 1847 e faleceu em Carcavelos, distrito de Lisboa, em 9 de fevereiro de 1919. Cedo, aos 21 anos (1868), estreou com *A língua portuguesa* e aos 23 (1870) publica a *Teoria da conjugação em latim e português,* trabalhos que o iriam firmar como o grande centro em torno do qual se inspirariam as futuras investigações não só no campo da linguística e da filologia, mas ainda no campo da pedagogia, da etnografia, do folclore, da literatura. Hauria as novidades quase sempre de fonte alemã, graças ao bom domínio que possuía desse idioma. Temperamento forte, combativo e inconformado, defendeu com bravura suas ideias e seus projetos para a renovação da mentalidade de Portugal do seu tempo, terçando armas com alguns dos maiorais que detinham a ciência, a política e o gosto literário da época. Participou das célebres Conferências Democráticas, realizadas no Casino Lisbonense, a partir de 22 de maio de 1871, ao lado de Antero de Quental, Jaime Batalha Reis, Augusto Soromenho, Oliveira Martins, Eça de Queirós, entre outros. A quinta e última conferência — já que uma decisão do ministério proibiu a continuação delas — coube ao nosso homenageado, que falou sobre *A questão do ensino*, na qual criticava todo o sistema pedagógico português reinante, prejuízo que impedia o progresso do país.

Procurou renovar diversos setores da investigação linguística e filológica, escrevendo livros e artigos sobre etimologia, fonética, morfologia, sintaxe, temas literários e de línguas estrangeiras, principalmente do francês. Foi dos primeiros a interessar-se pelo português do Brasil e pelos crioulos; estes últimos estudos, esparsos em revistas hoje de pouco acesso, foram recentemente coligidos por Jorge Morais Barbosa. Sua importantíssima contribuição no campo da língua dos ciganos em Portugal, da etnografia, da cultura popular e da educação mereceu oportunas reedições a cargo de Fernandes Rosado (Fundação Calouste Gulbenkian) e João Leal (Publicações Dom Quixote).

A ação intelectual desenvolvida por Adolfo Coelho no campo da linguística e da filologia foi logo reconhecida fora de Portugal. Assim é que aparece como integrante do corpo de colaboradores da importante *Internationale Zeitschrift für allgemeine Sprachwissenschaft* fundada e dirigida por F. Techmer (Leipzig, 1884-1890), ao lado de nomes consagrados como G.I. Ascoli, G. von der Gabelentz, F. von Miklosich, H. Paul, A.F. Pott, W. Scherer, H. Steinthal, J. Storm, W.D. Whitney e W. Wundt, além de outros.

No Brasil, seus escritos serviram de guia a compêndios gramaticais que procuraram romper com a batida rotina, mesmo antes da importante reforma do ensino de línguas, a cargo de Fausto Barreto, em 1887; foi o caso de Júlio Ribeiro que dedica sua *Gramática portuguesa* (1.ª edição de 1881) a "colendos mestres" em que inclui o nome de Adolfo Coelho e a ele se refere com esta pergunta: "quem poderá escrever hoje sobre filologia portuguesa sem tomá-lo por guia, sem se ver forçado a copiá-lo a cada passo?" (prefácio da 2.ª edição, de 1884/1885).

Embora não tivesse cursado a Universidade de Coimbra, foi com justiça chamado para lecionar, a partir de 1878, no Curso Superior de Letras, de Lisboa, depois na Faculdade de Letras. Aos quarenta anos, a Universidade de Gotinga lhe confere o título de doutor *honoris causa*.

Adolfo Coelho não foi apenas um valente batalhador em prol da melhoria do ensino primário e liceal; para os jovens alunos o sábio mestre escreveu, no domínio da língua e da literatura, dois preciosos voluminhos sob o título *A língua portuguesa: noções de glotologia geral e especial portuguesa* (Porto, 1881) e *Noções de literatura antiga e medieval como introdução à literatura portuguesa* (Porto, 1881. Um terceiro programado, com o título *Noções de literatura portuguesa*, não chegou a sair), e umas *Noções elementares de gramática portuguesa* (Porto, 1891). Dos dois primeiros recebeu os aplausos dos competentes romanistas Gaston Paris e Fritz Neumann. Era uma atividade que, ontem como hoje, se cumpria, como diz A. Coelho, com grandes sacrifícios "de tempo, saúde e dinheiro na aquisição de livros"[1] que, infelizmente, ontem como hoje, não sensibilizam os governantes e as autoridades de ensino, que imaginam que o professor só trabalha quando está em sala, lecionando a seus discípulos.

> Devido à dispersão da sua atividade — diz do nosso homenageado Paiva Boléo —, que não lhe permitiu aprofundar alguns assuntos, os trabalhos linguísticos de Adolfo Coelho perderam, em grande parte, a sua atualidade. Mas eles foram, na época, muito importantes e decisivos para a renovação do ambiente intelectual português, em virtude de A.C. incutir método científico na investigação e insistir na necessidade de se reunirem fatos bem apurados, em vez de se construírem teorias (...) Sobretudo na última fase da sua vida, A.C., como homem de ação que desejava ser e não apenas estudioso de gabinete, empenhava-se em modificar e melhorar a mentalidade e os hábitos da vida portuguesa. O seu maior mérito foi o de ter sido um renovador e um grande semeador de ideias.[2]

Por todos estes motivos, julgamos que este Simpósio Internacional da Língua Portuguesa na África e no Oriente não poderia ter mais justo patrono que Francisco Adolfo Coelho a quem, com a escolha, estamos também reverenciando pela passagem do sesquicentenário de seu nascimento a ser comemorado no início do ano que vem.

Texto publicado na revista *Confluência*, do Liceu Literário Português, n.º 12, 2.º semestre de 1996.

Notas

1 COELHO, A. *O ensino da língua portuguesa nos liceus*. Porto: Livraria Universal de Magalhães e Moniz, s.d. [1895].
2 BOLÉO, Manuel de Paiva. *Verbo: enciclopédia luso-brasileira de cultura*, vol. 5. Lisboa: Editorial Verbo, 1988, p. 835.

Gladstone Chaves de Melo e o nosso Instituto de Língua Portuguesa

Entre os bons frutos hauridos por mim quando convidado para participar da patriótica e cultural campanha em prol da língua portuguesa promovida pelo Liceu Literário Português está, sem dúvida nenhuma, o de estreitar os laços de respeito e amizade ao saudoso Gladstone Chaves de Melo.

Éramos, nessa empresa inicial, seis ao todo: Sílvio Elia, Gladstone, Maximiano de Carvalho e Silva, Antônio Basílio Rodrigues, Nilza Campeio e eu. Com Sílvio já vinha convivendo desde largo tempo, nas lides universitárias na PUC de Petrópolis, e, mesmo antes, nos encontros da Academia Brasileira de Filologia e na Livraria Acadêmica. Com Maximiano, ilustre representante da minha geração, o convívio era menos intenso, mas relativamente constante. Antônio Basílio fora meu excelente aluno na UERJ e depois estimado colega na mesma instituição. Só de Gladstone mantinha uma distância maior, porque, embora ambos professores na Universidade Federal Fluminense, eu não pertencia diretamente ao grupo dos alunos do "professor Sousa"; mas indiretamente o era pelos seus livros e pelas relações desse inolvidável estudioso com meu dileto mestre Said Ali, de quem fora discípulo nos áureos tempos do Colégio Pedro II, chamado, àquela quadra, por imposição dos republicanos, Ginásio Nacional. Encontrávamo-nos, falávamo-nos, mas sempre com a discrição daqueles que bebem da água do mesmo rio, mas em margens diferentes.

A instalação do Instituto de Língua Portuguesa, sob a batuta magistral de Sílvio Elia e sob a competente administração do dr. Antônio Gomes da Costa, me permitiu um mergulho mais profundo nos valores do homem fiel e do pesquisador honesto, às vezes intransigente às ondas novidadeiras das manifestações que cercam a vida em todos os seus quadrantes. Aprendi a apreciar-lhe as qualidades morais e a sua competência de filólogo. Apesar de sua erudição em tantos domínios culturais, nunca largou aquele ar mineiro de quem está aparentemente distante dos homens e das coisas, mas secundado, quando falava, de profundo senso crítico e de uma causticante *verve*.

Estudou toda a vida, mesmo diante de alguns dissabores que poderiam afastá-lo de sua religião, de sua filosofia e das pesquisas de filologia e gramática. Com o desaparecimento de sua esposa d. Cordélia, nosso Gladstone foi aos poucos perdendo o gosto de viver. Mesmo assim, estava sempre atento ao que dele poderia precisar o Instituto de Língua Portuguesa. Deixaram saudades entre seus alunos os cursos que aí ministrou de latim, de língua portuguesa e de autores clássicos brasileiros e portugueses. Deixou-nos um rico elenco de livros, nos diversos campos da nossa ciência, dos quais ressalto, como exemplo de arquitetura inteiriça e bem travada, sua *Gramática fundamental da língua portuguesa*.

Dono de boa prosa gostava de frequentar seus colegas no Instituto de Língua Portuguesa e na Academia Brasileira de Filologia.

Com seu falecimento, desaparece um dos últimos baluartes do estudo e do ensino do português padrão entre nós, cuja competência e experiência soube ele tão bem transmitir a todos os que, ao seu lado, labutamos para a consecução dos altos propósitos do nosso Instituto de Língua Portuguesa do Liceu Literário Português.

Depois desse longo percurso que foi a vida vivida intensamente de Gladstone Chaves de Melo ele pode repetir o que disse Bandeira, "quando a Indesejada das gentes chegar":

> *O meu dia foi bom, pode a noite descer.*
> *(A noite com os seus sortilégios).*
> *Encontrará lavrado o campo, a casa limpa,*
> *A mesa posta,*
> *Com cada coisa em seu lugar.*

Texto publicado na revista *Confluência*, do Liceu Literário Português, n.º 22, em 2001.

Incursões de Sousa da Silveira na romanística em torno de um inédito

Os que estão acostumados à leitura dos textos preparados por Sousa da Silveira, ainda aqueles destinados a alunos da escola média, percebem neles a permanente preocupação de não apresentar os fatos da língua portuguesa desgarrados ou da fonte originária latina ou de suas irmãs românicas, em especial atenção ao galego, espanhol, francês e italiano.

O exaustivo estudo biobibliográfico que do nosso homenageado preparou Maximiano de Carvalho e Silva nos mostra Sousa da Silveira, no período em que permaneceu em Portugal, muito cedo atraído pela língua e pela literatura galegas, contacto proveitoso que surpreendemos em páginas de seus livros didáticos ou de pesquisas mais avançadas, comparando fatos gramaticais e léxicos desses idiomas.

Cremos que o contacto com o francês antigo — que nesta hora nos interessa mais de perto — lhe foi estimulado pela convivência intelectual com M. Said Ali, seu mestre de alemão no Colégio Pedro II e depois seu colega e amigo de magistério, unidos pelo interesse comum do melhor e mais aprofundado conhecimento da língua portuguesa. Reforçado depois este contacto pelas aulas a que assistiu, ministradas por Jean Bourciez e Georges Millardet na Faculdade de Filosofia e Letras da Universidade do Distrito Federal, inaugurada em 1937.

As excelentes *Notas soltas de linguagem* dão-nos sobejos exemplos deste filão romanístico e, mais particularmente, desse permanente contacto com a língua francesa antiga. Um exemplo disto, entre outros, é a nota duplicada em que trata das expressões *levantar-se em pé* e *levantar-se assentado*, inserida na *Revista de Cultura,* anos de 1932 e 1933, parcialmente transcrita nos *Estudos camonianos,* organizados pelo prof. Maximiano de Carvalho e Silva.[1]

Depois de explicar a expressão que ocorre na est. 36 do c. I de *Os Lusíadas* "De entre os deuses [Marte] *em pé se levantava*" (nas *Notas soltas,* IV, n.º 13), volta ao tema em VII, n.º 26: Ainda "levantar-se em pé", segunda parte da nota, não recolhida nos citados *Estudos camonianos:* A nota n.º 13, publicada na *Revista de Cultura,* fascículo de outubro do ano passado, ocupou-se com a expressão corrente em português antigo "*levantar- se em pé*".

Ali me referi ao seu uso em espanhol, e dos numerosos exemplos portugueses que conheço, transcrevi apenas um de Camões e alguns de Fernão Mendes Pinto.

Teve essa nota a felicidade de agradar ao meu mestre e amigo o sr. Said Ali, que me comunicou não só mais dois exemplos em português, mas também outros dois em francês arcaico, que eu não conhecia.

Esta visão românica, tão presente nos melhores sintaticistas e filólogos brasileiros, infelizmente vai aos poucos desaparecendo na produção de uma pujante plêiade de estudiosos modernos, entre nós.

A aptidão de nosso homenageado para incursões no campo da romanística explica a existência do texto inédito que agora damos à luz graças a um presente que havia muito nos foi ofertado por um dos mais queridos discípulos do mestre, o prof. Jesus Bello Galvão. Acreditamos que seja esta a oportunidade de trazê-lo ao conhecimento de quantos apreciam a figura ímpar do autor das já clássicas *Lições de português,* bem como daqueles que estimam os estudos linguísticos.

Trata-se de breve comentário a pequeno texto do francês arcaico publicado pelo romanista alemão Karl Bartsch na sua prestimosa *Chrestomathie de l'ancien français.*[2]

Não vem indicada a edição; a que possuímos é a 12.ª edição, datada de 1920, inteiramente revista e corrigida por Leo Weise. A pequenina composição anônima aparece, em nossa edição, na mesma página indicada pelo comentador, sem nenhuma alteração textual. O mesmo Bartsch a havia já publicado em obra anterior, intitulada *Altfranzösische Romanzen und Pastourellen,*[3] cuja lição difere em alguns pontos, sem repercussão em eventual comentário e no desenvolvimento da história; mas integra uma peça maior a que Bartsch denominou *Li lais de la pastorele.*

O ensejo da elaboração do presente comentário nasceu de circunstância fortuita. O prof. Sousa assistia às aulas de filologia românica ministradas por Jean Bourciez (filho de Édouard Bourciez, autor dos excelentes *Éléments de linguistique romane),* professor da Faculdade de Letras da Universidade de Montpellier que, com Georges Millardet, da Sorbonne, Jacques Perret e outros, veio ao Rio de Janeiro, em 1937, dar curso na recém-fundada Faculdade de Filosofia e Letras da Universidade do Distrito Federal. No prefácio à 1.ª edição dos *Princípios de linguística geral* do saudoso Joaquim Mattoso Câmara Jr.,[4] assinalava que conhecera o nosso linguista ao acompanharem juntos o curso de filologia românica a cargo de Georges Millardet, em que Mattoso estava na condição de "ouvinte inscrito" e ele "como simples curioso que aproveitava a oportunidade de assistir às lições do grande mestre francês".

Nestas condições, estava também o prof. Sousa, com certeza, nas aulas de Jean Bourciez. Tendo este mestre sido convidado a visitar São Paulo, coube ao nosso homenageado dar três aulas de filologia românica para suprir-lhe a ausência. Dessas três aulas resultou o comentário a um texto do francês antigo, composto na mesma linha em que os professores franceses os realizavam em seus cursos, já que segue o tradicional modelo usado nas atividades docentes deste gênero, onde prevalecem as notas de caráter fonológico e morfológico, com algumas digressões semânticas, especialmente no que se refere a mudanças de significado ocorridas através do tempo. A brevidade das notas, como simples auxiliar da aula, era, sem dúvida, enriquecida e complementada pela natural digressão oral — que os ouvintes iam registrando em seus apontamentos, mas que, infelizmente, não aparece no texto final, como sói acontecer nesses casos.

Escolhido o texto a ser comentado, com toda a certeza debaixo da supervisão de Bourciez, foi preparado em manuscrito e depois datilografado, merecendo este último ainda um ou outro acréscimo, com a lembrança de exemplário extraído de outras obras literárias, que não foram incorporadas à redação definitiva datilografada.

Preparado assim o comentário, foi entregue ao prof. Jesus para que o publicasse em ocasião oportuna. No texto datilografado, por vontade do seu autor, foi eliminada a informação exarada no manuscrito, em nota de rodapé: "Durante a visita do Professor J. Bourciez a S. Paulo, dei três lições de Filologia Românica em seu lugar. Reúno-as no presente trabalho em homenagem ao ilustre romanista."

Também não passou para o texto datilografado o título que rezava no manuscrito: "Explicação de um texto de francês arcaico/ no curso de Filologia Românica /Ao Prof. J. Bourciez."

O autógrafo e a cópia datilografada não estão datados; todavia, é fácil concluir que estes comentários foram redigidos em 1937. Por outro lado, prometidas 24 notas ao texto francês, elas ficaram na 21.ª, relativa a *mais*, apenas aflorada, tanto no autógrafo quanto na parte datilográfica, o que talvez tivesse constituído o motivo de não ter sido até hoje publicado o comentário.

Acreditamos que a iniciativa de trazer à luz este inédito de Sousa da Silveira, sobre ser uma homenagem de respeito e admiração ao professor e investigador exemplar, prestará bom serviço a professores e alunos interessados nesse gênero de estudos. Excedemo-nos na apresentação deste inédito porque julgamos que ele resgata um pouco da história da filologia românica no Brasil, especialmente no Rio de Janeiro, história que está por ser levantada.

Por fim, ousamos acrescentar à lição as três notas finais prometidas no comentário, completar a 21.ª sobre *mais apenas*, como dissemos, aflorada no autógrafo e na parte datilográfica, além de uma tradução livre do texto francês, já adiantada nas notas do prof. Sousa. Aliás, nesses casos, a tradução livre se impõe pela própria textura dessas composições, sobre as quais disse bem Léon Clédat: "(...) *sont ainsi des épisodes très simples d'histoires d'amours, racontés en quelques scènes sobrement traitées*" [( ) são assim episódios muito simples de histórias de amor, contadas em algumas cenas tratadas de forma sóbria].[5]

Passemos ao texto inédito tal como aparece na cópia datilografada:

Explicação de um texto de francês arcaico

Texto:
BELE[1] AELIS[2] PAR MATIN[3] SE LEVA,[4] EN UN PRE[5] JÜER[6] ALA,[7] PAR DEPORT[8] ET PAR DOUÇOUR.[9] LORS[10] LI MENBRE[11] D'UNE AMOUR[12] 5- K'ENPRISE A,[13] SI GRANT PIECH'A.[14] EN SOUSPIRANT S'ESCRIA:[15] "DIEUS, CON VIF[16] A GRANT DOULOUR,[17] QANT ON ME BAT[18] NUIT ET JOUR[19] POUR CELI QUI MON CUER A![20] MAIS[21] QUANT PLUS ME BATERA MA MERE,[22] PLUS ME FERA[23] PENSER FOLOUR.[24]"[6]

Comentário:

1- *bele* < lat. *bella*.
2- *Aelis*, nome de mulher.
3- *par matin* < *per mat(u)tinu*. Significa "de manhã cedo". Cf. *Roland*, p. 163: "Li Emperere est *par matin* levez"; na tradução de Léon Gautier: "L'Empereur se lève de grand matin." A forma latina *matutinu* deu ao italiano *mattino*, no feminino *mattina*. Em português há *matinas* e em francês *matines*: "Messe e *matines* ad li Reis escultet."[7]

Em provençal, *matin*: "Cel meiro·ls saintz en tal traïn/Con fa·l venaire·ls cervs *matin*", isto é, "Ces gens causèrent aux saints même tourment que le chasseur aux cerfs, *de bon matin*."[8]

O lat. *mane*, advérbio e substantivo neutro indeclinável, continuou no francês arcaico *main* ou *mains* (também advérbio e substantivo, porém masculino) e no italiano *mane*; em ambas as línguas aparece em compostos, fr. *demain* e it. *dimani* ou *domani*. Alguns exemplos de *main*:

"*Par main* en l'albe, si cum li jurz esclairet"[9]
(Le matin à l'aube, sitôt que le jour point.)
"— Merci, sire, dist li vilains;
Je sui vostre homme et soir et *mains*,
Et serai tant con je vivrai,
Ne ja ne m'en repentirai."[10]

Do composto *demain* (< *de+mane*) fez-se o substantivo *endemain*, 'o dia seguinte':

"Quant il li ot presentei, si dist au roy: 'Sire, je venrai *demain* parler a vous de mes besoignes.' 'Quant ce vint *l'endemain*, li abbes revint'"[11]
"a *l'endemain*"[12]

Mais tarde o artigo aglutinou-se ao antigo substantivo, dando em resultado *lendemain*, que hoje se faz preceder de novo artigo: *le lendemain*.

Outro composto de *main* era *aparmain*, 'logo', 'em breve'.

Na península Ibérica o latim *mane* ficou no derivado **maneana*, donde provêm o português *manhã* e o espanhol *mañana*.

Temos, como se sabe, relacionados a *matutinu* os adjetivos *matutino* e *matinal*.

4- *se leva* (= se levantou). Latim *levare* > fr. *lever*.
5- *pre*. O neutro latino *pratum* (cf. o conhecido verso de Virgílio:[13] "Claudite iam riuos, pueri, sat *prata* biberunt") passou a masculino em latim vulgar: **pratus*. Daí, o caso sujeito *prez*, do nominativo *pratus*, e o caso regime *prêt, pred, pre*, do acusativo *pratu(m)*. A forma *prez* corresponde também ao caso regime do plural, derivado do acusativo latino *pratos*.

Exemplo do regime singular:

"Li Emperere s'est culchiez en *prêt*";[14]

do regime plural:

"Pois, od les ewes lavat les *prez* de l'sanc."[15]

Em português e espanhol *prado*, em italiano *prato*, em provençal *prada*. Outras línguas românicas têm representantes do latim *pratum*, o que pode ver-se no *Romanisches Etymologisches Wörterbuch* (REW).
O francês *prairie* deriva-se de **prataria*, paroxítono.
6- *Jüer, jöer, jouer*. Do lat. **iocare*.
7- *ala*. O verbo *aler, aller*, prende-se a **alare*, de origem incerta. Alguns o tiram de "ambulare".
8- *déport* e *desport*. É a palavra francesa que vai dar, por aférese, o inglês *sport*, o qual regressará ao francês como anglicismo. Para mais informações, v. Bonnaffé, *Dictionnaire étymologique et historique des anglicismes*, Paris, 1920. Par *déport* = par passe-temps, zum Zeitvertreib (Bartsch).
Outra palavra francesa, *tonnel, tonnelle* (mod. *tonneau*), foi para a Inglaterra e de lá voltou como anglicismo com a forma *tunnel*. Quanto a vocábulos que saem de uma língua para outra e tomam à primeira alterados na forma e no sentido, cf. o português *feitiço*, que deu em francês *fétiche*, donde temos *fetiche* e o seu derivado *fetichismo*. Note-se que em português antigo havia *desporto* e *deporte* com o sentido de 'divertimento', 'desenfado'.[16] O italiano tem *diporto* com o mesmo significado.
9- *douçour*. Diz o *Dictionnaire étymologique de la langue française* de Oscar Bloch, I, 1932, s.v. *doux*: "Douceur, XII siècle, continue le latin de basse époque *dulcor*, avec réfection d'après *doux*."
10- *lors, alors* < *ad+illa+hora+s* adverbial. Significa 'então'.
11- *li menbre*: 'lhe lembra'.
Para o dativo feminino *li* aponta-se como étimo, de preferência ao latim clássico *illi*, o popular **illaei*, **illei*, que se costuma confrontar com o provençal *liei* e o italiano *lei*.
O verbo *membrer* provém do latim *memorare*. Aparece, seja na forma simples, seja na composta *remembrer*, com bastante frequência. Há também o substantivo *remembrance*, digno de nota. Exemplos:

"Envers Jesum sos olz toned,
si piament lui appelled:
de met *membres* per ta mercet,
cu tu vendras, Crist, en ton ren."[17]
"De plusurs choses à *remembrer* li prist."[18]
"Repairet lui vigur e *remembrance*."[19]
"Hé! Gens d'armes, aiez en *remembrance*
Vostre père,.."[20]

O latim *memorare* perde o *o* antetônico e reduz-se a *mem'rare*. É sabido que o grupo *m'r* recebe um *b* epentético, isto é, *m'r* > *mbr*. De sorte que aquele verbo latino vai distribuir-se assim pelo domínio românico: ital. *membrare*; prov. *membrar* > *nembrar*; franc. *membrer*; esp. *membrar*; port. *membrar > *nembrar* > *lembrar*.

Para o italiano, v. o *Dicionário* de Petrocchi; para o provençal, v. Anglade, *Grammaire de l'ancien provençal*, 1921, p. 200. No espanhol *membrar* aparece ainda em Cervantes: "Plégaos, señora, de *membraros* deste vuestro sujeto corazón, que tantas cuitas por vuestro amor padece."[21] "Señor caballero, *miembresele* á la vuestra merced el don que me tiene prometido."[22]

Quanto ao português, não se conhece texto em que apareça a forma *membrar*, mas o étimo latino e o testemunho românico obrigam-nos a admiti-la como hipotética. Dela se passa para *nembrar* por dissimilação do primeiro m: m .... m > n .... m, como sucedeu ao substantivo *membro*, que passou a *nembro*:

"A estadura do seu corpo era meã e bem composta de seus *nembros*."[23]

"Estando em êste aficamento qual ouvidos, os *nembros* com que haviam de ferir lhis enfraqueciam assí que os nom podiam reger senom mui gravemente."[24]

Exemplos de *nembrar*:

"Mas ela diss'enton: — Santa Maria, de mi non te dol,
neno teu Filho de mi non se *nenbra*, como fazer sol!"[25]

"Que soïdade de mha senhor hei,
quando me *nembra* d'ela qual a vi
e que me *nembra* que bem a oí
falar,..."[26]

A forma atual *lembrar* provém de *nembrar*, graças à dissimilação de n.... m em l.... m, fenômeno que não é nada raro. Vejam-se, por exemplo, as seguintes palavras:

lat *anima* — port. e esp. *alma*
astronomia — port. e prov. *astrolomia*
lat. *Hieronymus* — ital. *Girolamo*

12- *d'une amour*. Há várias coisas que notar:

a) o *de* tem valor restritivo; significa "a respeito de";
b) *amour* na Idade Média era feminino, mesmo no singular;
c) *amour* devia chegar a *ameur* por provir do latim *amōre* (cf. lat. *dolōre*, fr. mod. *douleur*), mas só aparece com a forma normal em francês antigo, e ainda assim muito raramente, e não a tem absolutamente no moderno. Atribui-se essa interrupção na evolução do vocábulo ou à influência de *amoureux* (em que o *o* longo latino por ser átono dá regularmente *ou* em francês), ou à ação do provençal.[27]
d) a sintaxe *li membre d'une amour*, literalmente "lhe lembra a respeito de um amor" tem alguma analogia com a da cantiga de D. Dinis, citada supra: "quando *me nembra d'ela qual a vi*." Ainda hoje dizemos, e alguns até escrevem, *não me lembra dele*: sobrevivência da velha sintaxe ou cruzamento da construção impessoal "não me lembra" com a pronominal "não me lembro de".

13- *k'enprise a*: 'que tomou'. O *k'* = *qu'*, pronome relativo, com elisão do *e* final; *enprise*, particípio passado, na forma feminina, do verbo *emprendre*. Quanto à expressão *tomar amor(es)*, cf. G. Dias, *Primeiros cantos*, 1846, p. 180: "Nas asas breves do tempo / Um ano e outro passou, / E Lia sempre formosa / Novos *amores tomou*." Quanto à ordem das palavras e ao particípio forte, cf. o seguinte verso de D. Afonso o Sábio, *Cantigas de Santa Maria,* ed. de Rodrigues Lapa, p. 60:

"alén do rio da vila, assí com'eu *après'ei,*
vertudes se descobriron."

A expressão *après'ei* equivale a "hei apreso", "aprendi", "soube"; *aprêso* é o particípio passado forte de *aprender,* cognato, pois, do francês *empris,* de *emprendre.*

14- *si grant piech'a*: 'tão grande pedaço (de tempo) há', 'há tanto tempo'. Cf.: "estou à sua espera, há *pedaço*".

si, adv. < lat. *sic.*

grant < lat. *grande.* Em consequência do desaparecimento do *e,* o *d* latino tornou-se final e reforçou-se em *t,* como é a regra: lat. *tarde* > fr. arc. *tart;* lat. *subinde* > fr. *souvent;* lat. *surdu* > fr. *sourt.* O francês moderno restabeleceu o *d* latino na maior parte de tais palavras. *Grant,* no caso regime, era uniforme para ambos os gêneros. A atual forma feminina *grande* é analógica. O *t* do antigo *grant* mantém-se na ligação do moderno *grand* (masculino), embora escrito *d: grand homme* pronunciado "grantóm".

A velha forma feminina *grant* (com *t* final mudo antes de consoante), embora adulterada na ortografia, que lhe põe *d* em lugar de *t* e a presenteia com um apóstrofo descabido, como se tivesse havido supressão de um *e,* conserva-se em palavras como *grand'mère, grand'route.*

Piech'a ou *pieç'a* equivale a "il y a une pièce de temps". Também na língua portuguesa arcaica:

"ũa *grande peça do dia*
jouv'ali, que non falava,"[28]
"Enton aquel bõo ome seve *gran peça* cuidando
de como viu este feito."[29]

15- *souspirant* < lat. *suspirando* (gerúndio). Por desaparecimento da vogal final o *d* tornou-se final e passou regularmente a *t,* por estar depois de consoante. Cf. o que ficou dito a respeito de *grant.* Francês moderno *soupirant.*

s'escria. Composto de *crier* < *crider* < **quiritare.*

16- *Dieus, com vif*: 'Deus, como vivo.'

Dieus < lat. *Deus.*

con < lat. *quomo(do).*

vif < lat. *vivo.* Com queda do *o,* o segundo *v* tornou-se final e reforçou-se em *f.* Assim se conjugava o verbo *vivre* no presente do indicativo:

1.ª	vif	vivons
2.ª	vis, vifs	vivez
3.ª	vit	vivent

17- *a grant doulour*: 'com grande dor'.

a < lat. *ad*. Está indicando o sentimento com que alguém vive ou pratica um ato. Cf. *Roland*, 1787:

"L'olifant sunet *à* dulur e *à* peine."
grant: v. supra, n.º 14; *doulour* (mod. *douleur*) < lat. *dolore*
18- *qant on me bat*: 'quando me batem'.
qant < lat. *quando*. Desapareceu regularmente o elemento labial do grupo *kw*, e o *d*, tornado final em consequência da queda do *o* e estando depois de consoante, passou normalmente a *t*. A grafia moderna restabeleceu o *u* e o *d*, latinos: *quand*.
on < lat. *homo*. Do acusativo *homine* veio o arcaico *ome*, moderno *homme*. O *on* do nosso texto tem valor de indefinido, tanto que se refere, como se vê pelos versos 10 e 11, a uma mulher: a mãe de Aelis. Em português o substantivo *homem* também podia ser usado como indefinido, perdendo igualmente o seu significado primitivo e aplicando-se a mulher. No *Filodemo*, Camões põe as seguintes palavras na boca de uma mulher, Solina, que se fingiu agastada por ter de atravessar uma sala em que estava alguém: "Sempre esta casa há-de estar/ acompanhada de gente/ que não possa *homem* passar" (p. 56 dos *Autos* na ed. de Marques Braga).

E nos *Enfatriões*, p. 10 da edição citada, diz também uma mulher, falando do modo como elas devem tratar certos pretendentes: "porque o milhor destas danças/ com uns vendiços assim/ é trazê-los por aqui/ ó cheiro das esperanças;/ por viver/ há-os *homem* de trazer/ nos amores assi mornos/ só pera ter que fazer,/ e depois, ao remeter,/ lançar-lhe a capa nos cornos."

Em provençal *om* também pode ser pronome indefinido:

"Sa filia el fez tal quamiment
Q'om non deu far a sun parent:
Mort lo lor fez pausar ail vent."[30]

me < lat. *me*.
bat < lat. *batt(u)it*. Infinitivo *battre* < lat. *batt(u)ere*.
19- *nuit et jour*: *nuit* < lat. *nocte*; *et* < lat. *et*.; *jour* < *jor* < *jorn* < lat. *diurnu*.
O adjetivo *diurnu* dá ao francês *jour*, ao provençal *jorn*, ao italiano *giorno*.
O latim *dies*, passando a *dīes* ou *dīa*, perdura no português e espanhol *dia*, no italiano *di*, e teve como representante em francês antigo a forma *di*, que desapareceu, salvo em compostos como *midi* e os nomes dos dias da semana: *lundi*. (Lun(ae)-die), *mardi* < arc. *marsdi* (Martis-die), *mercredi* (Merc(u)ri-die), *jeudi* < arc. *juesdi* (Iovis-die), *vendredi* (Ven(e)ris-die), *samedi* (*sabati-die), *dimanche* (die-domm(i)ca).

O francês *di* aparece, por ex., nos juramentos de Estrasburgo: "d'ist *di* in avant"; vemo-lo na expressão *noit e di*, análoga à do texto; nos compostos arcaicos *oidi* < *hodie die* e *toudis* (todos os dias, sempre): "Nos te laudam et *noit e di*."[31]

"mais nos a dreit per colpas granz esmes *oidi* en cest ahanz."³²
"baisiés, baisiés moi, amis, *toudis!*"³³

No provençal também se encontra *dia*:

"Unqeg *dia · lz* la setmana
Diables manbes *la · us* apana."³⁴
"Queg *dia* lz creman quains tizum."³⁵

A expressão *noite e dia* (às vezes *dia e noite*) vem-nos desde a língua arcaica à de agora:

"porque metera seu siso
en a loar *noit'e dia*."³⁶
"Ca tu *noit'e dia*
senpr'estás rogando teu
Filh', ai, Maria!"³⁷
"Quando um objeto amado,
Quando um lugar distante,
Noite e dia,
Nos enluta e apouquenta a fantasia."³⁸

20- *pour celi qui mon cuer a!*: 'por causa daquele que tem o meu coração!'
pour< lat. *pro,* sob influência de *per.*
celi: caso regime do pronome *(i)cil* < *ecce + ílli* por *ecce + ílle*).
qui lat. *quí.*
mon (átono) < *meon* < *meum.*
cuer < lat. *cõr.*
a < lat. *habet.*
21- *mais* lat. *magis.*

A conjunção adversativa portuguesa teve também a forma "mais" na língua arcaica:
"Queixei-m'eu destes"

21 *mais*: 'mas'. Do latim *magis* com síncope do *g* intervocálico. Para suprir várias das conjunções latinas desaparecidas na passagem para o românico, este, entre outros recursos, passou a empregar como conjunção antigos advérbios, como foi este caso do advérbio *magis.*

22- *mere*: 'mãe'. O latim *matrem* para chegar ao francês *mere* (hoje grafado *mère*) apresenta as seguintes evoluções: a) o *a* tônico em sílaba tônica aberta diante de consoante oral passa a *e* aberto: *matre → medre* (em sílaba fechada ou travada mantém-se: *parte → part*) o *t* integrante de grupo consonantal intervocálico sonoriza-se *(medre)* e acaba por desaparecer *(mere).*

23- *fera*: 'fará'. As formas de futuro em românico partem de um infinitivo reduzido do latim vulgar: *fare* (por *facere*) a que se juntam as formas do presente do indicativo de *habere*, por processo de fonética sintática. Daí *fara (fare + a)* evoluirá normalmente a *fera*, pela passagem de *a* tônico em sílaba livre ou aberta a *e* aberto, que vimos em *matre* → *medre* > *mere (mère)*.

24- *folour* (também escrito *folor);* 'loucura', 'imprudência louca'. Trata-se de substantivo feminino derivado *de foi* (também *fou)*. O substantivo *foi* procede do latim *follis* que significava 'fole ou saco para encher de ar'. Por uma metáfora já concretizada no latim, passou a denotar o 'doido', o 'tolo' (por ter, com certeza, a cabeça cheia de vento (cf. nossa expressão *cabeça de vento)*. O português arcaico também conheceu, como o espanhol, e foi muito usado pelos trovadores galego--portugueses; pela constituição fonética do vocábulo em português e a falta de ditongação no representante espanhol *foi*, chega-se à conclusão, com Corominas, de que se trata de empréstimo ao galo-românico. Como ensina Alain Rey,[39] é só no século XX que, em francês, *fou & folie* desaparecem do vocabulário técnico da medicina, substituídos, nos casos específicos, por *dément, malade mental* e *psychotique*.

Tradução livre

De manhã cedo a bela Aelis se levantou e foi ao prado brincar, para docemente espairecer. Então lhe vem à memória um amor que a tomou faz já tanto tempo. E, suspirando, exclama: "Deus, como vivo com grande dor quando alguém (a mãe) me maltrata noite e dia, por causa daquele que tem o meu coração! Mas, quanto mais me maltratar minha mãe, mais me fará pensar nesta minha louca paixão."

* * *

Texto publicado na revista *Confluência*, do Liceu
Literário Português, n.º 15, em 1998.

Notas

1 SILVA, Maximiano de Carvalho e (org.). *Estudos camonianos:* [Brasília] : Departamento de Assuntos Culturais, 1974, p. 507-508.
2 BARTSCH, Karl. *Chrestomathie de l'ancien français*. Leipzig, F.C.W. Vogel, 1927, p. 224.
3 Id. *Altfranzösische Romanzen und Pastourellen*. Leipzig, F.C.W. Vogel, 1870, p. 209
4 CÂMARA JR., Joaquim Mattoso. *Princípios de linguística geral*. Rio de Janeiro: F. Briguiet, 1942.
5 CLÉDAT, Léon. *La poésie lyrique et satirique en France au moyen âge*. Paris, s/d.
6 Apud BARTSCH, Karl. Op. cit., p. 224.
7 GAUTIER, Léon. *La chanson de Roland* (edição crítica). Alfred Mame et fils Éditeurs, 1872, p. 164.

8   ALFARIC, Prosper; HOEPFFNER, Ernest. *La chanson de Sainte Foy*. Paris: Société d'édition Les Belles Lettres, 1926, verso 8.
9   GAUTIER, Léon. Op. cit., p. 667.
10 *Le vilain mire,* apud CLÉDAT, Léon. *Chrestomathie du moyen-age.* Paris: Garnier Frères, s/d, p. 231.
11 JOINVILLE apud CLÉDAT, Léon. Ibid., p. 276.
12 FROISSART apud BARTSCH, Karl. Op. cit., p. 275.
13 VIRGÍLIO. *Bucólicas*, vol. III. São Paulo: Melhoramentos, 1982, p. 111.
14 GAUTIER, Léon. Op. cit., p. 2496.
15 Ibid., p. 1778.
16 SILVA, Antonio de Morais. *Diccionario da lingua portugueza.* Lisboa: Typographia Lacerdina, 1813.
17 *La passion du Christ*, apud KOSCHWITZ. *Les plus anciens monuments de la langue française publiés pour les cours universitaires, textes critiques et glossaire.* Leipzig, 1920, p. 24.
18 GAUTIER, Léon. Op. cit., p. 2377.
19 Ibid., p. 3614.
20 DESCHAMPS, Eustache apud CLÉDAT, Léon. Op. cit., p. 364.
21 CERVANTES, Miguel de. *D. Quixote de la Mancha,* vol. I. Ed. de Marin, p. 72.
22 Ibid., vol. III, p. 107.
23 Apud VASCONCELOS, Leite de. *Textos arcaicos,* 3.ª ed. Lisboa: Livraria Clássica Editora, 1922, p. 60.
24 Apud NUNES. *Crest. Arc.*, 2.ª ed., p. 49.
25 D. Afonso, o Sábio. *Cantigas de Santa Maria*, ed. de Manuel Rodrigues Lapa. Lisboa: Imprensa Nacional, 1933, p. 10.
26 D. Denis, apud SILVEIRA, Sousa da. *Trechos seletos*, 2.ª ed., 1934, p. 350.
27 BOURCIEZ, E. *Précis historique de phonétique française*, 5.ª ed. Paris: Klincksieck, 1921, p. 97.
28 D. Dinis apud NUNES, José Joaquim. *Cantigas d'amigo dos trovadores galego--portugueses*, vol. II. Coimbra: Imprensa da Universidade, 1926, p. 3.
29 D. Afonso, o Sábio. Op. cit., p. 66.
30 ALFARIC, Prosper; HOEPFFNER, Ernest. Op. cit.
31 *La passion du Christ*, verso 305 apud KOSCHWITZ, Op. cit., p. 24.
32 Ibid., vv. 291 e 292.
33 Apud BARTSCH, Karl. Op. cit., p. 224.
34 ALFARIC, Prosper; HOEPFFNER. Op. cit., vv. 278 e 279.
35 Ibid., v. 572.
36 D. Afonso, o Sábio. Op. cit., p. 4.
37 DIAS, Gonçalves. *Cantos*, vol. II. Leipzig: F. A. Brockhaus, 1865, p. 180.
38 Ibid., vol. I, p. 194.
39 REY, Alain. *Dictionnaire historique de la langue française*, tomo 1. Paris: Dictionnaires Le Robert, 1994, s.v.

João da Silva Correia

É com muita justiça que este número de *Confluência* homenageia a figura desse talentoso filólogo português, tão cedo roubado ao brilhante percurso acadêmico desenvolvido na Faculdade de Letras e na Universidade de Lisboa depois de larga experiência como professor primário e liceal. João da Silva Correia nasceu na freguesia de Espariz, do conselho de Tábua, aos 21 de janeiro de 1891 e faleceu em Lisboa, em 1 de junho de 1937 (e não de *julho*, como às vezes aparece), depois de grandes padecimentos de uma doença nervosa, motivada, em grande parte, por intensíssima devoção à pesquisa e ao estudo linguístico e filológico do português. Fez seu curso completo no Liceu Pedro Nunes; pelo brilhantismo do curso, foi logo professor dos liceus de Beja e da Guarda, das escolas normais primárias, do Instituto de Orientação Profissional e da Escola Industrial de Fonseca Benevides. Esta experiência lhe serviu de embasamento para muitos dos seus estudos de natureza pedagógica e educacional, como podemos ver de sua bibliografia. Licenciou-se, em 1917, em filologia românica, pela Faculdade de Letras de Lisboa; por aí também se doutorou, em 1929, obtendo aprovação unânime. Alcançou a cátedra de Filologia Portuguesa da Faculdade de Letras em 1930, que regeu com toda a proficiência até meses antes de falecer, em 1937. Nessa mesma época era vice-reitor da Universidade de Lisboa. Discípulo dileto de Leite de Vasconcelos enveredou com mais assiduidade no estudo das relações da etnografia com a linguística e a filologia, campo a que se vinha desde sempre aplicando seu mestre. Os laços que os prendiam se patenteiam nesse tom pesaroso de Leite de Vasconcelos: "(...) meu antigo aluno, e meu sucessor na Faculdade de Letras de Lisboa, tão cedo arrebatado à Ciência que brilhantemente cultivava, com orientação moderna, e de quem me lembro sempre com dolorosa *saudade*."[1]

Apesar de sua profunda formação na área da romanística tradicional, como revelam suas leituras nos mais credenciados autores, principalmente do dinamarquês Kritoffer Nyrop, voltou seu interesse para a língua falada e os estudos sincrônicos. Depois de Júlio Moreira, a feição do português popular ficara quase esquecida em Portugal, pelo privilegiamento da língua escrita. João da Silva Correia retoma com brilhantismo esse rico filão, além de receber extraordinário influxo da Escola Francesa e da estilística de Charles Bally. Acerca dessa influência manifesta-se judiciosamente Herculano de Carvalho:

Atraído pela Escola Francesa e pela "estilística" de Charles Bally, as suas obras, onde abundam as observações perspicazes e os acertos interpretativos (não obstante, por vezes, certa superficialidade) incidem de modo muito particular sobre a semântica e especialmente sobre os meios de expressão da língua viva, coloquial e literária, sobretudo contemporânea, o que lhe dá também o mérito da originalidade no seu meio e na sua época.[2]

Cedo procurou J. da Silva Correia traçar o objeto da estilística moderna, em oposição a este mesmo título dado às figuras de estilo. Em artigo publicado na *Biblos*, em 1926, intitulado "Nota pedagógico-linguística: estilísticas escolares" (cf. n.º 38 da Bibliografia). Nele, defende o autor a renovação de metodologia, na direção de uma "colheita esclarecida e criteriosa dos fatos de estilo no seu ambiente próprio — a literatura dos cultos como a do vulgo sem letras — e a arrumação de tais fatos por categorias a tipos maiores".

Ao fazer sucinto histórico das investigações e estudos etnográficos em seu país, no l.º volume da *Etnografia portuguesa*, 1933, acentua Leite de Vasconcelos algumas características da produção intelectual de João da Silva Correia, sobretudo na relação íntima dos aspectos etnográficos e linguísticos:

> Silva Correia, Professor Catedrático de Filologia Portuguesa na Faculdade de Letras de Lisboa, e antigo Professor da Escola Normal de Benfica, une, como Adolfo Coelho, os estudos etnográficos aos glotológicos e pedagógicos, procurando esclarecer uns com os outros. Animado de grande gosto da ciência, e já senhor de muitos conhecimentos, e do método, é um dos nossos jovens etnógrafos de cuja capacidade muito se deve esperar. Os seus primeiros escritos apareceram na R[evista] L[usitana], de 1916 a 1925, na qual, além da mencionada análise do livro de Visconde de Carnasxide, e de amostras de calão acadêmico, publicou uma série de artigos subordinados à denominação geral de "Migalhas etnográficas", constantes de notícias de costumes, jogos, crendices, e bem assim de frases e comparações populares, e de uma apreciável coleção de 480 canções de Espariz, seu berço. Silva Correia não nos deu ainda por ora muitos trabalhos etnográficos. Nem sempre porém devemos aquilatar o mérito de um escritor pela quantidade dos trabalhos que produz. O que se quer é que o que sai à luz seja bom. Em tal caso estão os citados estudos do nosso autor, e mais os dois seguintes que publicou ultimamente: *A interpretação verbal de sons e ruídos naturais*, 1926, fundado no estudo de rimas e de expressões da linguagem familiar; e *Alguns paralelos entre a literat[ura] culta e a literat[ura] pop[ular] portug[uesa]*, 1927, que, com outros, serviu a Silva Correia de habilitação para o doutoramento que em 1929 conseguiu com extremo brilho na Faculdade de Letras. Vário *folklore* entra também em escritos seus não especialmente de etnografia, por exemplo: *Eufemismo e disfemismo na língua e liter[atura] portug[uesa]*, 1927; na *Linguagem da mulher em relação à do homem*,

1927; na *Arte de contar contos*, já citado a p. 280, nota 2.ª, e em *A rima e a sua acção linguística, literária e ideológica*, 1930 (dissertação de concurso para professor catedrático); composições estas muito notáveis e reveladoras de grande perspicácia psicológico-glotológica.[3]

A atividade intelectual do nosso homenageado não se limitava à elaboração de livros e artigos em revistas especializadas; a maior parte de sua produtividade se espalha por jornais e revistas de cultura e as destinadas ao público em geral, de tal monta e com tal variedade que se pode dizer ser quase impossível a recolha de seus artigos esparsos na imprensa portuguesa. Dentre as fontes até aqui identificadas, podemos citar *Seara Nova, Labor, Lusa, Portucale, Diário de Tarde, Alma Nova, Os Ridículos, O Sol, Gazeta das Colônias, A Voz* e, com maior assiduidade, *Diário de Notícias*, para o qual, entre 1925 e 1935, colaborou com a seção intitulada "Notas filológicas". Por isso mesmo, o referido periódico lisboeta, no obituário a ele dedicado no número de 2 de junho de 1937, se pronunciou comovidamente em longa notícia, revelando, ao lado do competente filólogo, o homem afável e sensível; desta nota transcrevemos os seguintes tópicos tão expressivos quanto sinceros:

> A notícia desta morte causou grande impressão de pesar não só nos meios culturais e académicos da capital, onde o prof. Dr. Silva Correia era extremamente conceituado, mas também entre muitas e muitas pessoas que tinham pela sua inteligência e pelo seu caráter a mais viva das admirações. A gente dos jornais, sobretudo, e dela muito especialmente os que trabalham no *Diário de Notícias,* de que foi colaborador notável, rendiam a esse mestre muito distinto de filologia, modesto e sabedor como poucos, aquele preito de veneração que sempre lhe merecem as personalidades como a sua, de efetivas e elevadas qualidades intelectuais e morais. Com efeito, se a cultura desse emérito professor de letras muito e sempre nos deliciou e nos surpreendeu, hemos de confessar que a sua cordialidade e simplicidade eram virtudes que não menos ganhavam as nossas simpatias. Explicações que por vezes — tantas vezes! — lhe requera sobre assuntos de sua especialidade e outros eram-nos dadas por forma que não sabíamos o que delas mais nos encantava — se a clareza e a persuasão dos conceitos expendidos, se a afabilidade e o carinhoso tom de voz com que os pontuava. Assim nos habituamos a venerá-lo como um insinuante mestre de muita sabedoria, e ao mesmo tempo amigo, de maneiras sumamente cativantes. O certo é que ele era assim para com todos os seus colegas e discípulos; uma personalidade sedutora, cujo convívio se não pode com facilidade esquecer. Na Faculdade de Letras era um elemento de grande valor. Ilustrava-a na sua cátedra, em preleções e lições que se apontavam como exemplares; no exercício duma justiça tolerante para com os estudantes seus alunos; em trabalhos de publicista e de grande relevo cultural e, em resumo, na irradiação do seu claro espírito, iluminado de sapiência e de bondade.

Ao iniciar sua *Revista Portuguesa de Filologia,* Manuel de Paiva Boléo presta comovida homenagem a João da Silva Correia, ao mesmo tempo que lhe analisa criticamente a produção, com a competência e isenção que todos reconhecemos ao saudoso mestre de Coimbra:

> O que caracteriza, de uma maneira geral, estes trabalhos, é o grande interesse do autor pela língua portuguesa moderna, literária e falada. João da Silva Correia dirigiu a sua atenção para aspectos e fenômenos mal estudados ou ainda não estudados entre nós, como o eufemismo e o disfemismo, os reflexos, na língua, dos sinais gráficos (p. ex. o estudo de expressão como "ir num ápice"), a gíria acadêmica, sobre a qual publicou algumas pequenas amostras na *Revista Lusitana* (vol. 21), as interjeições, de que só ele e Said Ali se ocuparam, etc. Não faltam nas obras de Silva Correia observações interessantes e perspicazes, especialmente nos *Reflexos filológicos,* e é abundante o material de fatos que traz. Um dos méritos dos seus trabalhos, e que representa uma quase novidade para a filologia portuguesa da época, é o de procurar, acima de tudo, surpreender a psicologia do povo português através da sua língua, atitude que tem, naturalmente, os seus perigos; daí o grande lugar que concede ao valor estilístico (isto é, afetivo-expressivo) de muitas palavras e locuções. Outra qualidade das suas obras reside no confronto que faz, amiudadas vezes, com algumas das restantes línguas românicas, em especial o francês e o espanhol.
> Ao campo da etimologia, que, aliás, só esporadicamente cultivou, trouxe uma ou outra observação valiosa, sob o aspecto semântico. O seu método é preferentemente descritivo e sincrônico, e aí reside a sua deficiência. João da Silva Correia não faz, por via de regra (posso mesmo afirmar que raras vezes o terá feito), a história de um fato linguístico, desde o seu aparecimento até à atualidade, como procurou, de certo modo, fazer Said Ali para a evolução do tratamento de "vossa mercê"; limita-se, na maior parte dos casos, a registrar a existência duma expressão, a qual nem sempre explica suficientemente. Outros casos há, porém, em que procura explicar — e com felicidade — algumas palavras e expressões: é o caso das palavras *gregotil* e *gregotins* ("garatujas"), a que dedica algumas páginas dos *Reflexos filológicos.* Estas ligeiras observações críticas e restrições ao método empregado pelo Dr. J. [da] Silva Correia não me impedem, porém, de reconhecer às suas obras grande interesse, já pelo material de fatos apresentados, já pela atenção que dedicou a aspectos da nossa língua ainda não estudados.[4]

João da Silva Correia manteve laços de amizade com alguns dos mais notáveis filólogos brasileiros da época; talvez o que do mestre português mais se aproximou pela, creio eu, afinidade dos estudos de natureza sintática e semântica e pela receptividade em Portugal dos seus livros (p.ex. os *Novos estudos* aparecem citados na *Sintaxe histórica* de Epifânio Dias e nas *Lições de filologia portuguesa* de Leite de Vasconcelos) foi Mário Barreto. Além das afinidades temáticas no campo da sintaxe e da semântica, ambos, não raras vezes, faziam incursões pelo francês e pelo espanhol, idiomas que conheciam com profundidade. O nome de João da Silva Correia não aparece no minucioso e prestante *Índice alfabético e crítico da obra de Mário Barreto*, organizado por Cândido Jucá (filho) e com a colaboração do Conde de Pinheiro Domingues; entretanto, mais de uma vez o filólogo brasileiro se refere ao colega português, e sempre entusiasticamente, como comprova a citação da página 167 dos *Últimos estudos*, ao tratar de neologias na formação de nomes que designam profissões também exercidas por mulheres:

> Relativamente aos femininos *a chefe* e *a ajudanta* (...) dou a palavra, para lhe responder, ao Prof. Dr. João da Silva Correia, assistente da Faculdade de Letras de Lisboa e digno discípulo do eminente mestre Leite de Vasconcelos.[5]

Quando, no Rio de Janeiro, se pensou em organizar homenagem a Mário Barreto, um dos especialistas convidados foi João da Silva Correia, que enviou comunicação intitulada "Ecos linguísticos dos sinais diacríticos e pontuadores"; não se concretizando a homenagem, a comunicação foi inserida nas páginas dos *Reflexos filológicos dos sinais gráficos e do seu aprendizado* (1932).

Prova de amizade e afeto ao filólogo brasileiro manifesta-o o sentido necrológico que João da Silva Correia publicou no jornal *A Voz* de 21/10/1931 e na revista *A Língua Portuguesa* (volume III).

Coube ainda a João da Silva Correia proferir discurso de saudação, em 1934, à nossa poetisa Cecília Meireles, que pronunciaria conferência na Faculdade de Letras de Lisboa.

Tarefa por demais difícil enfrenta o pesquisador que desejar levantar os esparsos do nosso homenageado, ainda que tal levantamento se imponha como imperiosa justiça ao valor de João da Silva Correia. Não é sem razão que Paiva Boléo, no *In memoriam* citado atrás, tenha declarado: "A Faculdade de Letras de Lisboa tem ainda para com J. da Silva Correia uma dívida em aberto: organizar e publicar, ao menos, a bibliografia, tão completa quanto possível, do seu antigo professor (...)" (p. 614 nota).

Esta dívida não está esquecida. O competente e operoso filólogo Ivo Castro, já há alguns anos, preocupado com ela, honrou-nos com o convite de elaborar estudo inicial à nova edição da tese "A Rima", acompanhado de levantamento, tão exaustivo quanto possível, de seus esparsos.

Não passou despercebido ao saudoso catedrático de Coimbra que grande parte da tarefa se devia a que o nosso homenageado dispersou sua produtiva atividade em jornais e revistas das mais variadas naturezas, dentro ou fora da especialidade propriamente filológica ou pedagógica. Por outro lado, um longo estudo temático poderia apresentar-se fragmentado na mesma publicação ou em publicações diferentes. É o que ocorreu, por exemplo, com seus nove artigos que integram a sua tese intitulada "A rima e a sua ação linguística, literária e ideológica", distribuída por *O*

Instituto, de Coimbra; *A Língua Portuguesa*, de Lisboa; *Labor*, de Aveiro; *Portucale*, de Lisboa; *Biblos*, de Coimbra; *Arquivo Pedagógico*, de Coimbra e *Seara Nova*, de Lisboa. Mais complexo ainda é o caso dos seus artigos sobre interjeição; no capítulo quinto e final, publicado na *Revista de Philologia e História*, do Rio de Janeiro, aludia J. da Silva Correia aos quatro anteriores, dos quais só temos conhecimento dos dois saídos à luz, como indicamos no n.º 50 da relação bibliográfica a seguir.

Com a ajuda da recolha organizada por Giacinto Manupella e Serafim da Silva Neto, além de informações esparsas em livros e revistas, a nossa pesquisa chegou à presente Bibliografia que, estamos seguros, está longe de completa:

Bibliografia

1. "De pequenino se torce o pepino", in *Os ridículos*, jornal lisboeta, 1912. Referido em *Alguns paralelos*, p. 429-430.
2. "O parasitismo português", in *Revista de Educação*, série V, n.ºˢ 1 e 2, 1916, p. 79 e 82.
3. "Migalhas etnográficas", in *Revista Littera*, 19, p. 217-220 e p. 209, 1916.
4. "Notas filológicas", in *Revista Littera*, 20, p. 322, 1917.
5. "Alguns espécimes de calão acadêmico", in *Revista Littera*, 21, p. 330, 1918.
6. "Casos de prolepse fonética", in *Revista Littera*, 21, p. 338, 1918.
7. "O papel das Escolas Normais superiores na reorganização da Sociedade Portuguêsa" (discurso pronunciado na Sessão Solene de Abertura da Universidade de Lisboa, no ano letivo de 1917-1918). Imprensa Nacional, Lisboa, 1920, 27 páginas.
8. "O doutor Adolfo Coelho e o seu labor pedagógico" — Tese de exame do estado para o magistério normal primário. — Lisboa, 1920, 48 páginas.
9. "O doutor Adolfo Coelho — Pedagogo." Separata da *Lusa* (Viana do Castelo), vol. 3. Famalicão: Tip. Minerva, 1920, 84 páginas.
10. "A condução pedagógica da lição no ensino liceal" — Tese de exame de estado para professor dos liceus. — Lisboa, 1920, 33 páginas.
11. "As janeiras", in *Revista Littera*, 23, p. 189, 1920.
12. "Três metáteses da língua popular", in *Revista Littera*, 23, p. 185, 1920.
13. "Discurso na despedida do primeiro curso de diplomados da Escola Normal Primária de Lisboa, em Benfica." Lisboa, 1922.
14. "Frederico Diez e a Filologia Românica" (conferência realizada em 2 de junho de 1923, na Faculdade de Letras da Universidade de Lisboa). Coimbra: Imprensa da Universidade, 1923, 33 páginas.
15. "Uma carta de Cavaleiro de Oliveira riquíssima de locuções populares", in *Revista Littera*, 25, p. 291, 1923-1925.
16. "Educação do pensar imaginativo e do pensar lógico." Separata do *O Instituto*, vol. 71, n.º 6. Coimbra: Imprensa da Universidade, 1924, 24 páginas.
17. "Projeto de um programa de língua materna para a escola primária geral (conferência)." Separata de *O Instituto*. Coimbra: Imprensa da Universidade, 1924.

18. "Os Lusíadas e a polítiva colonial portuguêsa", in *Gazeta das Colônias*, p. 10, Lisboa 19/7/1924. (N.º 1 espécimen).
19. "Instruções sobre jogos de leitura (Portaria nº 3891)" (em colaboração com Alberto Pimentel, in *Boletim Pedagógico*, 1, 2-2, 1924).
20. "O vocabulário da mulher em relação ao do homem", in *Biblos*, vol. 1, n.º 4, abril, p. 151, 1925.
21. "Livros primários de leitura" (conferência realizada na Escola Normal de Lisboa para o curso de aperfeiçoamento de professores de 1924). Lisboa, 1925, 39 páginas. (Anteriormente já publicada na *Revista de Educação*, série V, n.ºs 3 e 4, outubro de 1917, tendo sido objeto de comunicação feita à Sociedade de Estudos Pedagógicos na Sessão de 28 de junho de 1916.)
22. "A linguagem dos olhos na observação popular" (nota filológica no *Diário de Notícias*, transcrito em *Alguns*, p. 314).
23. "A antropomorfização na linguagem" (nota filológica no *Diário de Notícias*, in *Alguns*, p. 364).
24. "Uma locução francesa estereotipada que interessa à literatura portuguesa" (nota filológica no *Diário de Notícias*, in *Alguns*, p. 436).
25. "Tabus linguísticos" (nota filológica no *Diário de Notícias*, in *Eufemismo*, p. 455).
26. "Nome próprio e personalidade" (nota filológica no *Diário de Notícias*, in *Eufemismo*, p. 458).
27. "A propósito de uma acepção eufêmica do nome próprio *Palmeia*" (nota filológica no *Diário de Notícias*, in *Eufemismo*, p. 472) [carnaval de 1927].
28. "A propósito da deformação eufêmica 'T'arrenecho!'" (nota filológica no *Diário de Notícias*, in *Eufemismo*, p. 571).
29. "Um curioso caso de polinímia" (nota filológica no *Diário de Notícias*, in *Eufemismo*, p. 613).
30. [Artigo sem título sobre mudanças extremas de significação] (nota filológica no *Diário de Notícias*, in *Eufemismo*, p. 643).
31. "Deformação disfêmica" (nota filológica no *Diário de Notícias*, in *Eufemismo*, p. 767).
32. [Artigo sobre denominações profissionais exercidas por mulheres] (nota filológica no *Diário de Notícias*, citado por Mário Barreto in *Através*, p. 338].
33. "A propósito de um vocábulo de toma-viagem" (nota filológica no *Diário de Notícias*, transcrito em *Influências do inglês*, p. 56-58).
34. "Números redondos e indeterminados" (nota filológica no *Diário de Notícias*, citado por Rebelo Gonçalves in *Filologia*, p. 213, n.º 3).
35. "O problema do simbolismo fonético." Separata de *O Instituto*, p. 73, Coimbra: Imprensa da Universidade, 1926, 30 páginas.
36. "A difícil função do professor em Portugal" (conferência), Lisboa, 1926, 25 páginas.
37. "A interpretação verbal de sons e mídos naturais", Coimbra, 1926, 25 páginas.
38. "Nota pedagógico-linguística: estilísticas escolares", in *Biblos*, vol. 11, Coimbra, p. 181-183, 1926.

39. "A linguagem da mulher em relação à do homem", Lisboa, 1927.
40. "O ensino inicial da leitura e da escrita", Lisboa, 1927, 47 páginas.
41. "Considerações acerca da proposta de lei, sobre os serviços da reorganização da educação nacional, apresentada ao parlamento pelo Ministro Dr. João Camoesas", Lisboa, 1927, 38 páginas.
42. "O eufemismo e o disfemismo na língua e na literatura portuguesa." Separata do *Arquivo da Universidade de Lisboa*, vol. XII, Lisboa, 1927, 343 páginas.
43. "Alguns paralelos entre a literatura culta e a literatura popular portuguesa." Separata do *Arquivo da Universidade de Lisboa*, vol. XII, Lisboa, 1927, 135 páginas.
44. "A psicologia feminina na literatura francesa medieval." Separata do *Arquivo Pedagógico*, Coimbra, ano 1, n.º 2, p. 114-123, 1927.
45. "A ideia da escola por medida preconizada pelo prof. Claparede, da Universidade de Genebra", in *Revista Escolar*, ano 7, n.º 5, 1927.
46. "Algumas observações acêrca da influência do inglês no português, e do maior veículo dela — o francês." Coimbra: Imprensa da Universidade, 1928, 100 páginas.
47. "Metodologia da lição de leitura na escola primária", Lisboa, 1928, 38 páginas.
48. "Duas palavras sobre metaforismo sinestético." Separata de *Portucale*, vol. 1, n.º 6, Porto, 1928, 11 páginas.
49. "A audição colorida na moderna literatura portuguesa." Separata da *Revista da Universidade de Coimbra*, 1928, 23 páginas.
50. "Consequências psicológicas do eufemismo", in *Arquivo Pedagógico*, vol. 2, n.º 2, Coimbra, 1928, p. 208.
51. "Tentativa de explicação semântica: a palavra 'doutor' na acepção de vaso noturno", *Portucale*, 1928, citado em *Eufemismo*, p. 534.
52. "A arte de contar contos e a sua didática escolar", *Revista Escolar*, Lisboa, 1929.
53. *A rima e a sua ação linguística, literária e ideológica*, Lisboa, 1930.

    I — "Rima inicial e rima final", Lisboa, 1930, 77 páginas.
    II — "Ação lexical da rima." Separata do *O Instituto*, vol. 79, n.º 1, Coimbra, 1930, 71 páginas.
    III — "Ação gráfica e fonética da rima." Separata de *A Língua Portuguesa*, Lisboa, 1930, 24 páginas.
    IV — "Ação mórfica e ação sintáxica da rima." Separata de *Labor*, Aveiro, 29 páginas.
    V — "Ação semântica da rima." Separata de *Portucale*, vol. 3, n.º 14, Porto, 1930, 31 páginas.
    VI — "Ação estilística da rima." Separata da *Biblos*, n.ᵒˢ 1-2; p. 74, 91, Coimbra, 1930, 24 páginas.
    VII — "Ação literária da rima", Lisboa, 1930, 59 páginas.
    VIII — "Ação ideológica da rima." Separata do *Arquivo Pedagógico*, vol. IV, Coimbra, 1930, 41 páginas.
    IX — "Visão panorâmica complementar", Lisboa, 1930, 45 páginas.

54. "A interjeição", *Revista de Philologia e de História*, p. 50/51, tomo 1, fascículo 1, (1931) [Este é o último capítulo de cinco, dos quais o primeiro é o referido no n.º 52, o segundo no n.º 67; o terceiro ("A interjeição nas suas relações com a lógica") e o quarto ("Vida geral da interjeição") indicados no quinto capítulo, parece não terem sido publicados].

55. "Ação linguística da métrica", *Seara Nova*, vol. IX, n.º 210, p. 275-278, Lisboa, 1930.

56. "Relatório de uma missão de representações da filologia portuguesa", realizada em 1930 em Paris, por convite e à expensa do Instituto Internacional de Cooperação Intelectual, in "Boletim Anual da Bibliografia da Filologia Românica". Publicação da *Revista Escolar*, Lisboa, 1931, 8 páginas.

57. "Alguns processos de expressividade fonética" (nota in *Portucale*, n.º 20, 1931).

58. "Na morte de Mário Barreto", in *A Língua Portugesa*, vol. III, p. 44-49, *A Voz* de 21/10/1931.

59. "Ecos linguísticos da soletração e da silabação", in *Revista Littera*, vol. 30, n. 98, 1931.

60. "Necessidade da criação de um conselho linguístico nacional" (comunicação apresentada ao Congresso Luso-Espanhol para o Progresso das Ciências, de 1932, em Lisboa), in *Boletim de Filologia*, tomo 1, 1932, p. 374.

61. "Alguns casos de semântica abecedária", in *Boletim de Filologia*, tomo 1, 1932, p. 357.

62. "Valor dos trocadilhos para o conhecimento da pronúncia antiga e dialetal", in *Boletim de Filologia*, tomo I, 1932, p. 359.

63. "Etimologia do vocábulo 'garavotil'", in *Boletim de Filologia*, tomo 1, 1932, p. 361.

64. "O número redondo 'sete' na toponímia lisboeta", in *Anais das Bibliotecas, Arquivo e Museus Municipais*, ano II, n.º 5, 1932, p. 5.

65. "O livro e a escola das Beiras" (tese apresentada ao Congresso Beirão de 1932), Lisboa, 1932.

66. "Reflexos filológicos dos sinais gráficos e do seu aprendizado", Academia das Ciências de Lisboa, 1932, 181 páginas.

67. "Ecos vocabulares e fraseológicos dos sinais abecedários", in *Revista Littera*, 30 páginas, 98, 1932.

68. "Reparo crítico a um passo do 'Cantar de mio cid.'" Separata da *Revista da Faculdade de Letras*, tomo I, Lisboa, 1933, 13 páginas.

69. "Em defesa do direito de propriedade da marca 'maizena'", Lisboa, 1933.

70. "Sobre a denominação portuguêsa das filiais na Associação Internacional, 'Le Noêl.'" Separata da *A Língua Portuguesa*, vol. IV, fascículo 1, Lisboa, 1934, 56 páginas.

71. "A literatura popular das beiras — seu valor e correlação com a literatura culta portuguêsa", Lisboa, 1934.

72. "Os bordões da conversação", *Revista da Faculdade de Letras*, vol. II, fasc. 1.º, p. 141-144, 1934.

73. "Considerações gerais sobre a denominação, as espécies, os domínios e os processos da interjeição", *Revista Littera*, vol. XXXII, p. 234-249, 1934.

74. "Uma etimologia popular que contém a crítica do parlamentarismo", in *Revista da Faculdade de Letras*, tomo II, n.º 1, Lisboa, 1934.

75. "Eduardo Brazão — Capitão Correia dos Santos — Margarida Lopes de Almeida — apresentação de 3 conferencistas", in *Revista da Faculdade de Letras*, tomo II, n.º 1, p. 167, 1934.

76. "O imperfeito verbal na literatura moderna", in *Revista da Faculdade de Letras*, tomo II, n.º 1, p. 140, 1934.

77. "O nome da ave 'poupa'", in *Etnos, Revista do Instituto Português de Arqueologia, História e Etnografia*, vol. I, p. 11-13, 1935.

78. "Discurso inaugural do curso de férias de 1935", in *Revista da Faculdade de Letras*, tomo II, n.º 2, Lisboa, 1936.

79. "Discurso pronunciado em Sezimbra em 28/8/1935" — (Curso de férias), in *Revista da Faculdade de Letras*, tomo II, n.º 2, Lisboa, 1936.

80. "Discurso de encerramento de curso de férias de 1935", in *Revista da Faculdade de Letras*, tomo II, n.º 2.

81. *A linguagem da mulher* — Lições proferidas em 20, 21 e 23 de fevereiro de 1935. Academia das Ciências de Lisboa, 1935, 149 páginas.

82. "A literatura popular portuguesa em correlação com a literatura culta" (conferência), Porto, 1935, 52, 62 páginas.

83. "Os cursos de férias e o turismo" — Tese apresentada ao 1.º Congresso Nacional de Turismo. — in *Revista da Faculdade de Letras*, tomo IV, n.ºs 1 e 2, Lisboa, 1937 (há também separata publicada pelo Congresso, em 1936).

84. "Discurso inaugural de curso de férias de 1936", in *Revista da Faculdade de Letras*, tomo II, n.º 2, Lisboa, 1936.

85. "Discurso de encerramento de curso de férias de 1936", in *Revista da Faculdade de Letras*, tomo II, n.º 2, Lisboa, 1936.

86. "O problema dos contos portugueses para crianças e a arte de os contar — Lições de curso de férias da Faculdade de Letras, 1936." Lisboa: Imprensa Nacional de Lisboa, 1936, 31 páginas.

87. "A cidade universitária" (conferência). Separata das conferências sobre Problemas de Urbanização. Lisboa, 1936, 26 páginas.

88. "A propósito da palavra 'antanho'" (nota in *Revista Faculdade de Letras*, tomo II, n.º 1, Lisboa, 1936, p. 137).

89. "Doutor Jaime de Magalhães Lima" ("in memoriam", in *Revista da Faculdade de Letras*, tomo II, n.º 1, Lisboa, 1936, p. 359).

90. "Doutor Manuel de Sousa Pinto", Idem, idem.

91. "O problema das linguagens especiais dentro da língua geral visto através do português" (conferência realizada no programa do curso de férias, em Cascais, da Faculdade de Letras de Lisboa, 1936).

92. "Uma alta figura da ciência portuguesa — o Doutor Leite de Vasconcelos", Ibid.

93. "A reforma da universidade", in *Revista da Faculdade de Letras*, tomo IV, n.ºs 1 e 2, Lisboa, 1937.

94. "Discurso pronunciado em 18 de dezembro de 1934, ao apresentar a poetisa brasileira D. Cecília Meireles, na conferência que esta realizou na Faculdade de Letras", in *Revista da Faculdade de Letras*, tomo IV, n.ᵒˢ 1 e 2, Lisboa, 1937.
95. "Discurso pronunciado na inauguração do curso de língua e literatura francesa contemporânea", in *Revista da Faculdade de Letras*, tomo IV, n.ᵒˢ 1 e 2, Lisboa, 1937.
96. "Apresentação da escritora americana D. Alice Lardé de Venturino." Ibid.
97. "Discurso na inauguração do curso livre de língua e literatura moderna espanhola." Ibid.
98. *Gil Vicente* — obra inacabada.

> Texto publicado na revista *Confluência*, do Liceu Literário Português, n.º 21, em 2001.

Notas

1 VASCONCELOS, José Leite de. *Filologia barranquenha: apontamentos para o seu estudo.* Lisboa: Imprensa Nacional-Casa da Moeda, 1955, p. 79.
2 CARVALHO, José G. Herculano de. "João da Silva Correia". In: *Verbo: enciclopédia luso-brasileira de cultura,* vol. 6, s.v. Lisboa: Editorial Verbo, 1967.
3 VASCONCELOS, José Leite de. *Etnografia portuguesa,* vol. I. Lisboa: Imprensa Nacional, 1933, p. 289-290.
4 BOLÉO, Manuel de Paiva. "João da Silva Correia." *Revista Portuguesa de Filologia*, Coimbra, vol. I, 1948, p. 615-16.
5 BARRETO, Mário. *Últimos estudos da língua portuguesa*, 2.ª ed. Rio de Janeiro: Presença, 1986.

Manuel Rodrigues Lapa
(Anadia, 22/4/1897 - Anadia, 28/3/1989)

Este número da *Confluência* que homenageia Rodrigues Lapa não quer, com isto, tão somente, marcar as efemérides de um centenário, mas ressaltar a figura ímpar de um denodado cultor das ciências da linguagem que fez de sua fulgurante e cheia de percalços carreira um exemplo de probidade científica e dignidade humana.

Dono de vasta erudição literária e filológica, deixou-nos uma obra que, pela excelência e quantidade, como disse Telmo Verdelho em conferência sobre nosso homenageado, "pede meças com departamentos inteiros de faculdades bem providas de corpo docente".

Chegado à universidade, em 1928, pela prestigiosa proposta de José Leite de Vasconcelos, de quem fora aluno, teve seu contrato interrompido porque as autoridades não gostaram do tom com que reverberou as mazelas do ensino na conferência intitulada "Política do idioma e as universidades", proferida em Lisboa, em fevereiro de 1933, logo repetida em Coimbra.

Mas retornou à Faculdade de Letras mediante concurso público, ainda que por pouco tempo, pois aos 15 de maio de 1935 era demitido e privado de acesso a qualquer emprego público, num ato do regime que expulsaria com ele mais de 32 funcionários civis e militares.

A têmpera de caráter e a solidez de conhecimentos empurraram Rodrigues Lapa a mil empresas no campo da produção literária, filológica, linguística e pedagógica, hoje patenteada nessa portentosa e fértil bibliografia levantada pela prof.ª dr.ª Isabel Vilares Cepeda, adiante transcrita, praticamente inaugurada, em 1929, com sua notável tese de doutoramento "Das origens da poesia lírica em Portugal na Idade Média".

É este admirável mestre que dividiu com os brasileiros luzes do seu saber não só por meio de livros e revistas mas pela ação magisterial, de 1957 a 1960, na Faculdade de Letras da Universidade Federal de Minas Gerais, que hoje homenageamos, na sequência de uma série de reconhecimentos prestados mais recentemente ao insigne professor (como ele gostava de ser identificado), entre os quais cabe lembrar o Colóquio Internacional de Filologia, Literatura e Linguística, realizado em Anadia, na Curia, entre 17 e 19 de abril deste ano, o lançamento da riquíssima *Fotobiografia* de autoria de José Ferraz Diogo, durante o colóquio, e da *Correspondência de Rodrigues Lapa, Selecção* (1929-1985).

Como romanista, apresentou razões em prol da recuperação literária do galego e de sua integração no espaço lusofônico.

Texto publicado na revista *Confluência*, do Liceu Literário Português, n.º 14, em 1997.

MANUEL SAID ALI IDA
(PETRÓPOLIS, 21/10/1861 - RIO DE JANEIRO, 27/5/1953)

> *Tu se'lo mio maestro e il mio autore*
> (Dante, *Inferno*, I, 85)

Manuel Said Ali Ida é uma das maiores glórias do magistério brasileiro. Nascido em Petrópolis, aos 21 de outubro de 1861, é oriundo das primeiras gerações de brasileiros saídos dos imigrantes alemães, que lançaram os alicerces da nossa cidade serrana. Faleceu na cidade do Rio de Janeiro, em 27 de maio de 1953.

Depois de tentar a carreira de pintor e a de médico, acabou abraçando o magistério onde se notabilizou no ensino de alemão, de geografia e, como pesquisador de língua portuguesa, empreendeu estudos que marcaram uma nova fase de avanço entre nós. Interessante é que nunca foi professor de português, embora tenha sido aí que sua contribuição passou mais profundamente para a posteridade.

Pertenceu àquela plêiade de intelectuais que muito enriqueceram a literatura infantil brasileira, para a qual produziu, entre originais, adaptações e meras traduções, livros de ficção e de ciência, como as *Histórias do reino encantado*, e as *Novas histórias do reino encantado*, de F. Grimaldi, e as *Primeiras noções sobre as ciências*, de Th. Huxley, todas no final do século passado, editadas pela livraria Laemmert e depois pela Francisco Alves.

Empreendeu uma série de adaptações de livros alemães para o ensino de línguas estrangeiras (*Primeiras noções de gramática francesa*, de Carlos Ploetz, em 1893; *The English Student*, de Emílio Hausknecht, em 1898; *Curso prático de língua francesa*, de Ph. Rossmann e F. Schmidt, e *Nova seleta francesa*, de Carlos Kühn), inaugurando, entre brasileiros, o método direto aplicado ao ensino das línguas.

Sua *Gramática alemã*, seus prefácios de obras de Gonçalves Dias, Casimiro de Abreu e Castro Alves, editados pela Laemmert, seu *Compêndio de geografia elementar*, para só ficarmos nos livros, muito contribuíram para o enriquecimento cultural do povo brasileiro. Em 1895 viajou à Europa com vista a estudar os progressos alcançados pelos novos métodos de ensino de línguas estrangeiras e as novas orientações no domínio da linguística teórica e aplicada.

Mas onde Said Ali se revelou o mestre incomparável foi nos estudos de língua portuguesa. Suas *Dificuldades da língua portuguesa*, de 1905, suas gramáticas (*Histórica*, *Secundária* e *Elementar*), seus *Meios de expressão e alterações semânticas* e sua *Versificação portuguesa* representam obras de vanguarda, sinal de extraordinária cultura e fina sensibilidade para interpretar fatos linguísticos. Por estas razões, nosso notável historiador João Capistrano de Abreu dele disse: "Said Ali não é dos que se comparam, mas dos que se separam." Mais recentemente, seus esparsos foram reunidos pelo seu discípulo Evanildo Bechara no livro intitulado *Investigações filológicas*.

O caráter originalíssimo de suas pesquisas foi ressaltado por especialistas e escritores, e por isso não é de admirar que Mário de Andrade, ao tentar esboçar os contornos da obra que pretendeu escrever para estabelecer os alicerces da futura língua literária brasileira (*Gramatiquinha da fala brasileira*), tomou como modelo sua *Gramática secundária*.

A *Gramática histórica* (1919-1921), título só dado na 2.ª edição, inaugurando os novos conceitos de diacronia e sincronia defendidos no *Curso de linguística geral* de F. de Saussure, de 1913, foi de tal forma antecipadora, que os contemporâneos, em geral, não lhe deram o mérito devido. Só com a fundação da Universidade de Brasília, alicerçada na esperança de uma instituição renovadora, é que a obra retomou sua caminhada, pois foi incluída na coleção de livros que a então recente universidade fez imprimir, em sistema de coedição com a Melhoramentos.

Entretanto, como os verdadeiros mestres, sua obra não se encerra nas letras impressas dos livros publicados; Said Ali plantou amizades puras e disseminou discípulos que levaram avante o bastão da grande e ininterrupta maratona da cultura. Felizes os que puderam com ele conviver, usufruir de seu convívio humano. Sábias as academias que o têm como patrono.

Tinha 15 anos de idade quando dei um dos passos mais felizes da minha vida: apresentei-me ao Mestre na condição de obscuro discípulo e pedi-lhe a orientação. Lembro-me como se fora hoje! Encontrei-o muito doente e combalido pelo último golpe rude que a vida lhe desfechara: a perda de sua esposa. Encontrei-o a dilacerar inúmeras fichas do seu preciosíssimo fichário. O desaparecimento da companheira de tantos anos o arrancou, por momentos, daquela estrada magnífica de saber por que vinha caminhando, e o Mestre afogava seu sofrimento, procurando tirar do ingrato destino aquelas prendas de ciência e consciência que lhe ofertara através de vários decênios. Pelos rogos dos amigos, muitas fichas foram poupadas, mas o Mestre nunca extinguiu a faina que privaria a língua portuguesa de um material linguístico semelhante ao que, para o latim, levantaram Neue e Wagener com o *Formenlehre der lateinischen Sprache*.

Porém o certo é que, pensada a chaga, se entregou a novas pesquisas e chegou a publicar belíssimos estudos que corroboram aquela monumental organização filológica e dão prova da lucidez com que atingiu a porta dos 92 anos de idade. Nesta última fase, deu nova redação a trabalhos antigos (*O histórico das formas quer*, *vale e perguntar*; *Pessoas indeterminadas*, *Três preposições*), juntando-lhes o resultado de novas leituras, e desenvolveu novos temas. *Prosa e verso* nasceu de umas contestações a Vossler e poetas nossos patrícios. *Há dias que* foi escrito para um problema que estudávamos nós ambos: o destino de *cum* latino em português. Mostrar a resistência de línguas pré-românicas em deixar a prata de casa e adotar denominações latinas para as cousas do domínio da *Umgangssprache*, levou-o a escrever os *Nomes de parte do corpo*. Contribuições de menor fôlego, mas nem assim menos eruditas, são *Educar, Malcriado, Alterações fonéticas de senhor, senhora* (comentário, sem referência a um desacerto de Meyer-Lübke na *Grammatik* e corrigido no REW), *Omega, Cada, Envelope, Mobiliar, Ter impessoal* e *As três sapecas*.

No campo da versificação portuguesa e românica, escreveu *O hendecassílabo*, onde não aproveitou grande parte do que tinha recolhido nas mais variadas línguas estrangeiras, sob o pretexto de que não teria os cem leitores de Stendhal...

Jamais teremos uma biografia do prof. Said Ali sem grandes e irremovíveis lacunas. Todos os amigos do Mestre pudemos observar a aversão que sentia do ingrato gênero que leva não poucos erros e falsidades aos pósteros. A idade avançada que atingira lhe permitira ver e ouvir muitas inexatidões sobre seus companheiros e... sobre sua pessoa! Entre meus colegas já ouvi muitas peripécias e dizeres atribuídos ao chorado Mestre; indagava-lhe até que ponto ia a veracidade daquelas novas, e o resultado era que nós ambos nos convencíamos mais e mais de que o gênero era perigoso transmissor de inverdades em nome da verdade. Agora mesmo, depois de seu falecimento, nem um nem dois foram os títulos invocados graciosamente ao Mestre, títulos de que não precisava e não precisa para aumentar a nossa admiração e respeito de seu saber largo e profundíssimo. Em uma notícia biográfica, leio que lecionou hebraico no Colégio Pedro II! Em outra, que "penetrava nos mistérios" do japonês!

Se me não trai a memória, duas vezes o Mestre fez referência a este último idioma; uma, nos seus trabalhos e outra, em conversa. A primeira foi no artigo sobre *De eu e tu a majestade*, quando lembrou que o japonês possui cinco maneiras para exprimir a 2.ª pessoa. No mesmo parágrafo, refere-se ao malaio e a um dos dialetos de Java, e o prof. Said Ali jamais ostentou aquele conhecimento de javanês do personagem de Lima Barreto. A vez segunda foi quando me disse que um dia metera em cabeça saber a língua nipônica e pegara um manual, creio que da Bibliothek der Sprachenkunde; no prefácio, o autor dava o japonês como uma das línguas mais difíceis do mundo, motivo bastante para que o livro fosse devolvido às estantes!

O Mestre não tinha medo de ser mal biografado; o de que não gostava era ver sua vida esquadrinhada e posta à luz, à curiosidade de todos. E isto permitiu que até empresas sérias só arrancassem dele as notícias que tinham caído no domínio público. Mais de uma vez, enciclopédias estrangeiras pediram-lhe dados biográficos e não foram contempladas nem com estas sabidas notícias. Porém seu saber estava à disposição dessas enciclopédias, e chegou mesmo a colaborar, indiretamente, através de perguntas feitas pela exímia romanista Elise Richter, numa das melhores publicações do gênero que a culta Alemanha levantou em nome da erudição.

As perguntas que lhe fiz sobre sua vida e suas obras só tinham pronta resposta quando eu lhe prometia não escrever a respeito delas. Sozinho ou acompanhado, escreveu, traduziu e dirigiu algumas cousas que ocultarão para sempre seu verdadeiro autor, como ele assim o desejava. E, nos momentos em que desconfiava da curiosidade humana, concluía suas respostas:

— Se você, quando eu morrer, me fizer a biografia, de pirraça não vou lê-la!

* * *

Um exame conscienscioso das ideias e métodos linguísticos do prof. Said Ali não poderá ser levado a cabo sem que se estudem as influências do saber filológico de Capistrano de Abreu, pouco afeito a elogios, poderá medir a extensão do valor do amigo, quando: "Ao concluir não posso omitir o nome do meu colega M. Said Ali Ida, lente de alemão do Colégio Pedro II, a cuja instituição luminosa e opulento cabedal recorri sempre com proveito..." (rã-txa hu-ni-ku-ī, p. 3).

Não se coloca em dúvida a sinceridade do Mestre Said Ali, quando abre um parágrafo no prefácio da 2.ª edição das *Dificuldades* e escreve:

> Não posso terminar estas observações sem reconhecer o muito que devo ao saber e dedicação de meu amigo e colega J. Capistrano de Abreu, que me lembrou, tantas vezes a conveniência de esclarecer, ou tratar melhor, certos pontos obscuros, e me auxiliou, na correção das provas, a salvar de sérios lapsos muitas páginas deste livro.[1]

No prólogo da *Lexeologia* lemos: "O meu colega Capistrano de Abreu, não lhe bastando pôr à minha disposição os tesouros de sua biblioteca, auxiliou-me ainda na penosa tarefa de rever provas, sugerindo-me o seu saber opulento proveitosos acréscimos e modificações."[2]

Disse-me o prof. Said Ali que se não fosse Capistrano jamais teria escrito a série de compêndios escolares sobre língua portuguesa, pois foi o nosso veracíssimo historiador quem indicou seus nomes aos beneméritos Irmãos Weiszflog como "a única pessoa indicada" para escrever os trabalhos que pretendiam editar.

Educados na ciência filológica alemã, ambos, primeiramente independentes e depois conjugados, observaram a frieza com que professores e compêndios ensinavam a língua materna, a par de teorias que nunca tinham sido demonstradas. Mui resumidamente, Capistrano expende opiniões sobre o assunto quanto à notícia à *Gramática* de João Ribeiro, pelas colunas da *Gazeta de Notícias* (1887); o prof. Said Ali é mais extenso no juízo crítico que escreveu para a *Syntaxe da língua portuguesa* de Leopoldo Pereira (1896 a 1898):

> Em matéria de ensino não há, que me conte, disciplina que nestes dois a três lustros tanto se tenha maltratado como a língua nacional, e o mais curioso é que justamente o intuito de metodizar o estudo da gramática, dando-lhe um cunho científico, produziu na prática em resultado negativo; foram os mestres em busca do método e da ordem e trouxeram-nos a indisciplina.

Mas este paradoxo torna-se compreensível se atendermos a que os nossos professores, em grande parte, embora muito conhecedores da matéria que ensinam, não têm o necessário preparo pedagógico para saber o que se deve ensinar às crianças e o que deve ser reservado para cérebros já desenvolvidos capazes de compreender o valor de certas generalizações e abstrações... Semelhante abuso que se generalizou no Brasil, mas que nunca adquiriu proporções tais em nenhum outro país do mundo civilizado, e muito menos ainda neste último período do século, teve como consequência a produção, ou antes a superprodução de gramáticas de uma pretensão ilimitada, cujo conteúdo não passa de um amontoado informe e caótico de quanta cousa inútil e banal cerebrinos investigadores puderam descobrir no terreno da língua portuguesa e fora dele.

Este juízo encerra muita verdade e ainda hoje é tão oportuno como o foi naquela época.

De uma feita, contou-me o prof. Said Ali que Capistrano insistira em que a lexeologia saísse com o caráter semântico que a distingue dos trabalhos congêneres.

O *Compêndio de geografia elementar* foi inspirado na renovação dos estudos geográficos que, entre nós, vinha fazendo Capistrano, desde as traduções de *A geografia física* de Wappaeus (1884) e do trabalhinho de Sellin, em 1889 (publicado em 1885 no *Wissen der Gegenwart*), além dos compêndios alemães, com Supan na dianteira.

A adaptação das *Primeiras noções de gramática francesa* e *Nova gramática alemã*, em 1894, revelaram o prof. Said Ali como mestre de escola, preocupado, de acordo com o preceito germânico, em *"nicht für die Schule, sondern für das Leben lernt man"*. A clarividência do método aí exposto fê-lo ir à Europa, em 1895, comissionado pelo governo, a fim de estudar a organização do ensino secundário e, com especial atenção, o das línguas vivas.

Como frutos da viagem, escreveu o *Relatório* sobre ensino secundário na Europa (1896) e uma conferência sobre *Metodologia e ensino* (*Revista do Pedagogium*, maio de 1896), a pedido de Medeiros de Albuquerque. Dois anos depois, saía o excelente *The english student*, do prof. E. Hausknecht, diretor da XII Escola Real de Berlim. Vieram a seguir a *Nova seleta francesa*, de C. Kühn e o *Curso prático de língua francesa*, do Ph. Rossmann e F. Schmidt.

Em todos os assuntos que teve entre mãos, o prof. Said Ali se revelou gigante. E não contente com os louros de uma reforma salutar no ensino das línguas estrangeiras, como introdutor, entre nós, do método direto, procurou, outrossim, espargir as luzes do seu saber imenso no campo da filologia portuguesa. Da primeira fase, são de maior tomo os estudos linguísticos (I — "Os verbos sem sujeito"; II — "A colocação dos pronomes pessoais"; III — "A acentuação segundo publicações recentes"), aparecidos em 1895 na *Revista Brasileira*. Tinham vindo antes os artigos que, sob a epígrafe "Prosa e Verso", foram estampados em *Novidades* (1887). Em jornais, lembremos ainda as críticas do *Jornal do Brasil*, e muito mais tarde, estudos maiores no *Jornal do Comércio*.

Aqui já se notam as características que o prof. José Oiticica, em 1919, tão bem apontava nas *Dificuldades*:

> O professor Said Ali é talvez o nosso maior filólogo, entendendo-se o termo em seu sentido mais significativo, onde o investigador erudito se emparelha com o filósofo de vistas largas, consciente da evolução dos fatos e da ação modificadora das leis góticas. Assim, verifica e coordena, apura e justifica, observa e explana onde outros pontificam e condenam. Sua probidade científica e seu método são inatacáveis, seu critério segurísimo e sua doutrina convincente. É que seu espírito se formou na vasta escola filológica alemã onde o rigor existe em tudo: na averiguação, nas referências, na documentação, na prova, no método, na teoria, na concepção dos trabalhos.[3]

Em 1895 a prestimosa casa editora Laemmert inicia uma coleção popular para maior divulgação de poetas brasileiros; o prof. Said Ali prepara, nesse ano, as *Obras completas* de Casimiro de Abreu; em 1896, *Poesias* de Gonçalves Dias e em 1898, *Obras completas* de Castro Alves.

A intuição luminosa do Mestre levou-o a perlustrar todos os domínios da filologia portuguesa, desde a influência árabe até o histórico das interjeições, desde a etimologia às profundíssimas análises e interpretações estilísticas que ele tão bem sabia fazer; mas — e esta predileção vamos encontrar nos primeiros escritos — a sintaxe e a semântica foram os terrenos onde produziu os mais sazonados frutos. Ele, no Brasil, e Augusto Epifânio da Silva Dias, em Portugal, são dois nomes e duas figuras que por muito tempo não encontrarão substitutos, duas frondosas árvores onde várias gerações serão ainda abrigadas, à sombra de colossal erudição.

Bem elogiosa para a filologia indígena é a referência de um distinto e operoso professor português, e a outro me não quero referir senão ao Dr. Paiva Boléo que afirma: "Em relação a Said Ali já tive ocasião de escrever que, na história dos estudos de Sintaxe luso-brasileira, lhe atribuo o primeiro lugar, colocando-o, portanto, acima dos próprios sintacticistas portugueses."[4]

A modéstia do Mestre, o medo de perder os cem leitores de Stendhal levaram-no a diminuir, muita vez, o material recolhido e apresentar o resultado de suas pacientes pesquisas à altura do grande público. Se a versificação portuguesa saísse com tudo o que ele reunira, teríamos uma versificação românica comparada com latim, inglês e alemão!

Em conversa com amigos tinha sempre uma correção ou adendo à opinião de mestres estrangeiros; mas com que preocupação evitava citá-los no decorrer dos artigos que, porventura, escrevesse para corrigi-los!

Heráclito Graça, na dedicatória a um exemplar dos *Factos* ao Mestre, definiu-o numa palavra; humanista. Homem de estudos, o prof. Said Ali foi, realmente, a encarnação de um humanista, no mais lato sentido do vocábulo. Afora todos os estudos que aqui passamos em revista, o Mestre foi amante das ciências naturais e não sei qual a faceta de que mais gostava desse mundo maravilhoso. Na sua residência da Estrada da Saudade, em Petrópolis, cultivava a botânica e estudava a vida das formigas, de que contava experiências curiosas. Ultimamente, desejava reunir materiais sobre a inteligência dos animais, pois o verbete da *Enciclopédia britânica* lhe não agradava. Era ledor assíduo da *Tierleben*, de Brehmn.

Possuía raros dotes de excelente pianista e a família guarda um álbum de desenhos onde se notam reais aptidões, na arte, do chorado Mestre.

A poesia não lhe fora estranha, e num aniversário de sua mãe traduziu para o alemão, com tanto sucesso, *Mãe*, de Casimiro, que ainda guardava o Mestre o precioso presente.

Neste 21 de outubro relembramos a figura de tão conspícuo brasileiro e de tão prezado amigo. Neste dia, sua voz compassada chegará até nossos ouvidos e sua imagem austera fará bater mais apressado o nosso coração. Sim, não pode a morte levar este gigante de saber e de bondade! Manuel Said Ali Ida estará eternamente presente na cultura brasileira e presente no coração de todos os seus amigos!

> Texto publicado em *Revista Letras* — revista do Curso de Letras da Universidade do Paraná, n.º 536, no ano de 1956, adaptado e proferido em palestra na Academia Petropolitana de Letras em homenagem a Manuel Said Ali, em 20 de outubro de 2018.

Notas

1   ALI, Manuel Said. *Dificuldades da língua portuguesa*, 2.ª ed. Rio de Janeiro, 1919.
2   Id. *Lexeologia do português histórico*. São Paulo: Melhoramentos, 1921.
3   OITICICA, José. "Chronica Literária." In: *A Rua*, 8 dez. 1919.
4   BOLÉO, Manuel de Paiva. *Brasileirismos: problemas de métodos*. Coimbra: Ed. da Universidade de Portugal, 1943, p. 4.

Um notável filólogo camilista

No Congresso Internacional de Estudos Camilianos, realizado entre 24 e 29 de junho de 1991, apresentou o saudoso filólogo e linguista Sílvio Elia um grupo de investigadores que estudavam no Brasil a obra do fecundo polígrafo, especialmente sobre os aspectos de linguagem. A este grupo inicial gostaria hoje de trazer à consideração dos participantes do novo encontro durante o qual se homenageia, com muita justiça, o notável homem de letras de Portugal, a figura e obra de um competentíssimo filólogo e camilista nascido em Lisboa e cedo transferida a sua residência para o Rio de Janeiro. Trata-se de Eduardo José Pinheiro Domingues, que pouquíssimo comparece nas bibliografias brasileiras e portuguesas relativas às três áreas de estudo em que elaborou uma importantíssima produção científica: lexicologia, etimologia e linguagem camiliana.

Como já anunciei, Pinheiro Domingues nasceu em Lisboa, aos 29 de novembro de 1886, filho de João José Domingues e de Maria Rosa Pinheiro Domingues, estudou em sua terra natal e foi aluno do notável filólogo Epifânio Dias, a quem se refere como "o meu saudoso professor",[1] o que lhe vaticinaria um venturoso futuro no mundo dos estudos de linguagem. Católico e monarquista, sofreu perseguições, por motivos a serem investigados pelo seu futuro biógrafo, de um incipiente regime republicano que, segundo suas palavras, trocou a tradicional saudação "Deus o guarde" por "Saúde e fraternidade". Recorda-se assim nosso filólogo desse momento difícil de sua vida:

> Há muito que a hospitalidade das colunas desta prestigiosa revista [*Revista de Filologia Portuguesa*, dirigida por Mário Barreto e editada em São Paulo] me foi oferecida com modelar fidalguia pelo seu benemérito e conspícuo Diretor. Chegou a vez de a aceitar com desvanecimento. Talvez que alguns dos colaboradores desta revista lessem o artigo do meu opositor. Não estranhem que da minha pena não saiam palavras azedas em resposta às que me endereçou. Continuei amarrado à árvore do meu credo religioso e político após o vendaval demagógico que me obrigou a abrir o guarda-chuva do exílio. A certas almas tuberculosas ou míopes não agrada esta constância de convicções. A mim só me agradam, e bastam-me, os aplausos da minha consciência. Olho com

orgulho para o meu passado. Desprezo o motejador insolente da minha crença religiosa e política.²

Em 1911, logo que Portugal passou a regime político republicano, mudou-se Pinheiro Domingues para o Brasil, instalando-se no Rio de Janeiro, jovem de 25 anos. No Rio, dedica-se ao magistério. Em 1916 é distinguido pelo papa com o título de conde e depois também com a Grã Cruz da Ordem do Santo Sepulcro.

A grande dificuldade de o futuro biógrafo levantar maiores informações acerca de Pinheiro Domingues reside no silêncio das enciclopédias e dicionários biobibliográficos, bem como da rede mundial de computadores (Internet). A única a que pude recorrer foi o primeiro (e único) volume do trabalho de Antônio José Chediak, intitulado "Síntese histórica da Academia Brasileira de Filologia: 1944-1949", cujo autor, reunindo material coligido por Modesto de Abreu, primeiro secretário da instituição, exara breves notícias sobre Pinheiro Domingues, quase nada de sua obra filológica. Sobre serem escassas as informações, ocorre ainda que muitos dos livros e artigos do iminente filólogo foram publicados sob a túnica de pseudônimos, dos quais consigo identificar Eduardo Lisboa, Fernando de Albuquerque, João Curioso e Frei Sincero, este na série de artigos sobre religião e política inseridos em *Pelejas dum crente*.

Parece que toda a sua produção sobre assuntos de linguagem veio à luz no Brasil. Em livros, em revistas e em jornais, seus estudos filológicos começam na década de 20, quando já o temos com todo o feitio de um investigador acabado, lido em autores literários de todas as fases e amparado por uma rica bibliografia especializada. Convidado por Mário Barreto como colaborador da *Revista Portuguesa de Filologia*, de São Paulo, começa a publicar no volume correspondente aos números 21-24, de setembro a dezembro de 1925, um estudo com o título "Evolução do gênero dos nomes", em que lista várias palavras que mudaram de gênero através da história da língua portuguesa. Este assunto continuou a merecer a atenção de Pinheiro Domingues em artigos na *Revista de Cultura*, do Padre Tomás Fontes, nos números 48 e 49 dos anos de 1930-1931, com o título "Variação do gênero dos nomes", e antes, no jornal *O Imparcial*, integrando temas de uma seção por ele denominada "Gotas Filológicas". Parece que, a partir desse período, começou a intensa colaboração do nosso filólogo a revistas especializadas saídas entre nós, sobrelevando-se a todas a *Revista Filológica*, na qual começa a aparecer a partir do n.º 3, com a erudita série "O português em outras línguas".

No Brasil saíram os seguintes livros do conde Pinheiro Domingues:

Pelejas dum crente, 2 volumes, dos quais só tive acesso à 2.ª edição do volume 2.º, Rio de Janeiro, 1924.

Galileu e a Igreja. Dissertação histórico-teológica.

História que parece romance: infâmias de carbonara. Rio de Janeiro, 1913 [dedicado à Juventude Católica de Lisboa].

O castigo duma caluniadora.

Todos os títulos estão arrolados em *Pelejas dum crente* como obras de Pinheiro Domingues.

No campo dos estudos de linguagens:

Ensaios filológicos (A gramática e as lições dos clássicos).
O dicionário do sr. Cândido de Figueiredo (o que vale é o que falta).
Camilo e as caturrices dos puristas (Tomo I e único saído com este título). Rio de Janeiro, 1924 [Assina com o pseudônimo *João Curioso*].
Camilo e a lexicografia de Laudelino Freire, 2.ª ed., corrigida e aumentada. Rio de Janeiro, 1927.
O dicionário do sr. Antenor Nascentes e o REW Retificações. Rio de Janeiro, 1937 [Assina-o com o pseudônimo *Eduardo de Lisboa*].
Variação do gênero dos nomes, 2.ª ed. Rio de Janeiro.
Rui e Camilo [livro que vi em casa de Cândido Jucá (filho) que me declarou ser a continuação de *Camilo e as caturrices dos puristas*. Não pude voltar a ver esse livro, mas acredito ser a reunião de dois artigos publicados na *Revista Filológica*, n.º 28 e 29; "Rui e Camilo" e "A linguagem de Ricardo Jorge"].

No ficheiro da Biblioteca Nacional do Rio de Janeiro, na ficha dedicada a Pinheiro Domingues, existe o registro de que tenha traduzido o livro de Rudolf Allers (1883) *Freud, estudo crítico da psicanálise*; na realidade, trata-se de tradução do prof. Eduardo Pinheiro (Porto, Livraria Tavares Martins, 1946, existente na mesma B.N.).

Afora a relação desses títulos, Pinheiro Domingues desenvolveu, como antecipei, intensa colaboração de temas de linguagem na *Revista Filológica* e, menos, na *Revista de Cultura*; da primeira é também citado como colaborador da *Direção*.

Dono de uma biblioteca invejável, revelada no correr de seus estudos, estava integrada de uma coleção de livros portugueses, antigos e modernos, quase todos em edições originais. Não havia no Rio de Janeiro, e quiçá no Brasil, quem tivesse à mão bibliografia dicionarística de todas as épocas de língua portuguesa, e de numerosas línguas estrangeiras. Seu robusto poliglotismo lhe permitia a consulta de obras escritas em vários idiomas, desde os românicos, germânicos e clássicos, além do árabe e alguns exóticos. De tudo isto se pode ter prova cabal nos numerosos artigos sobre léxico do português. Em sua época fazia parte da trindade no Brasil capaz de escrever o sonhado dicionário etimológico de nosso idioma: Antenor Nascentes, padre Augusto Magne e Pinheiro Domingues. Fixou-se no dia 16 de agosto de 1944 como a data de instalação da Academia Brasileira de Filologia, com sede provisória na rua do México 190, 3.º andar. De modo que não constitui surpresa a indicação do seu nome para integrar o quadro dos quarenta membros da recém-criada Academia Brasileira de Filologia. Na década de 40 do século passado, um grupo de professores de língua portuguesa do Colégio Militar, do Colégio Pedro II e de colégios outros, oficiais e particulares, começaram a discutir a conveniência de uma instituição dentro da qual se pudessem discutir questões de linguagem e que pudesse cumprir o papel de um órgão de consulta acerca desse tema nas indagações e dúvidas de órgãos da sociedade e do público em geral. Um dos mais ardorosos propagadores da ideia era o então tenente-coronel Altamirano Nunes Pereira, do magistério militar. A ideia ganhou logo adeptos porque a Academia Brasileira de Letras mais se voltava para a literatura e, também não possuía no seu quadro um número adequado de especialistas para levar a cabo o programa de uma futura academia de língua, como a que se tinha na Academia Espanhola, por exemplo. A esse grupo inicial pertenceram, por ação direta ou por adesão à distância, M. Said Ali, Sousa da Silveira, Antenor Nascentes, Jacques Raimundo, Augusto Magne, José Oiticica, Rodofo Garcia, Daltro Santos, Clóvis Monteiro, Alcides da Fonseca, Júlio Nogueira, Padberg Drenkpol, David Perez, Sá Nunes, João Guimarães, Cândido Jucá (filho), Renato de Almeida, Mattoso Câmara, Serafim da Silva Neto, Ragy Basile, Júlio de Matos, Ibiapina, Charles Fredsen, Ismael de Lima Coutinho, Quintino do Vale, Artur Torres, Jonas Correia, Jarbas de Aragão, Modesto de Abreu e Altamirano Nunes Pereira, segundo noticiário do jornal *A Noite*, de 12 de setembro de 1944, redigido, com toda a certeza, pelo último nome da lista.

À semelhança dos primeiros passos da Academia Brasileira de Letras, foram escolhidos os trinta integrantes que assinariam a ata de fundação. Continuando no referido paralelismo, a futura Academia completaria o quadro com mais dez participantes, estes já escolhidos pelos fundadores.

Ainda pela informação do mesmo jornal, no sábado seguinte, dia 16, às 16 horas, no Silogeu, reunir-se-ia o grupo para uma sessão de instalação do novo órgão cultural, durante a qual seriam discutidos os Estatutos e se elegeria a sua primeira diretoria. Rezavam os Estatutos que a instituição seria constituída de quarenta membros e é nesse momento que é escolhido, entre os dez novos integrantes, o filólogo Pinheiro Domingues, ao lado de Afrânio Peixoto, Basílio de Magalhães, Ernesto Faria, Saul Borges Carneiro, Sílvio Elia, Beni de Carvalho, Oswaldo Serpa, Nelson Romero e Otelo Reis.

Na indicação dos patronos das cadeiras que iriam ocupar, Pinheiro Domingues elegeu Manuel de Melo, português de Aveiro, homem do comércio carioca, com exímia vocação filológica, dono de uma riquíssima biblioteca que, pela sua morte, foi incorporada ao acervo do Real Gabinete Português de Leitura, que frequentava com assiduidade, na companhia de Ramos Paz, que, no Gabinete, orientavam as leituras clássicas do jovem Machado de Assis. Esse Manuel de Melo é outro fenômeno dos nossos filólogos bissextos: autor de um erudito livro saído postumamente, *Da glótica em Portugal* (em que defende Inocêncio de certas críticas que Adolfo Coelho fizera ao *Dicionário bibliográfico*) e das *Notas lexicológicas* publicadas em números da *Revista Brasileira*, fase Midosi (1880). Noticiando a morte de Manuel de Melo, declara um bom filólogo italiano, Francesco d'Ovídio:

> Egli era, per verità, un dilettante, e viveva nel Brasile, ma un dilettante scrupoloso e coltissimo, che in nulla differiva da un dotto di profissione. Ne son prova le *Notas Lexicológicas* (Rio de Janeiro, 1880) ch'egli aveva impresso a pubblicare. Conosceva la letteratura italiana, della più antica allá più recente, in modo ammirabile, amava vivamente l'Italia; e in Italia è morto![3]

Apesar de estar preparado para tratar das mais variadas questões de gramática, sua inclinação voltava-se para a lexicologia, história do léxico e a etimologia. Esta contribuição está à espera de quem reúna suas lições, inseridas em livro ou nos numerosos artigos que deixou. No que toca à linguagem camiliana, cabe ressaltar o mérito de três trabalhos fundamentais. O primeiro deles, saído no Rio de Janeiro em 1924, intitula-se *Camilo e as caturrices dos puristas* de que, com este título, só saiu o tomo primeiro. Na *Introdução* ao livro declara que a tônica é tornar patente um dos dois casos: a) Camilo condenava a vernaculidade das palavras e expressões que ele próprio usava em outros livros, patenteando que lhe eram correntes os dois modos de expressão; b) Camilo era acusado por críticos que condenavam nele palavras e expressões, mas que o romancista também empregava a forma canônica ou, acerca das formas condenadas, outros bons escritores também as perpetraram. Rui Barbosa, por exemplo, partindo do pressuposto de que o romancista era insigne padrão no opulento do vocabulário e guia quase sempre seguro no vernáculo do fraseado, assevera que ele "não saiu imune, quanto às influências do contágio francês, a deslizes e inadvertências, uma ou outra vez assaz graves".[4] Pinheiro Domingues documenta nas obras de Rui "grande número dos deslizes" que inculcou ao romancista português.

No correr do livro e com os mesmos propósitos atrás apontados, nosso filólogo estuda o uso de *adresse*; *a olhos visto/ a olhos vistos*; *a par e passo*; *apertar contra o peito*; *através/ através de*; *boudoir*; *bouquet*; *confecção*; *confeccionar*; *costume* (por *traje*); *de maneira a*; *de resto*; *desapontado*; *desapontamento*; *desolado*; *assassinato/ assassínio*; *enquanto que*; *engrenagem*; *extração* 'origem'; *fanar* 'murchar'; *houveram cousas terríveis*; *influir sobre*; *interdito*; *porte*; *preferir antes*; *primaveril*; *privada* [vida]; *reclame*; *saudade por*; *si*; *consigo*; *tige*; *vendável*.

Outra contribuição com base no léxico camiliano é o conjunto de comentários que Pinheiro Domingues teceu acerca de uma série intitulada *Livros de Camilo*, de autoria de Laudelino Freire, através de cujos volumes faz minguados comentários gramaticais e lexicológicos motivados pela leitura das obras do fecundo romancista português. Pretendia Laudelino Freire que suas observações sobre o léxico de Camilo constituíssem subsídios para o *Dicionário da Academia Brasileira de Letras* a ser por ela composto. Mostrou Pinheiro Domingues que pouquíssimo há de subsídio ao futuro dicionário acadêmico porque ou os vocábulos já estavam incluídos em dicionários, ou porque as definições ou explicações não são pertinentes às passagens em que aparecem e que, portanto, se mostra de pouquíssima utilidade a contribuição de Laudelino. Outra oportuna contribuição de Pinheiro Domingues foi mostrar que várias palavras que se têm apontado como neologismos de Camilo e de outros escritores, na realidade não o são, por já estarem atestados, alguns de dois séculos atrás. Que ainda falta colher muitas palavras para enriquecimento do dicionário português, nosso filólogo arrola pequena amostra dos seiscentos termos colhidos em Ricardo Jorge e que, àquela época, ainda não constavam da 4.ª e última edição do *Novo dicionário* de Cândido de Figueiredo. Dá-nos o autor uma pequena amostra de suas pesquisas: desfaz a lição de Alfredo Gomes de que *imbecilitado* é um neologismo de Camilo, mostra que não é verdadeira a afirmação de Firmino Costa de que *agilitar* é neologismo, ou de Assis Cintra, que dá como neologismo de Rui Barbosa o verbo *adversar*. No que toca aos termos usados por Ricardo Jorge e não verbetados por Cândido de Figueiredo, dá-nos 317, acompanhados das passagens onde ocorrem. No volume 29 (1944) da *Revista Filológica* acrescenta 150 palavras à lista anterior do léxico de Ricardo Jorge.

Ainda sobre o léxico de Camilo escreveu Pinheiro Domingues um longo artigo sob o título "Rui e Camilo" na *Revista Filológica* (n.º 28, 1944), no qual mostra que, praticamente, todos os deslizes que Rui apontou nas páginas do romancista foram pelo próprio crítico perpetrados (Pinheiro Domingues se limita a extratar exemplos daquelas obras que o correto escritor brasileiro declarou, em carta a Mário Barreto, ter revisto.)

Camilo é personagem em muitos de outros artigos do nosso filólogo, mas não ocupa neles a posição central das três obras aqui lembradas.

Outro notável campo em que nosso filólogo joeirou com erudição e proficiência é o que diz respeito a história de palavras do português. Dos vários artigos que escreveu para a *Revista Filológica* e para a *Revista de Cultura*, esta dirigida pelo padre Tomás Fontes, deter-me-ei naquele de maior fôlego, que leva por título "O Português em outras línguas" e está constituído de dez partes, com uma invejável documentação literária, em que se traçam as histórias de *lânchara, abricó, acaju e caju, alcatraz, albatroz, albino, anil, areca, auto da fé, bailadeira* e *portugal*.

Em 1932, num esforço hercúleo em país onde faltavam bibliotecas especializadas, publicou o prof. Antenor Nascentes o seu *Dicionário etimológico da língua portuguesa*, sem contar com equipe especializada de colaboradores e tendo apenas os recursos próprios para impressão. Além dos dicionários etimológicos para as línguas românicas, tinha para o nosso idioma o mais moderno de Francisco Adolfo Coelho, (*Dicionário manual etimológico da língua portuguesa*, Lisboa, 1890) e o mais moderno românico, as duas primeiras edições do *Romanisches Etymologisches Wörterbuch* (REW), de Meyer-Lübke, de 1911-1920, em que a segunda é reprodução da anterior. A 3.ª edição do REW, com notáveis melhoramentos, começou a sair em fascículos a partir de 1930 e se completou em 1935. Nascentes não pôde beneficiar o seu livro com essa revisão. Pinheiro Domingues acompanhou os passos dessa 3.ª edição do REW e fez uma leitura atentíssima da obra de Nascentes, colhendo muito material da sua riquíssima biblioteca, além da cultura e reflexão pessoal. Quem desejar um dia reeditar o *Dicionário etimológico* do notável catedrático do Colégio Pedro II não poderá deixar de consultar o que o nosso filólogo escreveu sobre ela. Em primeiro lugar o opúsculo *O dicionário do sr. Nascentes e o REW* — Retificações por Eduardo Lisboa, Rio de Janeiro, 1937, 40 p. Nesta obra, Pinheiro Domingues, ajudado pela 3.ª edição do dicionário de Meyer-Lübke distribui sua contribuição em três setores: retificações; o que ainda poderia citar do REW; o que falta do vocabulário português. Lembra ainda o crítico um punhado de números do REW que Nascentes cita e que foram suprimidos na 3.ª edição; em torno de 150 passagens.

Infelizmente, as relações intelectuais e sociais entre os dois filólogos, ambos de temperamento forte, sempre foram muito difíceis, de modo que com isso ficou prejudicado um intercâmbio frutífero para o desenvolvimento mais rápido dos estudos etimológicos no Brasil. Nem Nascentes preparou uma 2.ª edição revista de sua obra, nem Pinheiro Domingues nos presenteou com o seu esperado dicionário etimológico, anunciado desde 1937. Diante do imenso trabalho despendido para a confecção de sua obra, que quase lhe custou a perda da visão, Nascentes declarara que aquela seria a 1.ª e única edição do *Dicionário*. Passados mais de trinta anos e estimulado pela contribuição que trouxera Joan Corominas com o seu *Diccionário* ao progresso da etimologia das línguas ibéricas, o português inclusive, animou-se o erudito filólogo brasileiro a elaborar, ainda pelo exemplo do *Breve Diccionário* do mestre catalão, seu *Dicionário etimológico resumido* (Rio de Janeiro, Instituto Nacional do Livro, 1966), em que atualiza boa parte de seu trabalho anterior.

Outra série de comentários etimológicos referidos ao texto de 1932 de Nascentes publicou Pinheiro Domingues, agora com o pseudônimo de Fernando de Albuquerque, em 18 artigos estampados na *Revista Filológica*, da letra A à P, entre 1941 e 1942. Com a extinção da RF dessa 1.ª fase no n.º 29, faltam-me por ora dados para localizar uma possível continuação do trabalho. Nestes estudos o nosso filólogo continua a leitura crítica do *Dicionário etimológico* do prof. Nascentes, corrigindo étimos, restabelecendo formas mutiladas por gralhas tipográficas, acrescentando documentação literária pertinente, carreando elementos para a elaboração da história e datação de várias palavras do léxico português e eliminando um ou outro termo nascido de má leitura, como o caso de *locafa*, que aparece em quase todos os dicionários (Vieira, Faria, A. Coelho, Aulete, Simões da Fonseca/ João Ribeiro, Figueiredo e até nos *Vocabulário* da Academia de Lisboa e da Academia Brasileira de Letras, neste, mesmo na 4.ª edição de 2004). Pinheiro Domingues acompanha a má leitura de uma passagem da *Peregrinação*, de Fernão Mendes Pinto, na edição de 1614, onde ocorre *lacasaa* e que na edição de 1678 aparece sob a forma *lacasá* (com *s* gótico) e já alterado em *lacafá* na edição de 1762, abrindo caminho e vida para a deturpação nas edições posteriores e nos dicionários. A forma deturpada *locafa* se registra em 1789 nos *Vestígios da língua arábica em Portugal* do frei João de Souza, que tira do árabe *lacaha*, com o significado de 'multidão de gente', 'companhia', 'tribu'. O vocábulo correto a ser dicionarizado seria *lacasá, lacassá ou laquessá* e, segundo Pinheiro Domingues não seria de origem árabe, mas se prende ao malaio *laksa*, que remonta ao sânscrito *lūksā*, 'cem mil', lição de *Hobson-Johson* (ed. de Londres, de 1903, Rodolfo Dalgado [*Glossário luso-asiático*, I, S12 e Lokotsch, *Etymologisches Wörterbuch der europäischen Wörter orientalischen Ursprungs.*])

Leitor admiravelmente apetrechado para substanciosas contribuições, fazem parte da bibliografia de Pinheiro Domingues as resenhas a obras que tratam de questões que dizem respeito às suas especialidades. Deste rol desejo aqui fazer alusão a duas, estampadas na *Revista Filológica*, números 12 e 24. A primeira delas comenta a contribuição de José Pedro Machado intitulada "Comentários a alguns arabismos do *Dicionário* de Nascentes. Subsídios para um Vocabulário Português de Origem Árabe" (ed. do Centro de Estudos Filológicos, Lisboa, 1940).

Nesta resenha Pinheiro Domingues traz contribuição não só ao *Dicionário* de Nascentes, mas ainda comenta, acrescentando ou emendando propostas do conhecido e operoso filólogo português. Aí se patenteia um traço raro do nosso resenhador em comparação com a maioria dos etimólogos do seu tempo no Brasil: além, naturalmente, dos livros e dicionários, a permanente atenção dada à pesquisa de étimos desenvolvida nas revistas especializadas. Pinheiro Domingues acompanhava os estudos estampados nas mais credenciadas publicações periódicas editadas na Alemanha, França, Itália, Suíça, Espanha, Romênia, entre outras, ficando assim, a par do que de mais recente saía sobre a investigação etimológica.

Outra resenha importante escreveu para comentar a edição da *Carta de Pero Vaz de Caminha*, preparada e anotada pelo erudito Jaime Cortesão.[5]

Nas suas achegas, Pinheiro Domingues corrige leitura na transcrição do autógrafo apresentado em fac-símile, formula outras etimologias alegadas por Cortesão, lembra outras variantes das palavras empregadas na *Carta*, desfaz a lição de que *sertão* e *sertanista* sejam brasileirismos, e lembra o derivado *sertâneo* usado por Camilo em *O carrasco*,[6] que não está dicionarizado ainda nos léxicos mais recentes (Aurélio, Houaiss e da Academia das Ciências) nem recolhido no substancioso livro de Cláudio Basto *A linguagem de Camilo*.[7]

Creio ter deixado patente a alta qualidade intelectual deste lexicólogo e camilista, que, falecido em 1947, está à espera de quem se debruce sobre sua obra e quebre o imerecido silêncio no panorama dos estudos de língua portuguesa.

Texto publicado na *Revista Portuguesa de Humanidades*, vol. 10, da Faculdade de Filosofia da UCP, Braga, em 2006.

Notas

1. CURIOSO, João. *Camilo e as caturrices dos puristas*. Rio de Janeiro: Tip. Ideal, 1924, p. 95.
2. DOMINGUES, Pinheiro. *Revista de Cultura*, ano IV, n.º 48, dez. 1930, p. 277-278.
3. Ele era, de fato, um amador, e vivia no Brasil, mas um amador escrupuloso e muito culto, que de forma alguma diferiu de um doutor de profissão. Prova disso são as *Notas Lexicológicas* (Rio de Janeiro, 1880), que ele tinha impresso para publicar. Ele conhecia a literatura italiana, da mais antiga à mais recente, de uma forma admirável. Ele amava muito a Itália; e na Itália morreu! (Tradução do autor.)
4. BARBOSA, Rui. *Réplica*, 1.ª ed. Rio de Janeiro: Imprensa Nacional, 1904, p. 98.
5. CORTESÃO, Jaime. *Carta de Pero Vaz de Caminha*. Rio de Janeiro: Livros de Portugal, 1943.
6. BRANCO, Camilo Castelo. *O carrasco de Victor Hugo José Alves*. Porto: Livraria Ernesto Chardron, 1872, p. 146.
7. BASTO, Cláudio. *A linguagem de Camilo*. Porto: Marânus, 1927.

Machado de Assis e seu ideário de língua portuguesa

É opinião corrente afirmar-se que Machado de Assis, se não é o mais correto escritor da literatura brasileira, é dos que melhor a praticaram e mais souberam conciliar a construção clássica e a modalidade espontânea do idioma do seu tempo.

Por tudo isto, vale a pena pesquisar como conseguiu construir o seu ideário linguístico, ainda que não tenhamos informações seguras sobre os passos iniciais dessa construção que, começada muito cedo, como se supõe, continuou por toda a vida do nosso escritor.

Como a mãe é sempre, ou quase sempre a primeira mestra da linguagem de seus filhos, seguida da colaboração dos demais familiares, o ambiente idiomático de casa deve cedo ter chamado a atenção do menino Machado diante de uma mãe açoriana, branca, e do pai pintor, mulato, ambos com certa instrução: sabiam ler melhor do que, com toda certeza, os demais moradores do morro do Livramento (atual Providência), próximo à zona portuária, em que nasceu o futuro escritor.

Acresce a isto a convivência, como agregados de uma chácara vizinha ao morro, de propriedade de D. Maria José, madrinha do menino, o que favorecia à criança, desde cedo de temperamento solitário, um ambiente cultural diferente daquele frequentado pelos seus vizinhos. A mãe deve ter coberto o filho de atenção e carinho que merecem os primogênitos e, apesar de ter morrido quando Machado mal contava os dez anos, pôde deixar nele profundas marcas de afeto e lhe ter imprimido o gosto pelo estudo, adjuvando o trabalho de escola primária que frequentara e o empenho de um padre da Igreja da Lampadosa a quem, parece, o menino ajudava nas missas, como coroinha. Cinco anos depois da morte da mãe, casou-se o pai com Maria Inês, madrasta que também cobriu o enteado com amoroso desvelo. Desde cedo deve ter nascido em Machado o gosto da leitura, que também cedo lhe despertou e favoreceu o melhor aprendizado do idioma, o que possivelmente o preparou para, entre os ofícios iniciais a que se dedicara, exercer as funções de tipógrafo da Imprensa Nacional até 1858, e, mais à frente, revisor e caixeiro da Livraria e Tipografia de Paula Brito, estágio que o aproximou definitivamente da literatura e de ilustres personagens do meio de escritores.

De particular importância para a construção do seu universo linguístico foram sem dúvida as reuniões no Gabinete Português de Leitura com dois dos mais importantes, à época, cultores dos livros e do idioma: Ramos Paz e o filólogo Manuel de Melo. Se o primeiro deve ter sido fundamental para a formação literária do nosso Machado, aproximando-o dos autores nacionais e estrangeiros, Manuel de Melo deve ter exercido nele uma influência seminal sobre a natureza da linguagem, a posição do escritor diante do idioma, sua ação normativa para os leitores do seu tempo. Tal influência favoreceu a propriedade de considerações que Machado, em vários lugares do seu múltiplo fazer literário, emitiu sobre fatos da língua, quer de natureza gramatical, quer de natureza lexical. Manuel de Melo, apesar da sua atuação como homem do comércio, foi dos mais bem apetrechados filólogos do seu tempo; escreveu pouco, pelo menos do que chegou até nós, mas dessas lições sobreviventes, revela-nos uma leitura do que melhor se produzia nos meios mais adiantados no mundo. Riquíssimo acervo bibliográfico existente no Gabinete Português de Leitura sobre filologia e linguística, em alemão, inglês e francês no século XIX, resulta da aquisição de sua biblioteca particular pela instituição depois de sua morte, a fim de que não se dispersasse. Seus méritos eram conhecidos e apreciados fora do Brasil. Leite de Vasconcelos nos chamou a atenção para uma nota necrológica de um dos mais conceituados filólogos italianos, Francesco D'Ovidio, acerca de uma resenha de autores latinos editados por Epifânio Dias:

> Mentre corrego le bozze, mi sopraggiunge la dolorosa nuova, che uno di loro (referia-se a filólogos portugueses), Manuel de Mello, è morto. Egli era, per verità, un dilettante serupoloso e coltissimo, che in nulla differiva da un dotto di professione. Ne son prova le *Notas Lexicológicas* (Rio de Janeiro, 1880) ch'egli aveva impresso a publicare. Conosceva la litteratura italiana, dalla più antica alla più recente, in modo ammirabile, amava vivamente l'Italia; e in Italia è morto![1]

Tão ausente está Manuel de Melo de nossos estudos de historiografia gramatical de filólogos portugueses e brasileiros que desenvolveram suas atividades no Brasil, que o autor merece uma referência, ainda que breve, neste comentário sobre Machado de Assis. Português de nascimento, natural de Aveiro, onde nasceu em 1834. Exercia as funções de guarda-livros e se aplicava no estudo dos modernos idiomas da Europa, particularmente do português. Notabilizou-se entre os contemporâneos e a posteridade com o estudo polêmico contra Adolfo Coelho e Teófilo Braga, máxime sobre o primeiro, intitulado *Da glótica em Portugal*. A composição deste trabalho começou em 1872 e só terminou em 1889, cinco anos depois da morte do autor, ocorrida em Milão, na Itália, aos 4 de fevereiro de 1884.

Em contacto com Ramos Paz e Manuel de Melo, nas reuniões aos domingos no Gabinete Português de Leitura, penetrou Machado de Assis não só no terreno idiomático dos clássicos lusitanos, mas ainda na boa conceituação e compreensão da natureza da linguagem e dos usos linguísticos.

Assim é que, em resenha crítica de 1862 ao *Compêndio da gramática portuguesa*, por Vergueiro e Pertence, saído em Lisboa em 1861, o nosso escritor justifica por que considera o *Compêndio* "uma obra útil": "Sempre achei que uma gramática é uma coisa séria. Uma boa gramática é um alto serviço a uma língua e a um país. Se essa língua é a nossa e o país é este em que vivemos, o serviço cresce ainda e a empresa torna-se mais difícil."[2]

E logo adiante:

Quando se consegue o resultado alcançado pelos Srs. Pertence e Vergueiro tem-se dado material para a estima e a admiração dos concidadãos.
Há na gramática dos Srs. Pertence e Vergueiro aquilo que é necessário às obras desta natureza, destinadas a estabelecer no espírito do aluno as regras e as bases, sobre as quais se tem de assentar a sua ciência filológica.[3]

Repare-se que Machado de Assis estava com 23 anos ao resenhar o *Compêndio*, e nessa época já ressaltava o papel importante do desenvolvimento reflexivo da competência linguística dos alunos mediante a aplicação das regras e das bases "sobre as quais se tem de assentar a sua ciência filológica" [entenda-se: a sua competência linguística]. Note-se que o resenhador não insiste na célebre lição de que a gramática é "arte de ensinar a falar e a escrever corretamente a língua", como fez o compêndio, mas sim "de assentar a sua ciência filológica".

Essas considerações do nosso jovem escritor, aparentemente tão inocentes, que uma leitura ingênua poderia deixar passar em silêncio uma distinção teórica importantíssima e antiga, que remonta aos primeiros filósofos gregos que trataram de conhecer melhor e com mais profundidade a essência da gramática e temas a ela, gramática, correlatos.

Discutiam esses gregos se a gramática seria *empeiría*, isto é, pura e simples experiência em ato, ou se seria uma técnica (em grego *téchne*), isto é, um sabor complexo de *regras*, de noções regidas por um critério e com o propósito de preencher uma finalidade. A tese vitoriosa foi a de que a gramática seria uma técnica, palavra que os romanos traduziram por *arte* (latim *ars*).

Já a aquisição de uma língua resulta de uma atividade no âmbito da *empeiría*, porque é um processo que nasce sob o impulso da imitação, não se desprezando um mínimo de reflexão, isto é, como ensina Pagliaro, "de aderência volitiva a determinado sistema expressivo", e dessa imitação "surge a necessidade de uma norma na qual o ato linguístico possa encontrar a sua plena justificação".[4]

Tudo nos leva a acreditar que Machado de Assis entendia a gramática como uma técnica, isto é, um sistema de noções destinadas a conseguir um fim, no seu dizer, "destinadas a estabelecer no espírito do aluno as regras e as bases, sobre as quais se tem de assentar a sua ciência filológica".

Essas regras e bases no espírito do aluno vão dirigi-lo ao âmbito da *empeiría*, já que uma imitação reflexiva o leva a buscar uma norma na qual, como diz Pagliaro, "o ato linguístico passa a encontrar a sua plena justificação. Surge assim, por necessidade didática, a gramática, que esclarece a funcionalidade do sistema, fixando-o no esquema ideal, e todavia real, da norma."[5]

Acompanhando os gregos, Machado também parece deixar patente que a gramática nasceu sob um duplo signo: o lógico — cognoscitivo e o didático-normativo.

Tais considerações, ausentes nos compêndios escolares do seu tempo, Machado não as teria haurido, apesar de toda a sua genial precocidade, sem a participação de um mentor, e esse mentor, para nós, não poderia ser outro senão Manuel de Melo, dono de uma ciência filológica e linguística comprovada pela exaustividade bibliográfica de livros técnicos relacionados nas notas de rodapé do seu livro *Da glótica em Portugal*.

Outro aspecto que se há de ressaltar nas citadas palavras de Machado é a relação desse saber filológico de cada utente ou usuário da língua com o saber dos demais utentes do país na construção de uma unidade idiomática mais ampla, de caráter nacional, unidade que iria construir aquilo a que ele mesmo, em célebre artigo estampado em *O Novo Mundo*, em Nova York, em 1873, chamou "Instinto de nacionalidade". Vale a pena recordar o que declara o jovem Machado com apenas 23 anos: "Sempre achei que uma gramática é uma coisa séria. Uma boa gramática é um alto serviço a uma língua e a um país. Se essa língua é a nossa e o país é este em que vivemos, o serviço cresce ainda e a empresa torna-se mais difícil."[6]

Isto para concluir que uma gramática procura assentar em cada falante da língua de um país a sua ciência filológica [entenda-se: a sua competência linguística], cuja unidade espelha o instinto de nacionalidade, dentro do conjunto de outros saberes nacionais, para se consubstanciar numa futura construção da consciência de nacionalidade mediante a língua.

Quase cem anos depois dessa resenha, o italiano Antonino Pagliaro, um dos cinco mais esclarecidos e geniais linguistas do século XX, repetia com maior profundidade e agudeza, mas com a mesma essência de verdade, do alto de sua excelsa competência:

> A língua constitui a imagem mais completa e genuína da fisionomia natural e histórica dos povos. Disse-o, há mais de um século, Guilherme von Humboldt, bom conhecedor de assuntos desta natureza e, pelo que sei, ninguém jamais o contradisse. Acrescentava ele que a índole espiritual de uma comunidade e a estrutura da língua estão intimamente tão ligadas entre si que, conhecida uma, a outra devia com facilidade deduzir-se da primeira. Sobre isso não há controvérsia: a língua, representando por um lado a maneira natural através da qual um povo vê e conhece a realidade, sistematizando-a e organizando-a nos sinais de classificação que são as palavras, encerra em si, por outro, o reflexo de todas as experiências internas e externas, de todas as conquistas e de todos os contrastes, por que esse povo passou na cadeia das gerações.
> De resto, observamos o mesmo na fala individual; nada revela melhor a fisionomia interior de cada indivíduo, a sua inteligência ou obtusidade, a sua cultura ou ignorância, o seu gosto ou tacanhez, do que a sua expressão linguística; mas também as maneiras da sociabilidade, o meio, a ocupação, a companhia que frequenta, o bairro em que habita, dão à fala de cada um indícios que permitem uma identificação fácil e imediata.[7]

Por tudo o que vimos até aqui, fácil nos é concluir que estas noções correm paralelas ao conceito de "língua comum", cuja importância linguística, social e histórica tem aguçado o interesse dos linguistas, sociolinguísticos e historiadores da cultura.

Essa consciência de que os homens de uma comunidade constroem e garantem pela língua comum a identidade nacional, um evidente "instinto de nacionalidade".

O já citado Antonio Pagliaro ressalta magistralmente o que acabamos de dizer:

> (...) a língua comum é a expressão de uma consciência unitária comum, que pode ser cultural em sentido lato, como acontecia na Itália do século XIV ou na Alemanha de Lutero, e pode ser política, como é o caso das

atuais línguas nacionais; nela temos sempre um fator volitivo que leva as comunidades a superar as diferenças mais ou menos profundas dos falares locais, para aderir pela expressão a uma solidariedade diferente e mais vasta. Por outras palavras, quem, deixando de parte o dialeto nativo, passa a falar a língua comum, exprime através desse ato a sua adesão volitiva a um mundo mais vasto, determinado cultural ou politicamente, ou então, como acontece nos estados nacionais modernos, pelas duas formas.[8]

A intuição de Machado de Assis de que o conceito de língua comum cabia perfeitamente à língua portuguesa escrita padrão praticada em Portugal e no Brasil levou-o a não adotar a opção daqueles brasileiros para quem as diferenças de uso entre os dois países justificavam, com nítida pressa e pouca fundamentação teórica, a necessidade de se considerar a existência de dois idiomas distintos, mormente depois de nós nos termos separado da antiga metrópole em 1822 e nos termos constituído como nação independente. Era a tese, entre outros, de Macedo Soares e Paranhos da Silva, aí pelo último quartel do século XIX. Machado chega a dizer isto que aqui afirmamos de maneira felicíssima: este princípio é antes "uma exageração de princípios".

Por essa mesma intuição nosso Machado entendia que a unidade linguística em que se assenta a língua comum não é, em rigor, uma unidade de fato, mas, como ainda mais tarde ensinaria Pagliaro, "um esquema no qual encontram lugar todas as concordâncias substanciais que se verificam nas variedades dialetais".[9]

Doze anos depois da resenha do *Compêndio da gramática portuguesa*, de Vergueiro e Pertence, em 1873, no já citado escrito "Instinto de nacionalidade", Machado implicitamente volta à opinião ali expendida, segundo a qual "uma boa gramática é um alto serviço a uma língua e a um país", e se essa língua é a nossa, e o país é o nosso, o serviço cresce ainda e a empresa torna-se mais difícil: "Entre os muitos méritos dos nossos livros nem sempre figura o da pureza da linguagem. Não é raro ver intercalado em bom estilo os solecismos da linguagem comum, defeito grave, a que se junta o da excessiva influência da língua francesa."

Aproveita o escritor o momento para aludir à existência daqueles autores que fogem aos padrões da língua escrita culta pelo propósito de diferenciar o uso brasileiro do português, propósito que ainda não assumirá a opinião iconoclasta de Monteiro Lobato que, muitos anos depois, viria a declarar que, assim como o português saíra dos erros do latim, o brasileiro sairá dos erros do português: "Este ponto é objeto de divergência entre os nossos escritores. Divergência digo, porque, se alguns caem naqueles defeitos por ignorância ou preguiça, outros há que os adotam por princípio, ou antes por uma exageração de princípios."

E acertando o passo com a melhor lição acerca de como se há de entender a correta política idiomática na consolidação normativa da língua comum, justifica-se:

> Não há dúvida que as línguas se aumentam e alteram com o tempo e as necessidades dos usos e costumes. Querer que a nossa pare no século de quinhentos, é um erro igual ao de afirmar que sua transplantação para a América não lhe inseriu riquezas novas. A este respeito a influência do povo é decisiva. Há, portanto, certos modos de dizer, locuções novas, que de força entram no domínio do estilo e ganham direito de cidade.

> Mas se isto é um fato incontestável, e se é verdadeiro o princípio que dele se deduz, não me parece aceitável a opinião que admite todas as alterações da linguagem, ainda aquelas que destroem as leis da sintaxe e a essencial pureza de idioma. A influência popular tem um limite; e o escritor não está obrigado a receber e dar curso a tudo o que o abuso, o capricho e a moda inventam e fazem correr. Pelo contrário, ele exerce também uma grande parte de influência a este respeito, depurando a linguagem do povo e aperfeiçoando-lhe a razão.[10]

A resenha ao *Compêndio da gramática portuguesa*, de Vergueiro e Pertence, nos patenteia que desde cedo Machado de Assis, pelas leituras pessoais e pelo contacto com filólogos amigos como Ramos Paz e, principalmente, Manuel de Melo, tinha da linguagem, da língua, da gramática e da ação normativa do escritor na normatização da língua comum, ideias bem avançadas para seu tempo e que hoje poderiam ser repetidas por filólogos e linguistas profissionais.

O que teve a oportunidade de nos deixar nessa resenha de 1862 e no artigo de 1872 acreditamos que foi de capital importância para o ideário da Academia Brasileira de Letras relativamente à sua posição e às suas tarefas sobre a língua portuguesa e a sua unidade superior com Portugal. Esse ideário está bem definido no Art. 1.º dos Estatutos da Instituição, quando diz que ela "tem por fim a cultura da língua e da literatura nacional", e com o substancioso e programático discurso inaugural de Joaquim Nabuco, na qualidade de secretário-geral, quando declara, ao tratar da língua portuguesa no Brasil:

> A língua é um instrumento de ideias que pode e deve ter uma fixidez relativa; nesse ponto tudo precisamos empenhar para secundar o esforço e acompanhar os trabalhos dos que se consagrarem em Portugal à pureza do nosso idioma, a conservar as formas genuínas, características, lapidárias da sua grande época... Nesse sentido nunca virá o dia em que Herculano, Garrett e os seus sucessores deixem de ter toda a vassalagem brasileira. A língua há de ficar perpetuamente *pro indiviso* entre nós.

Essa vassalagem de que nos fala Nabuco é um aspecto daquela adesão volitiva de que nos fala Pagliaro e que um pouco mais de meio século depois do secretário-geral da instituição acadêmica repetiria destacado literato espanhol, Pedro Salinas, imbuído das mesmas convicções acerca da função niveladora da língua comum e do papel dos cientistas e artistas envolvidos nessa ação normativa:

> La admisión de la realidad de la norma lingüística no debe entenderse como sometimiento a una autoridad académica inexistente e innecesaria sino a la compreensión del hecho de que en todos los países cultos de Iberoamérica se emplea una lengua general basada en la fidelidad al espíritu profundo del lenguaje y a su tradición literaria. La norma lingüística brota de una realidad evidente. Hay aún algunos filólogos a caballo en su doctrina naturalista de que el lenguaje no tiene jerarquías de excelencia o bajeza y que todas sus formas, por el simple hecho de existir, son igualmente respetables.[11]

No discurso de encerramento do ano acadêmico de 1897, o primeiro da novel instituição, assinala Machado, entre as tarefas para 1898, colher, "se for possível, alguns elementos do vocabulário crítico dos brasileirismos entrados na língua portuguesa, e das diferenças no modo de falar e escrever dos dois povos, como nos obrigamos por um artigo do regimento interno". E depois de dizer que essa tarefa deve ser levada com muito critério crítico e paciência, conclui com certeiras ponderações de um filólogo:

> A Academia, trabalhando pelo conhecimento desses fenômenos, buscará ser, com o tempo, a guardiã da nossa língua. Caber-lhe-á então defendê-la daquilo que não venha das fontes legítimas, — o povo e os escritores, — não confundindo a moda, que perece, com o moderno, que vivifica. Guardar não é impor; nenhum de nós tem para si que a Academia decrete fórmulas. E depois para guardar uma língua é preciso que ela se guarde também a si mesma, e o melhor dos processos é ainda a composição e a conservação de obras clássicas. A autoridade dos mortos não aflige, e é definitiva.

Esse ideário filológico e linguístico está patente não só no seu discurso, mas ainda na sua ação de escritor. Assim é que no seu tempo a caça aos galicismos praticamente resumia a tarefa dos puristas; Machado criticava o excesso de galicismos, mas os agasalhava, quando necessário ou funcional às necessidades do estilo. Ao ser criticado em nota anônima por ter empregado no conto *O alienista* o francesismo *reproche*, defendeu-se dizendo que, além de não ser galicismo, pois encontrara nos clássicos *reproche* e o verbo *reprochar*, e ainda porque achava foneticamente insuportável o correspondente vernáculo *exprobração*. E conclui: "Daí a minha insistência em preferir o outro, devendo notar-se que não o vou buscar para dar ao estilo um verniz de estranheza, mas quando a ideia o traz consigo."[12]

O esforço de cultivar o modelo de sua língua literária fez que Machado acompanhasse a boa lição da normatividade proclamada pelos bons autores. Na última fase de sua produção literária o escritor eliminou solecismos que corriam na língua escrita entre os séculos XVIII e XIX. Assim é que acomodou o verbo *haver* no singular, como impessoal, como sinônimo de *existir*, na última fase dos seus escritos. Essa sintaxe vingou entre bons escritores do século XVIII como Matias Aires e foi agasalhada no século XIX. Machado não fez exceção, e até na resenha ao *Compêndio* de Vergueira e Pertence deixa escapar: "Metódico no plano e claro na definição, não sei que *hajam* outros requisitos a desejar ao autor de uma gramática (...)."[13]

Vale lembrar que na gramática do porte de A. G. Ribeiro de Vasconcelos, na p. 254 n.º 1 de sua *Gramática portuguesa* (s/d, mas de 1900) considerava artificial o uso do verbo *haver* no singular, explicando o plural por atração.

Também Machado usou o verbo *fazer* no plural aplicado a tempo (*Fazem três dias*) até a fase dos *Contos fluminenses*, corrigindo-se depois para *Faz três anos*, na última quadra de seus escritos.

Oxalá tenhamos podido, ainda que esboçado um tema que está a exigir pesquisa mais aprofundada, fixar os alicerces teóricos e funcionais do ideário linguístico deste grande artista da língua portuguesa, e da influência que, nesta realidade, pelo prestígio patente de sua estatura intelectual, exerceu sobre os escritores do seu tempo e dos que depois, consciente ou inconscientemente, vieram a integrar-lhe a corte e a vassalagem.

Texto publicado na revista *Confluência*, do Liceu Literário Português, n.º 36, em 2009, e na *Revista Brasileira*, n.º 63, da Academia Brasileira de Letras, em 2010.

Notas

1   In: VASCONCELOS, J. Leite de. *Epiphanio Dias: sua vida e labor scientifico*, p. 4, n.º 2.
    Enquanto corrijo o rascunho, me vem a dolorosa notícia que um de vós (referia-se a filólogos portugueses), Manuel de Mello, morreu. Ele era, de fato, um amador, um amador escrupuloso e muito culto, que não diferiu de um doutor de profissão. Prova disso são as *Notas Lexicológicas* (Rio de Janeiro, 1880) que ele tinha impresso para publicar. Ele conhecia a literatura italiana, da mais antiga à mais recente, de uma forma admirável, ele amava muito a Itália; e na Itália morreu! (Tradução do autor.)
2   ASSIS, Machado de [1862]. Resenha ao *Compêndio de língua portuguesa*, por Vergueiro e Pertence. In: *Crítica Literária*. Rio de Janeiro: W.M. Jackson Editores, 1953.
3   Ibid., p. 21-22.
4   PAGLIARO, Antonino [1952]. *A vida do sinal: ensaios sobre a língua e outros símbolos*, 2.ª ed. Tradução e prefácio de Aníbal Pinto de Castro. Lisboa: Fundação Calouste Gulbenkian, 1983.
5   Ibid.
6   ASSIS, Machado de. Op. cit., p. 21.
7   PAGLIARO, Antonino. Op. cit., p. 95-96.
8   Ibid., p. 142-143.
9   Ibid., p. 140.
10 ASSIS, Machado de. Op. cit., p. 147.
11 SALINAS, Pedro. *Literatura española, siglo XX*. Madri: Alianza Editorial, 1970, p. 77.
    A admissão da realidade da norma linguística não deve ser entendida como sentimento de autoridade acadêmica inexistente e desnecessária, mas para a compreensão do fato de que em todos os países cultos da Íbero-América se emprega uma linha geral baseada na fidelidade ao espírito profundo da língua e sua tradição literária. A norma linguística nasce de uma realidade evidente. Há ainda alguns filólogos que se agarram em sua doutrina naturalista de que a linguagem não tem hierarquias de excelência ou baixeza e que todas as suas formas, simplesmente em virtude de sua existência, são igualmente respeitáveis. (Tradução do autor.)
12 ASSIS, Machado de. *Papéis avulsos*. Rio de Janeiro: Lombaerts & C., 1882, p. 293.
13 ASSIS, Machado de. Op. cit., p. 22.

Primeiros ecos de F. de Saussure na gramaticografia de língua portuguesa[1]

É hoje indiscutível a presença de ideias de F. de Saussure no panorama da linguística, e não está longe da verdade a afirmação de E. Benveniste[2] de que não há em nossos dias linguista que não lhe deva alguma coisa, nem teoria geral que não mencione o seu nome.

Embora os modelos teóricos de descrição linguística não tenham o compromisso imediato de aplainar dificuldades no ensino da língua materna ou de estrangeiras, vale a pena, neste momento em que se realiza um congresso em cujos temas está a obra do genial genebrino, rastrear a presença dos ensinamentos de Saussure na elaboração de gramáticas escolares. Neste sentido, conheço dois bons estudiosos que, mesmo antes de serem retomados definitivamente alguns conceitos do *Cours de linguistique générale*, em obras técnicas, orientaram o modelo de sua descrição em livro didático por ensinamentos auridos em Saussure. Cronologicamente, o primeiro deles foi o linguista e filólogo brasileiro Manuel Said Ali (1861-1953); o segundo, o linguista suíço Albert Sechehaye (1870-1946). Deste último, lembro o *Abrégé de grammaire française* em que, ao estabelecer um "Tableau systématique des conjugaisons", declara, no *Avertissement*, reportando-se à 2.ª ed. do *Cours*, de 1923:

> En faisant ce travail nous n' avons voulu tenir compte que des rapports morphologiques actuels et faire, non pas de l'histoire ou de l'étymologie, mais de la grammaire strictement "synchronique" selon le mot et la doctrine de F. de Saussure.[3]

Said Ali já denuncia o aproveitamento mais cedo e mais profundo da leitura de *Cours*. Publicada a obra de Saussure em 1916, já em 1919, na 2.ª edição das *Dificuldades da língua portuguesa*, a ela se referia nesses termos:

> Levei sempre em conta, nas diversas questões de que me ocupei, o elemento psicológico como fator importantíssimo das alterações de linguagem e, inquirindo a persistência ou instabilidade dos fatos linguísticos, tomei para campo de pesquisas não somente o português do período

literário que se estende de João de Barros a Manuel Bernardes, mas ainda o falar hodierno e, por outra parte, o menos estudado falar medieval. Pude assim colher resultados que dão regular ideia da evolução do idioma português desde a sua existência até o presente, de onde se vê a razão de certas dicções duplas, coexistentes ora, e ora sucessivas, fontes muitas vezes de renhidas e fúteis controvérsias.
Nesses fatos encontraria F. de Saussure, creio eu, matéria bastante com que reforçar as suas luminosas apreciações sobre linguística sincrônica e linguística diacrônica.[4]

Das distinções primárias estabelecidas por Saussure (sincronia e diacronia; língua e fala), a primeira parece que foi a inicial nas preocupações do mestre e a que oferecia maior possibilidade de operacionalização imediata em livro destinado a descrever o idioma com objetivos pedagógicos, já que, por meio dela, se fugia à metodologia praticada na época, de considerar a língua cavalgando em dois domínios, o dos estados e o das sucessões. Colocando-se o investigador dentro da perspectiva diacrônica, como bem procedera Saussure, *"ce n'est plus la langue qu'il aperçoit, mais une série d'événements qui la modifient"* [já não é mais a língua que ele vê, mas uma série de acontecimentos que a modificam].[5]

Parece que o livro da série que mais problemas de caráter metodológico apresentou a Said Ali foi o destinado a estudar historicamente o português. Fazia parte do currículo escolar do secundário, um curso de "Gramática histórica", e o nosso autor, diante das considerações expostas no *Cours*, teria de seguir rota diferente, visto que, para Saussure — que tomava o termo gramática numa acepção muito precisa, de descrição de um "estado de língua", e, portanto, sincronicamente — não havia "gramática histórica", e sim linguística diacrônica.

Partindo dessa lição, Said Ali deu ao seu livro o nome de *Gramática do português histórico* (e não *Gramática histórica do português*), em que descreve os fatos, levando em conta os diversos estados de língua, desde o início da documentação histórica até os nossos dias. O que pretendeu o autor foi mostrar as mudanças linguísticas ocorridas nas diversas fases por que passou o português. Para tanto, não ficou na divisão clássica proposta por José Leite de Vasconcelos, segundo a qual duas são as fases históricas do português: a *arcaica* (das origens aos princípios do século XVI) e a *moderna* (daí aos nossos dias). Said Ali, para poder com mais exatidão comparar os estados de língua, distinguiu, no português *moderno*, as subfases do *português quinhentista*, *português seiscentista* e *português setecentista*, e acrescentou a fase "*hodierna*", com as características criadas ou fixadas a partir do século XIX (algumas remontam ao século XVIII). Para o tratamento de um fato linguístico sob o enfoque da sucessão na obra de Said Ali serve de exemplo o comentário relativo ao emprego do artigo definido junto ao pronome possessivo adjunto:

> O possessivo adjunto ocorre em português, anteposto a um nome, ora sob a forma simples e originária (*meu, teu, seu*, etc.), ora reforçado com o artigo (*o meu, o teu, o seu*, etc.). Não podemos precisar a época do aparecimento desta segunda forma. Existia provavelmente muito antes dos primeiros

documentos escritos. Certo é que o seu emprego era relativamente restrito e só de Camões para cá se torna, de século para século, cada vez mais notória a frequência de possessivo reforçado. Fernão Lopes poucas vezes se socorria desta forma; em seus escritos ela figura ao lado dos exemplos de possessivo destituído de artigo, em proporção muito pequena: 5%, aproximadamente. Já nos *Lusíadas* sobe a porcentagem a 30%, na linguagem de Vieira a mais de 70% e finalmente na de Herculano a mais de 90%.[6]

A consequência da oposição sincronia x diacronia não ficou restrita à fuga original da denominação "gramática histórica", mas foi mais adiante. Se a sincronia é a descrição de um sistema linguístico num dado momento ou fora do tempo, e a diacronia o estudo do desenvolvimento desse sistema através do tempo, de geração a geração, está-se fazendo diacronia tanto ao se compararem dois sistemas durante um grande espaço de tempo (por ex., o sistema latino e o sistema português), dentro do modelo canônico das gramáticas históricas, quanto dois sistemas delimitados por um espaço de tempo mais curto (por ex.; o português antigo e o português moderno, ou o português moderno e o português hodierno). O estudo de linguística diacrônica é tão válido quando levado a cabo, segundo a primeira hipótese, quanto pela segunda hipótese. Said Ali optou por esta segunda maneira de encarar o estudo diacrônico e, pela primeira vez em língua portuguesa, elaborou uma "gramática histórica" sem partir diretamente do latim, preocupado que estava com o plano das sucessões dentro do próprio português. Neste ponto ouso não crer certeira a opinião de Mattoso Câmara Jr., quando, considerando esta obra de Said Ali dentro da "descrição sincrônica da língua, nos moldes propugnados por Saussure", assim se expressa:

> E em verdade se pode dizer que o seu campo de interesse foi a descrição sincrônica da língua, nos moldes propugnados por Saussure. Assim, a sua *Gramática histórica* (...) não é o que por esse nome entendiam os seus contemporâneos, os mestres neogramáticos alemães, e o que se entende ainda hoje: um estudo da cadeia de mudanças, a partir do latim vulgar, dos sons vocais, das formas gramaticais e das construções sintáticas. É no fundo uma gramática expositiva, complementada por um cotejo com as antigas fases da língua. Aí se acham apresentadas mais minuciosas as ideias gramaticais que nos oferece nessa admirável síntese didática que é a *Gramática secundária da língua portuguesa*.[7]

Sou de opinião, aliás, em companhia do próprio Said Ali, que seu livro é uma gramática histórica, é um estudo de linguística diacrônica dentro do que entendia Saussure por diacronia, estudo da língua dentro da história, no plano das sucessões. Por outro lado, não vejo na *Gramática secundária* menos minuciosamente tratadas as mesmas ideias gramaticais da *Gramática histórica*; é, sim, uma exposição do estado de língua que Said Ali chamou *português hodierno*. É verdade que aí cita autores clássicos representativos do estado de língua anterior ao qual chamou *português moderno*; os fatos gramaticais que documentam, porém, são todos vigentes na língua de seus contemporâneos. Aliás, como ensinava Saussure, "o rio da língua flui sem interrupção; que seu curso seja lento ou de torrente, é de importância secundária".[8]

Esta novidade, dentro do maior rigor científico, aparecida ao público especializado e aos alunos em 1921, não foi bem entendida, e serviu, entre outros pontos, de alvo de crítica de um membro da Academia Brasileira de Letras, integrante da comissão que concedeu, naquele ano, ao autor da *Lexeologia do português histórico*, o primeiro prêmio Francisco Alves, instituído para a melhor obra sobre a língua portuguesa. O argumento do crítico a respeito da novidade era esse: uma gramática histórica sem latim!

Apesar do peso da autoridade de que já gozava Said Ali no meio do magistério brasileiro e da concessão do prêmio pela Academia Brasileira de Letras, o autor teve de alterar o título, na 2.ª edição de sua obra, para *Gramática histórica da língua portuguesa*, a fim de atender às exigências dos programas oficiais de ensino. No *Prólogo* desta 2.ª edição, ainda procurava defender o ponto de vista anterior que dava à obra o seu tom de originalidade:

> Constituíam os dous volumes uma gramática histórica que, sem desprezar a evolução do latim para o português, estudava *particularmente* (o grifo é meu) as alterações do idioma nas diversas fases do português histórico, isto é, no largo período decorrido desde o tempo que se conhece o português como língua formada e usada em documentos.[9]

A mudança do título e a ressalva exarada na 2.ª edição da obra de Said Ali não conseguiram que os contemporâneos a deixassem de ver como uma produção estranha, que fugia aos cânones tradicionais das gramáticas históricas escritas para o português, ou para outras línguas. Como resultado dessa impressão, vale lembrar que o livro, em vida do autor, não passou dessa 2.ª edição, saída à luz quase dez anos depois da primeira, o que significa, em se tratando de livro didático, um desastre editorial. Só mais tarde, a partir da década de 50, sendo mais conhecidas e discutidas as ideias de Saussure, é que a obra conhece maior número de edições, e é posta em evidência toda a novidade que ela inaugurara na década de 20.

Entre outras presenças de Saussure na obra de Said Ali, lembro aqui a relação íntima entre a psicologia de homem pensante e as alterações por que passa a linguagem. Confronte-se o comentário do mestre suíço : "*Au fond, tout est psychologique dans la langue, y compris ses manifestations matérielles et mécaniques, comme les changements de sons.*" [No fundo, tudo é psicológico na língua, incluindo suas manifestações materiais e mecânicas, como as variações de som.][10]

Com este de Said Ali:

> É a psicologia elemento essencial e indispensável à investigação de pontos obscuros. As mesmas leis fonéticas seriam inexistentes sem os processos da memória e da analogia. Até o esquecimento, a memória negativa, é fator, e dos mais importantes, na evolução e progresso de qualquer idioma.[11]

Embora a natureza prática e pedagógica do livro de Said Ali não enfrentasse a oposição *língua e fala*, não passou despercebida a lição saussuriana de que é na fala

> que se trouve le germe de tous les changements: chacun d'eux est lancé d'abord par un certain nombre d'individus avant d'entrer dans l'usage (...) Mais toutes le innovations de la parole n'ont pas le même succès, et tant qu'elles demeurent individuelles, il n'y a pas à en tenir compte, puisque nous étudions la langue; elles ne rentrent dans notre champ d'observation qu'au moment ou la collectivité les a acueillies.[12]

Eis como Said Ali se expressa a respeito:

> Surge a inovação, formulada acaso por um ou poucos indivíduos; se tem a dita de agradar, não tarda a generalizar-se o seu uso no falar do povo. A gente culta e de fina casta repele-a, a princípio, mas com o tempo sucumbe ao contágio. Imita o vulgo, se não escrevendo com meditação, em todo o caso no trato familiar e falando espontaneamente. Decorrem muitos anos, até que por fim a linguagem literária, não vendo razão para enjeitar o que todo o mundo diz, se decide também a aceitar a mudança.[13]

Além da *Gramática do português histórico*, Said Ali escreveu, para a série didática, uma *Gramática secundária*, essa recebida com mais entusiasmo pelo círculo dos professores, e que chegou a ter algumas edições em vida do autor.

Como disse Saussure, a gramática "*étudie la langue en tant que système de moyens d'expression; qui dit grammatical dit synchronique et significatif*" [estuda a língua como um sistema de meios de expressão que dita uma gramática sincrônica e significativa].[14] Said Ali conseguiu, talvez pela primeira vez em língua portuguesa, elaborar uma gramática quase exclusivamente dentro de um enfoque sincrônico, e este mérito não passou despercebido a um linguista do nível de Mattoso Câmara Jr., que acerca desse livro afirmou tratar-se, como já vimos, de uma "admirável síntese didática",[15] ou noutro ensaio sobre João Ribeiro:

> É, não obstante, inconcusso que no campo estrito da gramática também fez muito o nosso João Ribeiro, embora sem aquela sistematização nítida e formulação estruturada que fazem da *Gramática secundária,* de Said Ali, o livro até hoje insuperado em seu gênero para a língua portuguesa.[16]

Também, relativamente à nomenclatura, se podem rastrear algumas influências, ainda que leves, da leitura de *Cours*; assim é que Said Ali não agasalhou o termo *morfologia*, preferindo trabalhar com a denominação *lexeologia*. É bem verdade que nessa opção o autor brasileiro passou ao largo das razões apontadas por Saussure para desprezar morfologia, que, para este, "linguisticamente, não tem objeto real e autônomo, não podendo constituir-se numa disciplina distinta da sintaxe".[17]

Mais profundas devem ter sido as razões colhidas em Saussure em *Cours de linguistique générale* (p. 215 e ss.) sobre o conceito e a aplicação de alternância para que Said Ali pudesse fazer a seguinte opção terminológica:

> Em pontos de nomenclatura evitei em geral o recurso de inovações desnecessárias. Preferi a denominação mais vaga de *alternância vocálica* a *metafonia* e a *apofonia* por me parecer que estes termos, segundo os encontro definidos, não exprimem com rigor a natureza da alteração fonética.[18]

Nas pegadas de Saussure, compreendeu Said Ali que os fenômenos rotulados por *metafonia* e apofonia encobriam oposições de funções gramaticais de pessoa, gênero, número, tempo, etc., e que as alterações fonéticas não eram *"ni la cause unique ni la cause principale de l'alternance"* [nem a causa única nem a causa principal da alternância].[19] Tais alternâncias resultavam antes do que hoje chamamos *morfemas supras-segmentais*.

Pelo que vimos até aqui, podemos concluir que a gramaticografia de língua portuguesa, com o apoio na obra de Said Ali, tenha sido das primeiras, se não a primeira, a beneficiar-se das importantes reflexões teóricas de F. de Saussure e de suas consequências no estudo e descrição das línguas.

Texto publicado na revista *Confluência*, do Liceu Literário Português, n.º 48, em 2015.

Notas

1   Comunicação apresentada ao IV Congresso Internacional de Língua Galego-Portuguesa. Em homenagem a Ferdinand de Saussure. Vigo, 28 de outubro-1 de novembro, 1993, e aqui reproduzida com pequenas variantes.

2   BENVENISTE, Émile. *Problèmes de linguistique générale*. Paris: Éditions Gallimard, 1966, p. 33.

3   SECHEHAYE, Albert. *Abrégé de grammaire française sur un plan constructif suivi d'un tableau systématique des conjugaisons pour servir à l'étude du Cours pratique de langue française de Hans Hoesli*. Zurique: Sekundarlehrerkonferenz des Kantons, 1926, p. 79.
    Ao fazer este trabalho, só quisemos ter em conta os relatórios das atuais relações morfológicas, não de história ou de etimologia, mas a gramática estritamente "sincrônica" de acordo com a palavra e a doutrina de F. de Saussure. (Tradução do autor.)

4   ALI, Manuel Said. *Dificuldades da língua portuguesa*, 5.ª ed. Livraria Acadêmica, 1957, p. XVII.

5   SAUSSURE, Ferdinand de. *Cours de linguistique générale*. Paris: Payot, 1916, p. 129.

6   ALI, Manuel Said. *Gramática histórica da língua portuguesa*, 2.ª ed., vol. 1. São Paulo: Melhoramentos, 1937, p. 97-98.
7   CÂMARA JR., Joaquim Mattoso. *Dispersos de J. Mattoso Câmara Jr,* nova edição revista ampliada. Rio de Janeiro: Editora Lucerna, 2004, p. 187.
8   SAUSSURE, Ferdinand de. Op. cit., p. 193.
9   Id. *Cours de linguistique générale*. Paris: Payot, 1931, p. VI.
10 Ibid., p. 21.
11 ALI, Manuel Said. Op. cit., p. 3.
12 SAUSSURE, Ferdinand de. Op. cit., p. 138.
    (...) que se encontra as sementes de todas as mudanças: cada uma delas é iniciada por um certo número de indivíduos antes de entrar em uso (...) Mas nem todas as inovações da fala são igualmente bem-sucedidas, e desde que permaneçam individuais, não há necessidade de as ter em conta, uma vez que nós estudamos a língua; elas não entram no nosso campo de observação até o momento em que a comunidade as aceite. (Tradução do autor.)
13 ALI, Manuel Said. Op. cit., p. 4.
14 SAUSSURE, Ferdinand de. Op. cit., p. 185.
15 CÂMARA. JR., Joaquim Mattoso. Op. cit., p. 187.
16 Ibid., p.175.
17 SAUSSURE, Ferdinand de. Op. cit., p. 186 [tradução livre].
18 ALI, Manuel Said. Op. cit., p. 3-4.
19 SAUSSURE, Ferdinand de. Op. cit., p. 206.

Antenor Nascentes: romanista

Prefaciando a tradução espanhola do *Cours de linguistique générale* do genial Ferdinand de Saussure, declarou Amado Alonso que um sábio se torna ilustre tanto pelos problemas que estuda e resolve como pelos que obriga seus colegas e sucessores a reestudar e resolver. Antenor Nascentes se enquadra perfeitamente no rol destes últimos, pois que sua obra vale não só pelo que apresenta de resultados positivos de pesquisa, mas também pelo estímulo e acesa curiosidade que, aos seus colegas, discípulos e sucessores incitam a continuar a estrada, mais amena e mais clara, graças ao esforço do heroico sapador. Como diz ele próprio: "Nisto, como em tudo, no começo é que está a dificuldade. Apareçam os aperfeiçoadores."[1] Um perpassar d'olhos por toda a extensa produção de Antenor Nascentes percebe, sem grande esforço, temas novos e palpitantes que aflora ou aprofunda em artigos e livros, deixando aí o toque de sua originalidade e o caminho aberto a novas pesquisas; estudar esta linda bibliografia é tarefa que se pode distribuir por vários capítulos, razão por que me limitarei à atividade do romanista. Mas, mesmo assim, quero aqui deixar assinalado que a modernidade de Antenor Nascentes não se enfeixa na sua obra científica ou literária; ela se estende à sua figura humana, possibilitando-lhe um diálogo franco e alegre com velhos e moços.

Antes de mais nada, cabe-nos aqui indagar o que mestre Nascentes entende por filologia românica e como se patenteia a vantagem que experimenta a pesquisa em português, por exemplo, empreendida à luz da visão românica.

Ensina-nos o autor num dos capítulos dos seus *Elementos de filologia românica*:

> O problema da filologia românica é explicar as mudanças do latim nas línguas românicas e delimitá-las no tempo e no espaço. No tempo: dada uma forma latina, chegar à forma românica resultante nas várias línguas, ou dada uma forma românica, chegar à forma latina correspondente.
> Ex.: lat. *patre* → port. *pai*, esp. *padre*, prov. *paire*, it. *padre*, fr. *père*
> port ontem ← lat. *ad nocte(m)*.
> No espaço, dado um fenômeno, caracterizá-lo nas várias línguas e depois sistematizá-los. Assim, estudando-se as transformações das explosivas surdas intervocálicas nas várias línguas, chega-se à conclusão de que

a Itália Setentrional e a Balcano-România as conservam e o resto da România as sonoriza.²

Pela lição aí exarada, pode-se concluir a vantagem de ordem prática que, pelo menos, se tira da consideração de uma língua românica sem desprezar a realidade por que passaram suas irmãs, experimentando condições idênticas ou semelhantes; e a vantagem é esta: serve a Romanística de um seguro elemento controlador de pesquisa. Evita ao estudioso uma visão parcial do problema, que pode truncar a realidade. Às vezes, uma hipótese se nos afigura sedutora porque convém às transformações fonéticas do português ou se ajusta à área semântica dos vocábulos em latim e português, mas a comparação com o mundo românico é que nos patenteia, em geral, a plausibilidade da hipótese ou o seu desolador engano.

Daí, talvez, derive a afirmação de Antenor Nascentes, segundo a qual "a filologia românica é a sobremesa", isto é, é o remate, é o toque final. Sem a sobremesa, ainda que modesta, a refeição será incompleta; transplantada a comparação para a nossa seara,sem a filologia românica, a pesquisa, sobre estar incompleta, poderá ser enganosa. Não era outro o pensamento do autor, muitos anos antes dos citados *Elementos*, pois que, numa lição inaugural da cadeira, em 19 de julho de 1937, comentava nesses termos a importância da filologia românica:

> Uma Faculdade de Letras onde se estudam o português e o francês ao lado do latim, não se poderia compreender sem o cultivo da filologia românica. A mesma necessidade que sente o latinista de conhecer as várias línguas indo-europeias, irmãs do latim, experimenta o estudioso do português e do francês em relação ao conhecimento das demais línguas românicas. Filhas do mesmo tronco, estas línguas se ajustam mutuamente na elucidação de seus problemas particulares, esclarecendo os casos difíceis e os duvidosos. Umas vezes trata-se de uma questão de fonética; o *h* de *hediondo*, por exemplo, o *ch* de *chapéu*, o *pi* de *piano*. A filologia românica revela a origem destes vocábulos, indicando apenas o tratamento recebido pelo *f* inicial espanhol, pelo *c* francês diante de *a*, pelo *pl* italiano. Outras vezes trata-se de uma etimologia e o subsídio românico se torna indispensável. Assim, por exemplo, *achar* no sudoeste da Europa, vai encontrar no oriente, passando pelo francês *trouver* e pelo italiano *trovare*, pelo provençal *trobar* e pelo latino sobresselvano *truva*, vai encontrar o seu paralelo no romeno *aflá*.³

Antenor Nascentes, pelo que se depreende dos trechos aqui citados, onde se patenteia a influência de Meyer-Lübke, chegou à romanística trazido pelos princípios do método-histórico-comparativo, como, aliás, aconteceu com todos os brasileiros que, interessando-se pelos estudos linguísticos, procuraram acompanhar o progresso por que passava a ciência do século XIX para o XX. Desde cedo apetrechou-se com o latim e o grego, deste último, segundo o seu testemunho, preparando-se para um concurso de catedrático, que não veio, fazia exercício diário de tradução de 150 versos da *Ilíada* ou da *Odisseia*. Fruto deste estudo é sem dúvida o curso que, no Instituto de Filosofia e Letras da UERJ, ministrou sobre o imortal Homero. Cedo também lhe ficaram familiares as línguas literárias modernas da Europa, sendo que o francês ele dominava como se fosse sua segunda língua materna. O alemão deu-lhe a carta de maioridade na romanística: através dele ficaram-lhe familiares a *Grammatik der portugiesischen Sprache* de J. Cornu e REW *Romanisches Etymologisches Wörterbuch* de Meyer-Lübke, com quem se carteou e de quem mereceu o prefácio ao prestantíssimo *Dicionário etimológico*, que, apesar dos seus cinquenta anos de saído à luz, não foi desbancado pelo trabalho do operoso José Pedro Machado. A partir de 1966, rejuvenesceu-se através do *Dicionário etimológico resumido*, à semelhança do que fez Corominas — para o espanhol —, obra que publicou o Instituto Nacional do Livro e que precisa agora ser reeditada. Antes, em 1952, já nos tinha dado o tomo II do *Dicionário etimológico*, relativo aos nomes próprios.

Não lhe faltaram, outrossim, no seu curso de humanidades no Colégio Pedro II, realizado sempre em lugar de honra, o conforto e estímulo de grandes professores, dos quais quatro, durante e mesmo depois do bacharelato, contribuíram fortemente para a formação do futuro filólogo; Fausto Barreto, Vicente de Sousa, Said Ali, Silva Ramos. Sua dívida de gratidão se espelha em referências elogiosas através de toda sua obra e, especialmente, a Fausto Barreto e Vicente de Sousa na dedicatória do *Dicionário etimológico*, e a Said Ali na *Miscelânea*, que, em sua honra, valentemente conseguiu editar, em 1938, constituindo, aliás, a primeira que, na esfera da filologia, se publicava no Brasil. É interessante observar que a sede de palmilhar novas trilhas não agasalhou, em nenhum momento de sua atividade, qualquer ressentimento ou inveja aos que queriam trabalhar e desbravar a *selva selvaggia*. É um rasgo inerente ao homem de caráter íntegro que Antenor Nascentes se esmerou por ser, não lhe faltando aquela seriedade e pontualidade no cumprimento das obrigações que bem mereciam o adjetivo que lhe era tão grato, *europeias*.

Estava, assim, Antenor Nascentes com meio caminho andado para desincumbir-se satisfatoriamente de sua missão de romanista, pois o filólogo ou linguista não pode limitar-se ao sossegado recanto teórico de seu gabinete; parodiando Goethe, um olho deve estar voltado para a Ciência e o outro para a Vida. E Nascentes viveu intensamente a vida, que se fez refletir nos títulos de sugestivos artigos e livros que escreveu ou estimulou que escrevessem. Os antigos e modernos lhe mereceram a mesma consideração: os torneios clássicos e a gíria do povo foram fichados com a mesma devoção e interesse. Nenhum setor da gama complexíssima dos usos linguísticos que vêm constituir a abstração unitária e global que se chama *língua portuguesa*, passou despercebido a essa atenta curiosidade científica, como se a ele pertencesse aquilo de Terêncio: *Homo sum: humani nihil a me alienum puto* (*Heautontimorumenos*, a. I, c. 1, v; 25).

A exemplo de notáveis romanistas — Pidal, Fouché, Bourciez, Millardet, Leite de Vasconcelos, Said Ali, Amado Alonso, d'Ovídio e tantos outros —, volta sua atenção particularmente para a língua materna. Nesta linha de estudos, além dos três dicionários etimológicos e trabalhos de duas palestras, cabe-me lembrar aqui, sem falar dos livros didáticos:

1. "El tratamiento de *señor* en el Brasil" (Anales de la Facultad de Filosofia y Educación de la Universidad de Chile), 1938;
2. *Difusión de la lengua portuguesa en el Brasil*, 1944;
3. "Fórmulas de tratamento no Brasil nos séculos XIX e XX" (*Revista Portuguesa de Filologia*), 1950;
4. "Adolfo Coelho e a etimologia" (*Miscelânea*, Adolfo Coelho), 1950;
5. *A gíria brasileira*, 1953;
6. "A saudade portuguesa na toponímia brasileira" (Atas do III Colloquium Internacional de Estudos Brasileiros), 1957;
7. "A pronúncia brasileira da língua portuguesa" (*Miscelânea*, Mário Roques), 1952;
8. *A preposição do agente da passiva* (Saggi Ettore li Gotti), 1962;
9. *O problema da regência* (3.ª ed., 1967);
10. *Tesouro da fraseologia brasileira* (2.ª ed., 1966);
11. *O linguajar carioca em 1922* (2.ª ed., 1953);
12. *Estudos filológicos* (1.ª série, 1939).

Destas 12 obras, peço licença para deter-me nas quatro últimas e ressaltar-lhes o valor, já que a extensa bibliografia do prof. Antenor Nascentes exige esta escolha para que não fiquem ultrapassados os limites deste estudo.

No livro *O problema da regência,* comparado com seus congêneres, notam-se qualidades que se devem pôr em destaque:

Primo: a riqueza da citação de autores modernos brasileiros, principalmente, no dizer do autor, "os que escrevem artisticamente, mas sem preocupações de purismo nem de classicismo";

Secundo: a filiação inteligente com o latim; pois *partindo da regência exigida* pelo étimo, estuda as variações de regência conforme as significações e chega, quando necessário, ao confronto com as línguas românicas.

Tertio: introduz o conceito de *posvérbio* de cuja significação na regência ainda não se beneficiaram os estudos de língua portuguesa no Brasil.

A respeito do *Tesouro da fraseologia brasileira* bastaria, para sua consagração, o alto conceito que dele fazem Alwin Kuhn na 1.ª parte da sua *Romanische Philologie* (Berna, 1951, p. 452) e Gerhard Rohlfs no *Manual de filologia hispânica* (p. 335), para satisfazer o gosto dos que só acreditam nas referências elogiosas proferidas por mestres estrangeiros.

Quanto ao livro *O linguajar carioca*, de 1922, quem conhece a bibliografia românica o põe a ombrear-se com *a Italienische Umgangssprache* de Leo Spitzer,[4] a *Spanische Umgangssprache* de Werner Beinhauer[5] e principalmente com *Die Entwicklung des neuesten Französischen*, da ilustre Elise Richter.[6] O interesse que tais estudos despertam nos meios científicos estrangeiros sem dúvida motivou que Meyer-Lübke, em carta a Antenor Nascentes, lhe pedisse "informações a respeito das alterações sofridas no Brasil pela língua portuguesa", dando ensejo, assim, ao aparecimento do livro em 1922.

Numa época em que a grande preocupação consistia no purismo gramatical, o livro era como que um crime de lesa-pátria. O autor disto tinha certeza e alertava o incauto com estas contundentes afirmações:

Conhecemos bem o nosso meio; não ignoramos os remoques que nos hão de trazer os estudos de patologia linguística que empreendemos. Paciência. Nosso trabalho não é para a geração atual; daqui a cem anos, os estudiosos encontrarão nele uma fotografia do estado da língua e neste ponto serão mais felizes do que nós, que nada encontramos do falar de 1822 (*Prefácio* da 1.ª ed).

Finalmente a 1.ª série dos *Estudos filológicos* reúne 11 estudos, dos quais ponho agora dois em relevo: *Instituto de Filologia* (p. 61-70) e *Lição inaugural da cadeira de Filologia Românica* (p. 71-88). No primeiro, saúda, em 1935, a fundação de um Instituto de Filologia, na Faculdade de Filosofia, graças aos esforços do dr. Rebelo Gonçalves, professor da Faculdade de Letras da Universidade de Lisboa e então contratado por aquela faculdade brasileira. Já nessa época fazia uma declaração da qual, entre nós, só há bem pouco se vem tomando consciência: são as revistas especializadas um dos principais instrumentos de trabalho para que se possa acompanhar o progresso da ciência.

Com a sua aula inaugural, a 19 de julho de 1937, proferida na presença de um dos mais ilustres romanistas da época — Georges Millardet —, instalava-se na universidade do então Distrito Federal a cadeira de filologia românica para o glorioso destino que lhe reserva o futuro do Brasil, multiplicada pelas numerosas faculdades hoje existentes. Guindava-se, dessarte, Antenor Nascentes à história dessa cadeira em nosso país.

Depois da filologia portuguesa, a espanhola é a que mais tem atraído a atenção do nosso romanista. Nesta seara escreveu:

1. "Esbozo de comparación del español con el portugués" (Anales de la Facultad de Filosofía y Educación de la Universidad de Chile), 1936.

2. *Gramática da língua espanhola* (5.ª ed., 1943)

3. Tradução de "El buscapié" atribuído a Cervantes (Anuário do Colégio Pedro II para 1928)

4. *Antologia espanhola e hispano-americana* (Rio de Janeiro, 1943)

5. "Um ensaio de fonética diferencial luso-castelhana. Dos elementos gregos que se encontram em espanhol" (tese de concurso), 1919.

Desta lista, detenho-me na sua tese de concurso, com a qual conquistou a cátedra do Colégio Pedro II. Na realidade, encerra dois estudos independentes. No primeiro focaliza assunto que hoje representa uma das tônicas da filologia hispânica: os pontos coincidentes e diferenciais dos dois idiomas, a fim de que, numa ampliação de propósitos, se tracem a formação e desenvolvimento dos domínios linguísticos na Península Ibérica, para aproveitar aqui o título do substancioso livro do romanista alemão Kurt Baldinger, na tradução espanhola para a Biblioteca Hispánica da Gredos.

O outro, ainda hoje não menos palpitante, é o estudo da presença de helenismos, quer hereditários — já incorporados ao latim originário responsável pelo romance hispânico —, quer através de empréstimos posteriores, como vocábulos de civilização.

Em ambos, o autor se mostra a par da ciência linguística, quando, por exemplo, discute o problema das *leis fonéticas*, e senhor dos princípios básicos da filologia românica. Foi, aliás, isto o que lhe disse Meyer-Lübke num cartão em que comenta a leitura desta tese.

No domínio francês, afora as referências que se observam através de quase toda a sua obra científica, cabe uma referência à tradução do *Teatro de Beaumarchais* (Garnier, 1923), a convite de Mário Barreto.

Sua atividade de catedrático de filologia românica da UERJ e da UFF levou-o a escrever, para uso de seus alunos, os *Elementos de filologia românica* (Rio de Janeiro, 1954), que, além do mérito "de ser o primeiro compêndio que sobre o assunto se publica em nosso país", tem contribuído pelo Brasil afora para que a disciplina possa ser honestamente ministrada em faculdades a que não chegam compêndios europeus mais substanciosos. É um "*abrégé*" dos dois voluminhos da *Romanische Sprachwissenschaft* de Zauner que, apesar do progresso da disciplina e de substituídos na coleção Göschen pela obra de Lausberg, continuam citados nos mais recentes manuais estrangeiros.

Embora o livro — na opinião de um mestre português — se constitua de "lições professadas pelo Autor e dirigidas a um público pouco exigente" (RPF, 7, 1956, p. 495), a verdade é que resgata alguns problemas científicos e pedagógicos de apresentação da filologia românica e do seu ensino em nível de alunos universitários, que convém aqui ressaltar. Em longo artigo de quase cem páginas, o prof. Yakov Malkiel, da Universidade da Califórnia, deu-nos uma tipologia das gramáticas históricas das línguas românicas, que encerra uma visão retrospectiva do assunto e um convite dirigido aos romanistas, incitando-os a tomar parte de um renascimento da gramática histórica das línguas românicas. Para Maikiel, o romanista está mais bem aparelhado do que qualquer outro colega especialista em outros domínios linguísticos, já que possui, à sua disposição, um largo conhecimento do ponto de origem –– o latim — o que reduz ao mínimo as hipóteses — e do ponto de chegada refletido numa dúzia de línguas românicas — o que permite toda sorte de estudos comparativos, ressaltando e explicando os aspectos diferenciais e os desenvolvimentos paralelos. Temos dois procedimentos na feitura desses manuais, que não só diferem na sua exterioridade; tais diferenças ultrapassam os aspectos pedagógicos de disposição da matéria, e estão intimamente ligados a problemas de ordem técnica. Um dos procedimentos é o adotado por Bourciez, nos *Eléments de linguistique romane*, onde temos uma série de histórias linguísticas românicas individuais justapostas, diante das quais o próprio leitor deve estabelecer as comparações necessárias. O outro procedimento é o já adotado por Diez e repetido por Meyer-Lübke, em que a propósito de cada forma gramatical ou de cada fenômeno sintático se entretece o fio condutor da comparação entre os vários testemunhos das línguas românicas. Diante desses dois modelos, e de um novo que também estava surgindo e que não pretendia propriamente traçar a gramática das línguas românicas — porém os grandes problemas de história interna e externa que aí estão inseridos, como se vê nos manuais de Tagliavini e Vidos —, mestre Nascentes optou pelo modelo alemão de Diez, de Meyer-Lübke e que naturalmente está na raiz dos manuais de Zauner e Lausberg.

Portanto, os *Elementos* do prof. Nascentes, diferindo dos *Eléments* de Bourciez, fincaram pé num tipo de orientação científica que aponta a linha da filologia românica do autor brasileiro.

Apesar de um manual para alunos que só fazem um ano de filologia românica, Nascentes não abriu mão de comparar as formas gramaticais e os fatos sintáticos entre o latim e as línguas românicas que podiam dar uma cabal amostra do percurso que a disciplina cabe abarcar; assim dispôs os representantes neolatinos numa ordem pedagogicamente impecável, partindo, naturalmente, do modelo latino: *português, espanhol, provençal, italiano, francês e romeno.* Da lista em geral seguida por Zauner — seu modelo, como vimos —, Nascentes dispensa o *sardo* e, só quando necessário, contrasta o francês antigo com o francês moderno, o que no autor alemão aparece com mais frequência. Por outro lado, também quando estritamente necessário, o professor brasileiro compara o português de Portugal com o do Brasil.

Esta escolha de Nascentes demonstra que os *Elementos* não são uma simples adaptação do manual de Zauner; a relação dos idiomas adotada por Nascentes não macula o fenômeno linguístico no âmbito românico. Afora isto, a disposição deles é pedagogicamente irrepreeensível: percebe-se em Nascentes uma orientação geográfica, na direção da Romània ocidental (português, espanhol, provençal e francês) para a Romània oriental (italiano e romeno), e dentro da Romània ocidental uma orientação do domínio mais conservador da tradição latina tomando como ponto de referência a língua nativa dos alunos brasileiros (português, espanhol, provençal) para o domínio mais inovador e diferenciado (o francês). Aparente exceção a esta ordem de idéias parece haver na colocação do italiano antes do francês; mais uma vez a intuição pedagógica do nosso mestre se patenteia, pois, em geral, a forma italiana está mais evidente ao aluno brasileiro, quando comparada com o português, do que o francês.

Como sabemos, para Nascentes a indicação das mudanças gramaticais não deveria esgotar o âmbito de um curso, ainda que sumário, de filologia românica; é atividade importante o comentário de textos e nesse sentido há uma pequena antologia com dez textos representativos do português, galego, espanhol, provençal, italiano, francês, rético, romeno, sardo e dálmata. Infelizmente, nosso autor não chegou a deixar escrito nenhum comentário que nos indicasse o modelo que seguiria; mas não deveria ser muito diferente dos normalmente usados nos manuais de línguas românicas da coleção dirigida por Meyer-Lübke para a editora universitária Carl Winter, de Heidelberg. Entre nós, esses comentários, mais desenvolvidos, nos diversos textos comentados pelo pe. Augusto Magne e por Sousa da Silveira, especialmente este último ao fazer anotações a um texto do francês antigo, durante duas aulas em que substituiu G. Millardet num curso de filologia românica que ministrava na então recente faculdade. Aí temos um pouco da atividade de Antenor Nascentes como romanista, atividade que em nada desmerece a posição de relevo que justamente ocupa no panorama dos estudos linguísticos e filológicos no Brasil.

Texto publicado na revista *Confluência*, do Liceu
Literário Português, n.º 1, em 1991.

Notas

1 NASCENTES, Antenor. *O linguajar carioca*, 2.ª ed. Rio de Janeiro: Organização Simões, 1953, p. 207.
2 Id. *Elementos de filologia românica*. Rio de Janeiro: Organização Simões, 1954, p. 19.
3 NASCENTES, A. "Lição inaugural da cadeira proferida na Universidade do Distrito Federal em 19 de julho de 1937". In: _____. *Estudos filológicos*. Rio de Janeiro: Civilização Brasileira, 1939, p. 71-72.
4 SPITZER, Leo. *Italienische Umgangssprache*. Bonn e Leipzig, 1939.
5 BEINHAUER, Werner. *Spanische Umgangssprache*. Berlin e Bonn, F. Dümmler, 1930 (já traduzida para a Biblioteca Hispânica da Gredos).
6 RICHTER, Elise. *Die Entwicklung des neuesten Französischen*. Bielefeld e Leipzig, Velhagen und Klasing, 1933.

SÍLVIO ELIA

Silenciou uma das vozes mais autorizadas não só desta seção, mas também dos estudos linguísticos e filológicos do Brasil. No dia 16 de novembro último faleceu o amigo, o mestre, o referencial de quantos com ele tivemos a felicidade de conviver, dividindo as horas de uma companhia cuja lembrança ficará para sempre. O amigo a quem nos socorríamos para o conselho proveitoso e experiente; o mestre de quem nos aproximávamos para discutir e aprender as questões técnicas no domínio dos estudos da linguagem; o referencial como exemplo de dignidade do homem e do profissional que, apesar das adversidades a que levaram o magistério os governos responsáveis pela educação e ensino deste país (de cujas medidas desastrosas e injustas tanto reclamava em libelos dirigidos a seções de *Cartas dos leitores* de jornais desta cidade, muitos dos quais não foram publicados), nunca deixou de acreditar na ação redentora da cultura e no trabalho competente do professor preparado.

Quem quer que ocupe o seu lugar à frente do Instituto de Língua Portuguesa do Liceu Literário Português estará sempre aquém do entusiasmo e da assiduidade que imprimia às iniciativas desse órgão de cultura, cultor e defensor da unidade linguística da lusofonia, particularmente dos destinos da língua escrita, exemplar, nas pegadas das lições de mestres da envergadura de José Leite de Vasconcelos, Paiva Boléo, Herculano de Carvalho, em Portugal, e Antenor Nascentes, Mário Barreto, Sousa da Silveira, Clóvis Monteiro, Serafim da Silva Neto e Gladstone Chaves de Melo, entre nós. Disto deu prova desde suas primícias linguísticas com o livro *O problema da língua brasileira* (1940), que, no mesmo ano, mereceu o Prêmio João Ribeiro, da Academia Brasileira de Letras, continuando e desdobrando-se em duas obras mais recentes: *A unidade linguística do Brasil* (1979) e *El português en Brasil, Historia Cultural* (1992).

Com o livro *Orientações da linguística moderna* (1955; 2.ª ed. 1978), Sílvio Elia trabalha num domínio da reflexão que lhe era muito caro: a discussão do estatuto epistemológico das ideias e correntes linguísticas, dada a sua particular inclinação à especulação filosófica, como ainda são exemplos disto, entre outros, as comunicações internacionais *Para uma semântica coseriana* (1979-1980, Friburgo/Munique), e *De l'Ars grammatica à la grammatica speculativa* (1981, Madri).

Preocupou-se também com a variedade social e geográfica do português, o que o levou a escrever o livro *Sociolinguística: uma introdução* (1987), além de artigos esparsos em revistas e comunicações em congressos nacionais e internacionais como, por exemplo, "A geografia linguística no Brasil" (1980, Palma de Mallorca), "A pronúncia quinhentista" (1974, Nápoles), "O português literário de Angola" (1987, Lisboa-Paris), "A difusão das línguas europeias e a formação das variedades ultramarinas, em particular dos crioulos: aplicação especial ao português" (1966, Coimbra), "Por uma cultura luso-brasileira" (1982).

A sua excelente formação linguística e filológica não se limitava ao domínio do português; professor de latim que era, catedrático do Colégio Pedro II, levou-o a escrever trabalhos sobre a língua de Cícero e Virgílio (*Curso de latim*, em colaboração; *Gramática latina*) e, estendendo-se ao campo da romanística, elaborou uma superior *Preparação à linguística românica* (l.ª ed. 1974, 2.ª ed. 1979). '

A sua atividade magisterial de l.º e 2.º graus estimulou-o a redigir os compêndios *Língua e literatura* em colaboração, e a preparar a parte de língua portuguesa do *Dicionário gramatical* da Editora Globo, de Porto Alegre (1962), onde o professor, o especialista e o aluno muito encontram de conceituação teórica e exposição prática do idioma. Neste domínio da produção didática preparou com seu querido irmão Hamilton Elia os *Cem textos para corrigir*. É de particular relevância sua contribuição à *Enciclopédia Luso-Brasileira de Cultura — Verbo,* editada em Portugal, redatando importantes verbetes nas áreas de sua especialidade.

Ao especialista aliava-se a sensibilidade do leitor de textos literários, como dão prova sua seleta em prosa e verso de Augusta Frederico Schmidt (1975), e o artigo "A linguagem de Casimiro de Abreu" (1982).

Infimamente ligada a esta atividade linguístico-filológica situa-se a sua colaboração com Leodegário A. de Azevedo Filho, em *As poesias de Anchieta em português* (1984).

Tinha Sílvio Elia a grande preocupação de congregar colegas para a troca de saber e experiência. Fruto disto foi a ideia de criar o Círculo Linguístico do Rio de Janeiro, que conheceu dez anos de permanentes reuniões e conferências, ensejando, com o apoio da Universidade Federal da Paraíba, o l.º Congresso Nacional de Sócio e Etnolinguística (1978), realizado em João Pessoa.

Foi esta mesma preocupação que o levou, com o apoio incondicional da alta administração do Liceu Literário Português e dos seus colegas do Instituto de Língua Portuguesa, a concretizar vários congressos e encontros nacionais e internacionais.

É este mestre competente, é esta referência constante, é este amigo dileto, é este homem combatente das boas causas e sempre cordial que hoje homenageamos, na certeza de que entrou para a galeria dos imortais.

Texto publicado no jornal *Mundo Português* em 17/12/1998 e na revista *Confluência*, do Liceu Literário Português, n.º 17 e n.º 18, em 1999.

Um capítulo esquecido na historiografia linguística do português: a obra de Manuel de Melo

É muito natural que os estudos de historiografia linguística passem em relativo silêncio as contribuições e comentários daqueles investigadores e escritores que não se dedicaram às ciências da linguagem, mas que sobre elas nos deixaram obras ou páginas que nada ficam a dever aos profissionais da matéria.

Entre esses investigadores deixados na penumbra da memória historiográfica está Manuel da Silva Melo Guimarães, mais conhecido por Manuel de Melo, raramente lembrado no Brasil, mas referido por Leite de Vasconcelos[1] como "o nosso apreciável filólogo".

Ainda o mesmo estudioso, em trabalho sobre a vida e a obra de Epifânio Dias,[2] transcreve nota do filólogo italiano Francesco d'Ovidio, em que o conhecido romanista italiano, anunciando a morte de M. de Melo, ocorrida em Milão, expressa o seguinte juízo de valor: "*Egli era, per verità, un dilettante, e viveva nel Brasile, ma un dilettante scrupoloso e coltissimo, che in nulla differiva da un dotto di professione.*" [Ele era, de fato, um amador, e vivia no Brasil, mas um amador escrupuloso e muito culto, que em nada diferiu de um doutor de profissão.]

Recentemente, Luís Prista e Cristina Albino, no informativo trabalho *Filólogos portugueses entre 1868 e 1943*,[3] incluem brevemente o nome de Manuel de Melo e aludem ao livro *Da glótica em Portugal* (1872).

Entre brasileiros, o "Esboço" escrito por Maximino Maciel em apêndice à sua *Gramática descritiva*, em que faz o histórico dos trabalhos e dos representantes de estudiosos de língua, passa em silêncio o nome de Manuel de Melo. O mesmo silêncio se repete nos esboços de historiografia gramatical no Brasil elaborados por filólogos sempre bem informados, como acontece nos levantamentos de Antenor Nascentes[4] e Sílvio Elia.[5]

Não fazem exceções sobre informações biobibliográficas do nosso autor boas enciclopédias saídas em Portugal e no Brasil. O *Dicionário de Machado de Assis*, de autoria do pesquisador brasileiro Ubiratan Machado, publicado em 2008 pela Academia Brasileira de Letras, nos oferece bom acervo de notícias acerca da vida e obras não só de Manuel de Melo, mas ainda de seus irmãos, cedo chegados ao Brasil com o projeto de fazer carreira nas atividades do comércio.

Nas conferências proferidas por Alfredo Pujol[6] sobre Machado de Assis ficaram relembradas as relações íntimas entre o autor de *Dom Casmurro* e Manuel de Melo.

Segundo Pujol, Melo e Ramos Paz foram os que iniciaram Machado de Assis no gosto pelos clássicos portugueses; a boa formação especializada de Melo deve ter muito contribuído para o ideário teórico que fez de Machado, ao lado de José de Alencar, o escritor do seu tempo mais profundo conhecedor reflexivo dos fatos de língua portuguesa, conforme procuramos demonstrar em recente estudo intitulado "Machado de Assis e o seu ideário de língua portuguesa", publicado no 2.º número do *Boletim*, da Academia Galega da Língua Portuguesa.[7]

Por esta íntima relação de amizade e de curiosidade intelectual entre Melo e Machado poderemos entrever o que importante seria o conjunto de preciosas informações que se poderia esperar da notícia introdutória sobre o nosso autor, solicitada por Ramos Paz ao famoso amigo e quiçá discípulo, às vésperas da saída do livro,[8] em 1889, prefácio que infelizmente não veio. Eis a resposta de Machado de Assis, em carta[9] ao amigo:

> *[Rio de Janeiro] 3 de julho de 1889*
> *Meu caro Paz,*
> *Não sabia que a urgência era tal. Cuidei que era apenas tipográfica. Durante os dois dias santos tive aqui trabalho da Secretaria, e fui jantar fora, como te disse, no sábado. De noite, não trabalho. Daí o desgosto de devolver as provas sem prefácio. Era meu desejo fazer uma narração de parte da vida do Melo, suas ocupações literárias, os domingos que passávamos juntos, lendo[,] achando, trocando ideias, a fisionomia moral do nosso amigo e o contraste daquele beneditino com aquele elegante; não pôde ser, paciência. Desculpa-me, e adeus!*
> *Velho amigo*
> *Machado de Assis*

Manuel de Melo só nos deixou um único livro, *Da glótica em Portugal* (1872-1889), e uma série de seis "Notas lexicológicas",[10] saídas em 1880 na *Revista Brasileira*, Fase Midosi: I Dormindinho; II Saudade; III Tangro-mangro; IV Pariá, poleá; V Ambos de dois e VI Purpúreo, estudos aos que se referiu Leite de Vasconcelos como "de vasta erudição".

Ubiratan Machado, no seu citado *Dicionário*, afirma de M. de Melo "A partir dos anos 60, publicou em jornais cariocas uma série de artigos sobre a sua paixão, a filologia" (p. 217). Reunir tais artigos é tarefa para futuros biógrafos.

Com seu irmão Joaquim, Melo foi colaborador do *Dicionário bibliográfico Português* de Inocêncio Francisco da Silva, e de uma dessas colaborações acerca do juízo crítico da obra *A língua portuguesa; fonologia, etimologia; morfologia e sintaxe*, de Francisco Adolfo Coelho, saída em 1868, nasceu a motivação para o livro de Manuel de Melo *Da glótica em Portugal*, como veremos adiante.

1. Vida

A melhor e mais completa informação sobre a vida e as atividades de Manuel de Melo nos ministra Ubiratan Machado no seu precioso *Dicionário de Machado de Assis*.

Manuel da Silva Melo Guimarães, nascido em Aveiro, Portugal, em 1834, chegou ao Brasil em 1845 com 11 anos, acompanhado de dois irmãos, Joaquim e Antônio, com o propósito de fazer carreira no comércio, sem, todavia, abandonar o gosto dos estudos de línguas, de literatura e do cultivo da música. Tais ocupações culturais o aproximaram cedo do patrício Francisco Ramos Paz, e ambos de Machado de Assis, a quem, segundo informação do biógrafo Alfredo Pujol, iniciaram no gosto da leitura dos clássicos e do cultivo da língua portuguesa, especialmente durante os encontros aos domingos, no Gabinete Português de Leitura.

Nas palavras de Ubiratan Machado, Manuel era "uma figura popular na colônia lusa", e na sua casa, com seu irmão Joaquim, promovia saraus e representações teatrais de amadores. Manuel participou, em 1863, como intérprete da peça *Quase Ministro*, escrita por Machado de Assis. Machado dedicou-lhe o poema "Uma Ode de Anacreonte", e juntos eram sócios do Club Beethoven.

Manuel foi bibliotecário do Gabinete Português de Leitura, e para a instituição organizou o seu *Catálogo suplementar*, editado em 1870. Exerceu o importante cargo de secretário do Banco Rural e Hipotecário. Para amparar-se em suas investigações filológicas em textos de autores clássicos e de autoridades no campo das ciências da linguagem, numa época em que as bibliotecas no Rio de Janeiro (a British Subscription Library, a Germania, o Gabinete Português de Leitura e a Biblioteca Nacional) quase não dispunham de obras especializadas e técnicas editadas nos grandes centros universitários do mundo, procurava adquirir tudo o que fosse possível. Nas páginas finais do livro de Manuel que ajudou a editar, comentando essa situação de penúria bibliográfica, declara Ramos Paz, na p. 342:

> Força foi, pois, ao autor esperar que da Europa lhe enviassem, com as obras de que padecia falta, as de cuja publicação, sucessivamente lhe chegava notícia; e dessas valiosas aquisições, realizadas com muita fadiga e grande dispêndio pecuniário, dão notícia as abundantes notas que constituem a parte não menos importante deste livro.

A valiosa biblioteca particular que Manuel de Melo, com grande fadiga e despesa, conseguiu reunir felizmente não se desbaratou, pulverizada num leilão. Como continua a nos informar Ramos Paz, na mesma obra, "a compra que dela fez o Gabinete Português de Leitura é um serviço que recomenda esta utilíssima instituição ao mais intenso reconhecimento dos amigos das letras". A compra significou também pôr hoje em situação singular o Real Gabinete como a biblioteca do país que possui a mais rica e completa coleção de obras linguísticas produzidas no mundo nos séculos XVIII e XIX.

2. Da glótica em Portugal

Publicando o tomo nono do seu *Dicionário bibliográfico português*, que constitui o segundo do *Suplemento*, saído em Lisboa em 1870, Inocêncio Francisco da Silva registra o livro de Francisco Adolfo Coelho intitulado *A língua portuguesa, fonologia, etimologia, morfologia e sintaxe*, Coimbra, Imprensa da Universidade, 1868, 136 páginas.

Continuando a informar seus leitores acerca do livro de Adolfo Coelho, declara:

> A imprensa periódica, que um nosso crítico hodierno já alcunhou de *pouco conscienciosa e por via de regra demasiado fácil*, deu-se pressa em anunciar os primeiros fascículos da publicação com aqueles encômios exagerados ou gabos excessivos, que, no dizer do mesmo crítico, mais vezes prejudicam do que aproveitam os autores elogiados. Pouco depois apareceu no *Aristarco Português*, revista anual impressa em Coimbra nos princípios de 1869, p. 33 a 36, um artigo em que o autor da *Língua Portuguesa* é desde logo classificado como "o conhecedor mais profundo das origens da nossa língua, que em fonologia excedeu quanto até hoje se tem escrito entre nós, e perante quem os fazedores de gramáticas, que por aí pululam, devem de estar maravilhados da sua rotineira ignorância!

No mesmo artigo, porém, os elogios são contrabalançados pela exposição de defeitos, que decerto ninguém quererá para si:

> Os períodos do autor da *Língua Portuguesa*, são (diz-se) de uma dureza férrea, leem-se com dificuldade, e o seu português está longe de ser correto e harmonioso. Falece-lhe a propriedade nos termos, desconhece a locução castiça, e, o que mais é, infringe as regras gramaticais na própria obra em que trata de arvorar-se em mestre da ciência! Nota-se-lhe ainda a aspereza, severidade e desabrimento das suas críticas, no modo como censura alguns nossos escritores, pois embora tenha razão, poderia dizer as mesmas verdades em frases mais corteses e menos rudes.[11]

Depois desta longa transcrição da crítica estampada no *Aristarco português*, Inocêncio tece outras objeções, todas lembradas por Manuel de Melo no seu livro — prova evidente de que o crítico do *Aristarco* é o próprio Manuel —, e conclui:

> Impedido por minha completa e já agora insanável ignorância do idioma germânico de consultar nele as fontes originais, pesa-me deveras que a multiplicidade de encargos a que tenho de atender, me não deixasse até hoje livre sequer o tempo necessário para confrontar pausadamente com a *Língua Portuguesa* essas duas ou três páginas da introdução à obra do filólogo de Giessen, que existem vertidas em francês, no capítulo que se inscreve *Domaine portugais*. Não me despeço, contudo, de empreender

a confrontação na primeira oportunidade, desejoso de conhecer e verificar por mim o muito que o ilustre autor da *Língua* terá ampliado, de seu fundo e com os frutos da própria atividade, os trabalhos daquele seu *predecessor*![12]

Diante de tanta crítica, envolta em tanta ironia, quem teve oportunidade de ler as páginas escritas de seus contemporâneos sobre o temperamento feroz e agressivo de Adolfo Coelho, ao lado, naturalmente, de seu saber e incansável produção intelectual, pode imaginar a impiedosa resposta ao autor do *Dicionário bibliográfico* num opúsculo de vinte páginas, saído em 1870, intitulado *Algumas observações acerca do dicionário bibliográfico português e seu autor*, a que Leite de Vasconcelos chamou "hipercrítica".

Nestas *Algumas observações*, propõe seu autor dissuadir Inocêncio a qualquer confrontação:

> São essas duas páginas e meia de Diez que o Sr. Inocêncio não teve tempo de confrontar com o meu livro para ver o que eu tinha aumentado; faria bem em não perder o seu tempo nessa confrontação, de que nada resultaria para satisfazer a boa vontade de me detrair, pois que de tão pouca cousa era impossível saírem XXIV — 136 páginas, se acaso esse tempo não fosse consumido na composição do documento mais miserável de má-fé e estultícia que conheço.[13]

E arremata, em linhas abaixo das mesmas *Algumas observações*:

> Se um rapaz, ferido na sua vaidade juvenil ou na amargura da desesperação escrevesse o que o Sr. Inocêncio escreveu, seria justo que um velho lhe dissesse: nao se irrite; seja prudente e busque pelo estudo e o trabalho conciencioso lavar-se da nódoa que lançou sobre si; mas quando um velho que se confessa chegado ao termo da sua carreira, é quem traça páginas como as que analisei, há direito de julgá-lo definitivamente indigno do lugar que lhe concedeu a opinião pública; e esse juízo só ficará suspenso em o nosso espírito se pensarmos que a decrepitude produz frequentíssimas vezes o desarranjo das faculdades mentais.[14]

Está claro que Manuel de Melo, como filólogo corresponsável por opiniões endossadas por Inocêncio, estava implicado nas respostas e recomendações do opúsculo de Adolfo Coelho, e, por isso mesmo, se julgou no direito e dever de não fugir ao combate. Para responder às razões exaradas no opúsculo *Algumas observações* de Adolfo Coelho, Manuel de Melo começa em 1872 a compor uma carta aberta intitulada *Da glótica em Portugal*, que deveria ser agasalhada nas páginas do *Dicionário bibliográfico* de Inocêncio, mas pela demora da sua elaboração e composição tipográfica iniciada em 1872, pela morte de Inocêncio e depois pela do próprio autor, só saiu como livro de 343 páginas, em 1889, graças à dedicação do irmão Antônio e da presteza do amigo Francisco Ramos Paz.

Eis o seu testemunho no início da obra:

> Não é intento meu dilatar por agora a análise do livro. Na capa das suas produções novíssimas anuncia textualmente o Sr. Adolfo Coelho que a edição exausta do fascículo será substituída por outra publicação: "O hábito das *retractationes* (...), está profundamente inoculado no seu espírito, e a falta de crítica alheia o obriga a ser o crítico de si próprio. Esperemos portanto que o autor tenha acabado de passar a esponja sobre aquele trabalho que parecia fadado a desafiar os tempos; e enquanto *Le pluriel met une S à leurs meas culpás*, acompanhemos, o Sr. Adolfo Coelho através de um folheto de 20 páginas, manifesto famoso, a cujo aparecimento deu origem o aludido passo do *Dicionário*.
> Entendeu V.Exª. dever declinar as vantagens ou frustrar os riscos do debate; não eu. Reclamei conseguintemente o meu quinhão de responsabilidade, e pedi que, chegada a hora, me fosse consentido intervir. De graciosa anuência dá prova esta, a que, por arremedo de erudição alemã em tais assuntos, chamarei carta pública.
> Pretendendo nela aquilatar os argumentos do folheto do Sr. Adolfo Coelho, devo, antes de tudo, dar a V. Exª. a receber parabéns por não termos de retratar-nos de cousa nenhuma. O que está escrito está escrito. Saíram incólumes da fogosa referta todas as proposições do *Dicionário*.[15]

No livro *Da glótica em Portugal*, a carta pública que Manuel de Melo endereçou a Inocêncio para ser originalmente incorporada ao *Dicionário bibliográfico*, está estruturada em três planos de propósitos: no primeiro, e central, é responder criticamente às objeções exaradas no opúsculo *Algumas observações*, de Adolfo Coelho; em segundo lugar, em nota de rodapé, tecer comentários *a latere* sobre numerosas e riquíssimas informações bibliográficas consideradas pertinentes a temas discutidos ou por Manuel de Melo, ou por Adolfo Coelho; por último, trazer à baila lições desconcertantes de etimologias portuguesas discutidas por Adolfo Coelho, especialmente no *Grande dicionário português* de Domingos Vieira, sobre cujos méritos, além de outros, assim discorrem seus editores:

> 1.º No que toca à lexicografia portuguesa, não se tinha ainda introduzido a direção crítica: *ela aparece pela primeira vez no Dicionário de Fr. Domingos Vieira*;
> 2.º Que este se distingue de todos os da língua portuguesa que o precederam "por apresentar largas discussões de etimologia científica, ignorada por todos os autores desses dicionários";
> 3.º Que "na revisão e alargamento do manuscrito original têm colaborado pessoas competentíssimas, e entre outras, o Sr. Adolfo Coelho, *o primeiro que em Portugal estuda as línguas sob o ponto de vista científico*" [Os itálicos são de Manuel de Melo].

A leitura do livro com estes três planos aludidos acima, apesar do caráter de vasta erudição reconhecido por Leite de Vasconcelos, mereceu-lhe, com razão, a crítica de "extremamente prolixo", por ter anotações que ocupam mais da metade do corpo da obra.

Todavia, todas as páginas do livro encerram não só preciosas considerações da parte de ambos os contendores sobre métodos de trabalho científico, noções teóricas de várias disciplinas das ciências da linguagem, dissertações críticas acerca de historiografia linguística que dificilmente se encontram em obras congeneres. O investigador que desejar esmiuçar estes e outros temas tratados no *Da glótica em Portugal*, levemente aludidos aqui pela natureza desta comunicação, encontrará muito que reunir e comentar.

Pequena amostra disto nos darão os seguintes assuntos. Comentando a crítica ao processo de "retratações" referido por Manuel de Melo, declara Adolfo Coelho:

> Desde que publiquei o primeiro fascículo do meu livro, tenho-o submetido a um exame paciente, com o fim de descobrir o que nele há de falso; o hábito das *retractationes* está profundamente inoculado em mim; além de que a falta de crítica alheia me obriga a ser crítico de mim próprio. Pois confesso francamente que tenho encontrado no meu livro defeitos, que em breve descobrirei em público, porque só assim ele os poderá conhecer.[16]

Seguem-se alguns enganos denunciados pelo próprio Adolfo Coelho, alguns dos quais já aludidos por Melo.

Acerca da crítica ao estilo e à vernaculidade de fatos de linguagem encontrados no seu *A língua portuguesa*, explicita Adolfo Coelho:

> Diz o autor do *Aristarco Português* que eu infrinjo as regras gramaticais na própria obra em que trato de arvorar-me em mestre da ciência; estas palavras provam que nem o meu crítico, nem o Sr. Inocêncio, que o repete, compreenderam a distância que separa o meu livro dos trabalhos propriamente gramaticais. Para mim a língua é um fato, cujos momentos e gênese trato de estudar, sem atender ao resultado prático, que possa provir do meu estudo; escreve-se de certo modo; fala-se de certa maneira; a minha questão está em saber porque é que assim se escreve, porque é que assim se fala. É o ponto de vista científico.
> Não pretendo ensinar como se deve escrever português; podia até ser incapaz de escrever um só período nesta língua, e conhecer-lhe, todavia perfeitamente as origens e transformações.
> Por mais que os gramáticos legislem e pretendam imobilizar as línguas com as regras por eles inventadas, e que quase sempre não são mais que a má expressão dum fato, elas seguem incessantemente o curso de suas transformações. Cada escritor lhes dá um caráter particular, afeiçoando-as ao seu gênio; cada época as renova. Quem fala ou escreve uma

língua, só é obrigado a empregar as formas e construções gramaticais dessa língua. Fora disso, toda a liberdade lhe é permitida, é isso o que têm feito os grandes escritores de todos os países.[17]

E noutra passagem anterior, continua Adolfo Coelho, em resposta às condenações de M. de Melo, que o acusa de "desconhecer a locução castiça e de infringir as regras gramaticais":

> O ponto de vista do autor desse livro, como o de todos, que fazem a crítica dessa maneira, é absolutamente diverso do ponto de vista sob que trabalho. Não gasto o meu tempo a arredondar períodos, a consultar o dicionário de epítetos, ou a evitar os pneumas que me saem dos bicos da pena. Aspiro unicamente a exprimir as minhas ideias com clareza e conexão lógica. Quando tinha dezesseis anos, o pedantismo da escola reagia ainda sobre o meu espírito; por isso colhia com santa paciência em os nossos chamados clássicos a flor da frase quinhentista e seiscentista, e recheava com essas pérolas doutros tempos uns romances muito ridículos, em cuja composição gastava as horas vagas, e sabia de cor o glossário de palavras e frases introduzidas da língua francesa do bom fr. Francisco de S. Luís. Depois essas aspirações de purismo da linguagem desapareceram do meu espírito; e creio que, emancipando-me delas, realizei um grande progresso. Outros, que uma vez possuídos duma ideia falsa são incapazes de se convencer da ideia contrária, pensam na idade avançada como eu pensava aos 16 anos. Não tenho culpa da sua puerilidade.
> Costumado a ver na linguagem uma cousa essencialmente móvel onde, dentro de certos limites impostos pelo tipo de cada língua especial e por leis, que não criam nem os gramáticos nem os puristas, mas que dimanou da natureza mesmo (sic) da linguagem, se manifesta o espírito de homem na sua liberdade e espontaneidade, rio-me tanto do dogmatismo dos gramáticos, como de qualquer outro dogmatismo.[18]

Não é gratuitamente que trazemos à baila estas considerações sobre a vernaculidade que deve estar presente em textos que tratam de língua portuguesa, em pleno 1872. Às palavras de Manuel de Melo "Mais algum acatamento às formas e construções gramaticais, eis aí, eis o que se principiou por pedir ao Sr. Adolfo Coelho" (p. 17) vale juntar as queixas de Borges Grainha, em 1905, no seu livro sobre a história da educação em Portugal, por não ver no currículo acadêmico um espaço na formação do professor para ensinar-lhe o uso adequado do vernáculo.[19] Lembremo-nos de que na reforma de ensino promovida em Portugal pelo ministro Jaime Moniz, no final do século XIX, teve participação relevante o nosso Adolfo Coelho.

Passando a outros temas ventilados na contenda travada entre Manuel de Melo e Adolfo Coelho, mereceu particular atenção para o capítulo da história da investigação das ideias linguísticas no seu país a erudita excursão do autor de *Da glótica em Portugal* na resposta às seguintes arrasadoras palavras de Adolfo Coelho:

Só num país, como o nosso, onde nunca se soube o que seja crítica, e os ídolos literários andam envolvidos em constante atmosfera de incenso; onde a educação intelectual produz o servilismo das opiniões, amesquinha os espíritos, tornando-os incapazes de se emancipar dos preconceitos, é que pode haver um acadêmico assaz inepto para publicar essas palavras que acabo de transcrever. Nem uma palavra para provar que sejam falsas as minhas asserções acerca da ignorância que em Portugal existe dos trabalhos da moderna ciência das línguas; dos erros de Ribeiro dos Santos, Cardeal Saraiva, João Pedro Ribeiro sobre a origem da nossa língua; das etimologias absurdas e ridículas, que se encontram no *Dicionário* do Sr. D. José de Lacerda; do meu juízo acerca do livro do Sr. Leoni; ou para provar, por exemplo, que as opiniões relativas ao latim vulgar, expressas na *Introdução da História de Portugal* do Sr. A. Herculano, não sejam errôneas. Provar é próprio dos espíritos lógicos; compreende-se, pois, que o Sr. Inocêncio só declame e não prove.[20]

Ponto por ponto, da página 18 à 186, Manuel de Melo rebate as veementes declarações de Adolfo Coelho, ora relativizando-as pela conformidade com as ideias correntes na ciência do tempo dos autores arguidos, ora mostrando que tais autores foram mais adiante das questões em que os pôs o autor das *Algumas observações*. Por outro lado, em questões de etimologia e de lexicologia crítica, Adolfo Coelho e seus colaboradores na organização do *Dicionário* ou *Tesouro da língua portuguesa* do frei Domingos Vieira não andaram muitas vezes melhor que os autores objeto de sua arguição, bem como, em muitas outras ocasiões, se limitaram a traduzir Littré, quiçá mal, em alguns verbetes, enquanto em outros, empobrecendo significados já consignados em Bluteau, Morais e Constâncio.

Vejam-se, para exemplificação, as etimologias de *camisa* e *camisola*, repudiadas por A. Coelho, no comentário de M. de Melo:

> Para *camisola*, [no *Dicionário* de Domingos Vieira aparece] a mesma etimologia de Bluteau e de Constâncio, o francês *camisole*. Para *camisa* — como dizê-lo? — a tradução servil da nota de Littré, adrede desmanchada na ordem dos períodos, e a um ponto interpelada com outro farrapo de Engelmann.[21]

Lembrou Manuel de Melo que aquilo atribuído por Adolfo Coelho a trabalho lexicográfico também macula páginas e páginas do *Dicionário* de Domingos Vieira: um dicionário é em geral aproveitamento de dicionários de seus predecessores, na opinião de Coelho.

No tocante às fontes bibliográficas estrangeiras, de que o livro de Melo reúne um número quase impensável no Brasil, em especial no Rio de Janeiro da época em que foi escrito o *Da glótica em Portugal*, uma ou outra vez seu autor tem oportunidade de contraditar o adversário por ter conhecimento de lição mais atualizada do que a fonte por aquele citada; um desses casos é o novo conceito que Georg Curtius, nas pegadas de Wolf, Böckh, Niebuhr, Otfried Müller, passou a agasalhar em 1862 da noção de filologia como ciência da antiguidade, e do âmbito que a disciplina deveria abarcar (p. 198-199 de *Da glótica*). Adolfo Coelho, rebatendo seus críticos, declara:

> O Sr. Inocêncio parece comprazer-se em revelar a sua profunda ignorância das cousas alemãs. Os sábios alemães (...) traçam uma profunda linha divisória entre filologia e linguística ou glótica, como eles melhor lhe chamam. V. por exemplo o escrito de G. Curtius *Die Sprachvergleichung in ihrem Verhaeltisse zur classischer Philologie*. Berlin, 1848; A. Schleicher *Die deutsche Sprache*. Stuttgart, 1860; Max Müller *Lectures on the science of Language*, first series.[22]

Ao que M. de Melo treplica:

> Mas, se o Sr. Adolfo Coelho pretendia alcançar "a noção que se forma de filologia hoje na Alemanha", não a devia pedir a esse escrito de Curtius, porém à preleção com que o autor mais tarde inaugurou o seu curso de filologia clássica na Universidade de Leipzig: "Assim veio pois a prevalecer pouco a pouco um terceiro modo de considerar a filologia, no sentido fundamental que F.A. Wolf lhe estabeleceu, de ciência da antiguidade."[23]

Além da linguística, as observações de Melo convidam Adolfo Coelho a corrigir e atualizar seus conhecimentos sobre arqueologia de Portugal e do resto da Europa.

De todas as páginas que integram o precioso e erudito livro de Manuel de Melo se extraem duas fortes motivações para compreender-lhe a longa tarefa da crítica: o amor da pátria ferido pela ferocidade de um jovem cientista, e a modéstia que deve presidir o trabalho intelectual. Neste sentido, julgamos que, para terminar esta comunicação, oportunas são as palavras de Max Müller, numa preleção proferida na Universidade Imperial de Strasburgo, aos 23 de maio de 1872:

> Quem pretender dedicar-se ao estudo de ciência tão vasta [falava da nossa] há de ser e fielmente praticar duas virtudes: consciência e modéstia. Quanto mais velhos nos tornamos, tanto mais sentimos os limites do humano saber. Está disposto, disse Goethe, que as árvores não cresçam até ao céu. Cada um de nós só pode assenhoriar-se de um terreno acanhadíssimo, e o que o nosso saber ganha em extensão perde-o inevitavelmente em profundidade (...) Este inconveniente reside na própria natureza de toda a ciência comparada (...) Resguardemo-nos da onisciência e da infalibilidade.[24]

Texto publicado na revista *Confluência*, do Liceu Literário Português, n.º 37 e n.º 38, 1.º semestre de 2009 e 2.º semestre de 2010.

Notas

1. VASCONCELOS, J. Leite de. *A filologia portuguesa: esboço histórico*. In: *Opúsculos IV* (Filologia Parte II) Coimbra: Imprensa da Universidade, 1929.
2. Id. *Epiphanio Dias: sua vida e labor scientifico*. Lisboa: Imprensa Nacional, 1922.
3. ALBINO, Cristina; PRISTA, Luís. *Filólogos portugueses entre 1868 e 1943*. Lisboa: Colibri (Associação Portuguesa de Linguística), 1996.
4. NASCENTES, A. *Estudos filológicos*, 1.ª série. Rio de Janeiro: Civilização Brasileira, 1939.
5. ELIA, Sílvio. *Ensaios de filologia e de linguística*, 3.ª ed. Rio de Janeiro: Grifo, 1976.
6. PUJOL, A. *Machado de Assis*, 2.ª ed. Rio de Janeiro: Academia Brasileira de Letras, 2008.
7. BECHARA, E. "Machado de Assis e seu ideário linguístico" (In: *Boletim* n.º 2 da Academia Galega da Língua Portuguesa, Santiago de Compostela, 2009).
8. Não se trata, pois, de "reunir alguns escritos de Melo em livro", como supôs a comentadora da *Correspondência*, mas da publicação do livro *Da glótica em Portugal*, de Manuel de Melo.
9. Carta transcrita da lição inserida na ed. de *Correspondência de Machado de Assis*, organização de Sergio Paulo Rouanet, Academia Brasileira de Letras, 1999.
10. E não *Notas lexicográficas*, como lhes chamou Ubiratan Machado.
11. *Estudos de Inocêncio Francisco da Silva*. Lisboa, 1870. XVI, 452 p., tomo 10 (terceiro do suplemento): letras H-J, p. 240-241.
12. Ibid., p. 242.
13. COELHO, Adolfo. *Algumas observações acerca do dicionário bibliográfico português e seu autor*, 1870, p. 19.
14. Ibid.
15. MELO, Manuel de. *Da glótica em Portugal*, p. 7-8.
16. COELHO, Adolfo. Op. cit., p. 9.
17. Ibid., p. 7-8.
18. Ibid., p. 6-7.
19. GRAINHA, M. Borges. *A Instrução secundária de ambos os sexos no estrangeiro e em Portugal*. Lisboa: Tipografia Universal, 1905.
20. COELHO, Adolfo. Op. cit., p. 8-9.
21. MELO, Manuel de. Op. cit., p. 149-152, e em longas notas de rodapé exemplifica sua crítica.
22. COELHO, Adolfo. Op. cit., p. 11.
23. CURTIUS, G. *Philologie und Sprachwissenschaft*, Leipzig: Teubner, 1862, in *Da glótica em Portugal*, p. 199.
24. Citação em *Da glótica em Portugal*, p. 79 n.º 2.

Um eco de S. Agostinho na língua de Vieira

1- *Diferença entre* crer em Cristo *e* crer a Cristo *em Vieira*

Tanto quanto o bispo de Hipona, é Vieira um virtuoso do estilo. Em ambos nota-se o esforço de extrair toda a riqueza que o idioma lhes põe à disposição como instrumento de comunicação entre os homens; e quando esta riqueza não é suficiente às necessidades do escritor, ambos, igualmente, não relutam em suprir a deficiência com jogos de expressão, especulações linguísticas que quase sempre tocam à raia de um delicado, sutil e refinado sentimento idiomático.

Entre as especulações de que falei, quero chamar hoje a atenção do leitor para a diferença que, no *Sermão da Quinta Dominga da Quaresma*,[1] fez o nosso orador entre *crer em Cristo e crer a Cristo*:

> Dizeis, que sois Christãos? Assi he. Dizeis, que credes muyto verdadeyramente em Christo? Também o concedo. Mas Christo não se queixa de não crerem nelle; queixase de o não crerem a elle. Notay as palavras. Não diz: *Quare non creditis in me*? Porque não credes em mim? O que diz, he: *Quare non creditis mihi*? Porque me não credes a mim? Huma cousa he crer em Christo, que he o que vós provais, & eu vos concedo: outra cousa he crer a Christo, que he o que não podeis provar & em que eu vos hey de convencer De ambos estes termos uzou o mesmo Senhor muytas vezes. Aos Discipulos *Creditis in Deum, & in me credite* (Joan. 14,1). A Martha: *Qui credit in me, etiam si mortuus fuerit, vivet.* (Joan. 11,25). Por outra parte, à Samaritana: Mulier, crede mihi. (Joan. 4.21) & aos mesmos Judeos: *Si mihi non vultis credere*, operibus credite. (Joan. 10,38). De maneira, que ha crer em Christo, & a Christo; & hûa crença he muyto differente da outra. Crer em Christo, he crer o que ele he; crer a Christo, he creo que elle diz: crer em Christo, he crer nelle; crer a Christo, he crelo a elle. Os Judeos, nem crião em Christo, nem crião a Christo. Não crião em Christo, porque não crião a sua Divindade, & não crião a Christo, porque não crião a sua verdade. E nesta segunda parte he, que a nossa Fé, ou a nossa incredulidade se parece com a sua, & ainda a excede mais feamente.[2]

2 - Credere *no latim, especialmente nos autores cristãos*

Ao lado da tradicional construção com dativo e, em menor extensão, com acusativo, o verbo *credere* passou a conhecer, no latim dos cristãos, novos usos em que se acompanhava da preposição *in* seguida de acusativo ou ablativo: *credere in deum* e *credere in deo*.

Tais giros com preposição representam nítida influência de traduções bíblicas do grego *pisteúein eís tina, én tini, epí tina, epí tini* que ocorrem em S. Marcos e no Novo Testamento, e por seu turno, denunciam bom influxo da sintaxe do hebreu.

Num profundo artigo intitulado *Credere deo, credere deum, credere in deum*,[3] o padre Th. Camelot nos ensina que tais linguagens em grego são usadas sem que entre elas se faça qualquer diferença de sentido. A erudita Christine Mohrmann retoma o assunto do artigo do padre Camelot (em *Mélanges Joseph de Ghellinck, S.J.I.* — Museum Lessianum, Section historique n.° 13, Gembloux 1951, p. 277-285)[4] e nos adianta que os cristãos usavam, no início, de *credere* com dativo, *credere* com acusativo, *credere* in com acusativo ou ablativo (este desde cedo suplantado pelo acusativo) sem também nenhuma diferença de sentido, para indicar o ato de fé. É interessante assinalarmos — com Mohrmann — que nas antigas traduções da Bíblia a influência do grego ainda não era decisiva. Tanto é assim que se chega a traduzir um *epí* (Act. 11,17) por acusativo: *si ergo aequale donum dedit eis sicut et nobis credentibus dominum Iesum Christum*, enquanto a *Vulgata* verte desta maneira: *si ergo eamdem gratiam dedit illis deus, sicut et nobis, qui credidimus in Dominum Jesum.*[5]

3 - Credere *em S. Agostinho e o princípio da* fides formata

Entre os escritores latinos cristãos nota-se bem cedo um esforço para o estabelecimento de uma distinção semântica entre os diversos empregos de *credere*, mormente entre a construção com dativo e a com o *in* — justamente nos casos que poderão ter seu reflexo no passo de Vieira.

Já em Lactâncio *credere in* se especializa para o ato de fé cristão: *credere in deum* (Inst. epit. 37,9), *in Christum* (Div. Inst. 9, 19, 11), *in carnem* [sc. Christi] (ib., 4, 18, 27), *in secundum* [sc. Christi] *adventum* (ib., 4, 12, 14), em contraposição a *somniis credere* (ib., 3, 16, 13).[6]

O padre Camelot assinala nos seguintes trechos de S. Agostinho uma especulação de natureza teológica baseada justamente no jogo semântico de *credere* com dativo, com acusativo e com *in* + acusativo, onde se patenteia que *credere deo* se aplica à adoção da autoridade como fonte da verdade; *credere deum* é o ato de fé da existência de Deus e *credere in deum* é a *fides formata* no seu total sentido cristão: "*hoc est etiam credere in Deum, quod utique plus est quam credere Deo. Nam et homini cuilibet plerumque credendum est, quamvis in eum non sit credendum. Hoc est ergo credere in Deum, credendo adhaerere ad bene cooperandum bona operanti Deo*" (Enarr. in Ps. 77,8).

Hoc est opus Dei, ut credatis in eum quem ille misit (Jo. 6, 29). *Ut credatis in eum, non ut credatis ei. Sed si ereditis in eum, creditis ei; non autem continuo qui credit ei, credit in eum. Nam et daemones credebant ei, et non eredebant in eum. Rursus etiam de Apostolis ipsius possumus dicere; credimus Paulo, sed non credimus in Paulum: credimus Petro, sed non: credimus in Petrum. Quid est ergo credere in eum? Credendo amare, credendo diligere, crede do in eum ire, et eius membris incorporari. Ipsa est ergo fides quam de nobis exigit Deus* (Tract. in ev. Jo. 25,12).

Omnes qui credunt in Christum, et sic credunt ut diligant. Hoc est enim credere in Christum, diligere Christum:non quomodo daemones credebant, sed non diligebant; et ideo quamvis crederent, dicebant: quid nobis et tibi est, Fili Dei (Matth. 8,29)? *Nos autem sic credamus, ut in ipsum credamus, diligentes eum et non dicamus: quid nobis et tibi est?* (Enarr. iii Ps. 130,1).

Sed multum interest, utrum quisquae credat ipsum Christum, et utrum credat in Christum. Nam ipsum esse Christum et daemones crediderunt, nec tamen in Christum daemones crediderunt. lle enim credit in Christum, qui et sperat in Christum et diligit Christum. Nam si fidem habet jine spe ac sine dilectione. Christum esse credit, non in Christum credit. Qui ergo in Christum credit, credendo in Christum, venit in eum Christus et quodam modo unitur in eum, et membrum in corpore eius efficitur. Quod fieri non potest, nisi et spes accedat et caritas (Serm. 144, 2,2).[7]

Como judiciosamente declara a ilustre discípula de Schrijnen, cabe ao pesquisador indagar o que S. Agostinho entendia por esta *fides formata*, por este *credere in deum*, e nos adianta:

> Saint Augustin voit dans le *credere in Christum* surtout, mais — d'après mon avis — pas exclusivement un mouvement de la charité qui nous incorpore au Christ et nous unit à lui. Dans la foi du chrétien il y a un mouvement vers le Christ, comme le dit saint Augustin, Tract. in ev. Joh. 48,3: *sed accedere est credere: qui credit, accedit, qui negat, recedit. Non movetur anima pedibus sed affectibus*. Dans l'interprétation théologique la préposition in c. ac,.regagne don toute sa valeur grammaticale, qu'elle n'avait pas comme nous l'avons vu — au moment qu'on créait cette tournure (Op. cit., 198).

4 - Crer *em português*

A nossa língua conservou os usos de *credere* da seguinte maneira:
a) Crer com *em* (frequentíssimo)
b) Crer com *a*:
"Eu lhe disse: Meu desejo
— vendo-a tal com assaz dor desejo do meu amor,
ou crerei ao meu temor"[8]
c) Crer com objeto direto (de coisa ou, já raro, de pessoa): "O capitão, que em tudo o Mouro cria."[9]

5 - *Base linguística da diferença entre* crer em Cristo *e* crer a Cristo *em Vieira*

O que em S. Agostinho é uma diferença idiomática de caráter constante para atender a uma especulação teológica, em Vieira parece que durou apenas o tempo necessário para satisfazer a argumentação da tese de seu sermão. É um hépax sintático. A rigor, também não podemos assegurar que a *Verdade* de Vieira corresponderia exatamente a *fides formata* do bispo de Hipona; o certo é que, entretanto, lá e cá se procura estabelecer uma diferença na atitude do crente. Lendo os passos aduzidos pelo padre Camelot e o *Sermão da Quinta Dominga da Quaresma* é fácil rastrearmos os pontos de contacto aí existentes e apontarmos a fonte a que Vieira se foi inspirar para o seu jogo estilístico de palavras. Cabe-nos agora explicar a base linguística da diferença entre *crer em Cristo* e *crer a Cristo* e a relação entre estes dizeres e os do latim.

Se em S. Agostinho, *credere in Christum* traduz um "*mouvement vers le Christ*", em Vieira o *crer a Cristo* traduz também o movimento necessário da fé cristã para passar do Credo para os Mandamentos, da crença da Divindade para a crença da Verdade:

> Por isso dizia David: *Quia mandatis tuis credidi*. Eu, Senhor, cri aos vossos Mandamentos. Isto he só o que he crer a Deos. A nossa Fé para no Credo, não passa aos Mandamentos. Se Deos nos diz, que he um, creyo; se nos diz, que são tres Pessoas, creyo; se nos diz, que he Criador do Ceo, & da terra, creyo; se nos diz, que se fez Homem, que nos remio, & que ha de vir a julgar vivos, & mortos, creyo. Mas se diz que não jureis, que não mateis, que não adultereis, que não furteis, não cremos. Esta he a nossa Fé, esta a vossa Christandade. Somos Catholicos do Credo, & Hereges dos Mandamentos (Ibid., 250).

O movimento a que a especulação teológica de S. Agostinho procurava referir se traduziria, dentro do sistema latino, por *in* + acusativo: *credere in Christum*. Na concepção de Vieira, o movimento teria de ser expresso, em português, pela preposição diretiva *a*: *crer a Cristo*, ficando a linguagem *crer em Cristo* para traduzir, ao lado da construção com objeto direto, a ação de um modo geral, despida de qualquer valor conotativo.

Para reforçar esta especulação teológica de Vieira com base numa diferenciação linguística deve, sem dúvida, ter também contribuído o uso de se aplicar *credere* com dativo para indicar a crença nas palavras de alguém e *credere* com *in* + acusativo para traduzir a crença na existência de alguém, diferença que, sem ser rigorosa, se vê assinalada no emprego moderno de línguas românicas, dentro ou fora da linguagem religiosa:

a) *Croire à qqn. ou à qqch. c'est avoir foi à sa véracité, ou à sa réalité, ou à son efficacité (en matière religieuse, croire à, c'est être persuadé de l'existence de, ou avoir confiance en): croire aux astrologues* (Ac.)...

b) *Crotre en qqn. C'est avoir confiance en lui (en matiêre, religieuse, croire en s'emploie dans le même sens que: croire à) Je crois pleinement en vous (Dict. Gén.)* (M. Grevisse, Le Bon Usage, 4.ª ed., 1949, p. 732).

"*Crer em alguem*, é crer que elle é na verdade o que representa ou inculca; *crer a alguem* é dar credito ao que elle diz, crer que nos falla do coração."[10,11]

Texto publicado na revista *Alma Mater*, em agosto de 2014.

Notas

1 *Sermão da Quinta Dominga da Quaresma*, t. ii, p. 242 e ss. da ed. fac-similada da ed. Anchieta, São Paulo.
2 Ibid., p. 244.
3 CAMELOT, Th. "*Credere deo, credere deum, credere in deum*", in: *Les sciences philosophiques et théologiques*, t. 1, 1941-1942, p. 149-155.
4 Artigo incorporado em *Êtudes sur le latin des Chrétiens*, 1, 2.ª ed., Roma 1961, p. 195-203.
5 Casos há, ao contrário, em que a antiga versão segue o modelo grego enquanto a Vulgata prefere o giro preposicional ao dativo. Mohrmann, p. 196.
6 Exemplos colhidos no artigo de Mohrmann, pág. 197. A influência do grego se acha também registrada por Krebs-Scbmalz, *Antibarbarus der lateinischsen Sprache 7*. Auf 1. Basel 1905, 1, p. 373, onde se indica também um matiz semântico diferenciai entre *crede mihi* e *mihi crede*. Cabe ainda acrescentar que na Bíblia não se faz a diferença das construções de *credere* que Vieira dá a entender. Cf. Kaulen, *Sprachliches Handbuch zur biblischen Vulgata*. 2. Aufl. Freiburg 1904, p. 264.
7 Todos estes exemplos foram transcritos no artigo de Chr. Mohrmann, donde os copiei (p. 197 e 198).
8 DIAS, Epifânio; FALCÃO, Cristóvão. *Obras de Cristóvam Falcão*. Edição crítica anotada por Augusto Epifânio da Silva Dias. Porto, Portugal: Livraria Universal de Magalhães e Moniz, 1893, est. 74.
9 CAMÕES, Luís de. *Os Lusíadas*, 2.ª ed. Companhia Portuguesa, 1916, p. 102, vol. 1.
10 FONSECA, José da; ROQUETE, J. *Diccionario dos Synonimos poético e de epiphetos da Língua Portuguesa*. Guillard, Aillaud, 1874.
11 Esta lição é apoiada na diferença que faz Vieira. O *Dicionário* de Morais assinala a diferença, mas a redação aparece visivelmente truncada. Também a moderna 10ª ed. do *Dicionário* de Morais não é mais feliz ao tentar estabelecer as várias acepções de *Crer em alguém, crer a alguém* e *crer alguém* (Cf. vol. 3, p. 676, s. v. Crer, in fine).

SERAFIM DA SILVA NETO

Serafim Pereira da Silva Neto nasceu no Rio de Janeiro, a 6 de junho de 1917, e nesta mesma cidade faleceu a 23 de setembro de 1960, com apenas 43 anos, em plena produção científica, apesar da saúde abalada. Fez o curso secundário no Colégio Batista, de sua cidade, e bacharelou-se em ciências jurídicas e sociais. Doutorou-se em letras pela Faculdade Nacional de Filosofia. Desde cedo abraçou o magistério, tendo conquistado, no verdor dos anos, a cátedra do Liceu Nilo Pessanha, de Niterói, por concurso de provas e títulos; catedrático-fundador da Pontifícia Universidade Católica do Rio de Janeiro, que lhe outorgou o título de doutor *honoris causa*, alça à cátedra de Filologia Românica da Universidade do Brasil, sucedendo a Augusto Magne. Foi ainda professor da antiga Prefeitura do Distrito Federal e do Colégio Pedro II. Convidado pelo governo português, foi, por dois anos, catedrático-visitante da Universidade de Lisboa.

    Começou precoce e auspiciosamente, ainda no verdor da idade (contava vinte anos), com uma edição comentada com muita erudição de *O appendix probi* (Rio de Janeiro, 1938), que, em 1956, chegou à 3.ª edição. Manteve correspondência com notáveis mestres estrangeiros e adquiriu, pelos anos afora, uma das melhores e mais ricas bibliotecas sobre linguística geral e filologia românica. Desde cedo, principalmente para levar avante e concretizar o sonho de um dos seus mais efetivos guias, ainda que à distância, José Leite de Vasconcelos, juntou material para escrever a *História da língua portuguesa*, projeto que se tornou realidade a partir de 1957, publicada em fascículos que foram depois reunidos em livro monumental. Os primeiros capítulos desta obra são verdadeiras monografias, em que o A. se revela a par das últimas conquistas da teoria linguística portuguesa em particular, tanto através das páginas das mais conceituadas revistas internacionais do mundo científico, como de livros. A progressão da doença e a perda do filho David em trágico acidente iam, aos poucos, corroendo a têmpera do trabalhor e a sua prodigiosa inteligência, motivando que os capítulos subsequentes de sua *História da língua portuguesa* fossem perdendo em extensão e profundidade — mas não em qualidade —, a fim de que o término chegasse antes de sua morte. Por isso, qualquer crítica que se faça a esta obra de Serafim tem, para ser justa, de levar em conta os percalços de saúde contra os quais teve de lutar no espaço de sua elaboração. Promoveu, como orientador das publicações da benemérita *Livraria Acadêmica*, do Rio de Janeiro, o início da *Biblioteca brasileira de filologia*, que muito contribuiu para a difusão e ensino da filologia e da linguística no Brasil. Com Antenor Nascentes, Mattoso

Câmara e Sílvio Elia, dirigiu dez números do *Boletim de Filologia*, do Rio de Janeiro, editado por Livros de Portugal.

Talvez com a exceção da fonética e fonologia, Serafim aplicou-se a todos os domínios da língua, da etimologia e da crítica textual, de cunho culturalista, especialmente na perspectiva histórica, bem como na investigação dialectológica. Neste sentido, mostrou-se fiel à vivacidade e à curiosidade intelectual das três de suas mais próximas fontes de inspiração: Hugo Schuchardt, José Leite de Vasconcelos e Antenor Nascentes. Por uma dessas coincidências do destino ou porque assim ele o sentira, podem-se traçar estreitos pontos de contacto entre as atividades inovadoras de Serafim da Silva Neto e de Pacheco da Silva Júnior, patrono da Cadeira 16 da Academia Brasileira de Filologia, de que foi membro fundador.

Obras: *Fontes do latim vulgar: o appendix probi* (1938); *Divergência na evolução fonética* (1940); *Miscelânea filológica* (1940); *Crítica serena* (polêmica, 1941); *História do latim vulgar* (1957); *Ensaios de filologia portuguesa* (1956); *A santa vida e religiosa conversação de frei Pedro, de André de Resende* (1947); *Textos medievais portugueses e seus problemas* (1956); *Bíblia medieval portuguesa*, I (1958); *Língua, cultura e civilização* (1956); *Introdução ao estudo da língua portuguesa no Brasil* (1950); *Diálogos de São Gregório* (1950); *A filologia portuguesa no Brasil* (1938-1940); *Manual de filologia portuguesa: problemas e métodos* (1952); *História da língua portuguesa* (1957); *A língua portuguesa no Brasil* (1960); *Guia para os estudos dialectológicos* (2.ª edição, Belém, 1957). Deixou esparsos numerosos artigos em revistas especializadas e em jornais.

Fontes de referência: Silveira Bueno, *Jornal de Filologia* n.º 13 (1960-1961); Sílvio Elia, *Ensaios de filologia e linguística* (2.ª edição, 1975) / *Miscelânea em homenagem a Serafim da Silva Neto* (Organizada por Raimundo Barbadinho Neto).

Texto publicado na *Revista da Abrafil*, ano XVIII, n.º 17, em 2016.

Antonio de Morais Silva
(1/8/1755 - 11/4/1824)

Neste 11 de abril, há 194 anos, falecia no Recife o patrono da Cadeira n.º 12 do quadro dos Sócios Correspondentes da Academia Brasileira de Letras, Antonio de Morais Silva.

Nem sempre são concordantes as notícias da vida e obras do ilustre patrono nas informações emitidas por Varnhagen, Manuel de Macedo, Sacramento Blake e em publicações que correm nos nossos dias. Por isso vou aqui estender-me sobre o assunto, guiando-me, para os dados históricos, pela monografia de Pereira da Costa, acredito seu melhor biógrafo.

Filho único da abastada família de Antonio de Morais Silva e Rosa Maria de Carvalho, nasceu no Rio de Janeiro, a 1 de agosto de 1755, na rua do Padre Pedro Homem da Costa, hoje do Ouvidor, e teve esmerada educação sob os cuidados do tio materno, sacerdote de respeitável cultura. Aos 19 anos de idade, estudante de humanidades, transferiu-se para Coimbra, em cuja universidade se matriculou no curso jurídico, em 1774.

Tem passado como fato verdadeiro, atestado por todos os seus biógrafos, — acontecimento também corrente na tradição de Pernambuco — que, ao chegar àquela universidade, Morais fora alvo de zombaria dos condiscípulos por pronunciar e falar muito incorretamente o português, em desacordo com os padrões lusitanos. O jovem protestou vingança e, para tanto, passou a dedicar-se com tal zelo ao estudo do idioma, pela leitura de seus melhores clássicos, que dentro em breve estava em condições de ser o crítico dos erros de linguagem dos colegas e até dos próprios mestres "eivados da mania dos galicismos".

Está aí uma tradição que precisa ser apurada. Recorre-se, em defesa desse acontecimento, ao testemunho do próprio Morais, exarado no *Prólogo* da 1.ª edição do seu *Dicionário*.

Em primeiro lugar, que sua pronúncia brasileira comparada com os hábitos fonéticos de Coimbra fosse motivo de mofa entre seus colegas portugueses era muito provável. Já não corresponderia à verdade dos fatos a referência segundo a qual Morais "falava muito incorretamente o português", porque isso não se poderia esperar de quem tivera esmerada educação ao pé de um tio sacerdote e culto.

Tudo leva a crer que a tradição do episódio teria nascido de má leitura e interpretação das palavras de nosso lexicógrafo. Leiamo-lo com atenção: "A ignorância, em que eu me achava das coisas da pátria, fez que lançasse mão dos nossos bons autores, para neles me instruir, e, por seu auxílio me tirar da vergonha, que tal negligência deve causar a todo homem ingênuo."

Repare-se que Morais fala da ignorância das "coisas da pátria", e aí acredito que fazia alusão aos acontecimentos históricos do povo português, seu despertar como nação, sua geografia, seus costumes, sua cultura em geral; mas não especificamente ao desconhecimento gramatical da língua. E esta ordem de ideias sobre as "coisas da pátria" vem encontrar reforço não só na tradução feita por Morais de duas extensas obras relativas à história de Portugal, senão também em passagem mais adiante do mesmo *Prólogo* em que nosso autor alude particularmente aos clássicos do idioma. Fazia referência à nutrida biblioteca do visconde de Balsemão, que pôde compulsar, a partir de 1779, no seu refúgio em Londres, depois de perseguido pelos implacáveis funcionários do Tribunal do Santo Ofício: "Nela achei boa cópia dos nossos Livros Clássicos, de cuja leitura vim a conhecer me era necessário estudar a língua materna que eu, como muita gente, *presumia saber arrazoadamente.*" (O itálico é meu.)

Ora, de uma pessoa que de si diz em alto e bom som que "presume saber arrazoadamente a língua materna" não se esperaria com certeza, que falasse muito incorretamente o português, conforme textuais palavras de Varnhagen. Assim, podemos concluir que na ignorância das coisas da pátria não estaria incluída a ignorância do idioma português.

Por outro lado, em continuação ao que tentei explicitar, tenha-se na devida conta a afirmação do mesmo Varnhagen de que "foi em Coimbra que lhe nasceu o gosto pela nossa língua e literatura". Dir-se-á melhor que em Coimbra aprofundou seus conhecimentos nesses dois domínios. Aliás, a verdade é que gastamos a vida toda em aprofundar os segredos do idioma e usufruir o encanto das obras literárias.

O curso jurídico de Coimbra fê-lo Morais com muita distinção, conseguindo o mais elevado grau de aprovação, *Nemine discrepante*; como também o fizeram seus colegas mais próximos, entre os quais estavam os brasileiros Antonio Pereira de Sousa Caldas, que viria a merecer a glória de ser patrono da Cadeira n.º 34 do quadro de membros efetivos da Academia Brasileira de Letras, José da Silva Lisboa — depois visconde de Cairu — e João de Deus Pires Ferreira.

Contam alguns biógrafos que, depois de receber a láurea de bacharel *in utroque Jure*, em 1779, resolveu com seus amigos graduados comemorar tão auspiciosa vitória com lauta ceia, durante a qual dariam expansão às naturais alegrias da juventude. Sendo esse dia um de jejum prescrito pela Igreja, acordaram os bacharéis que só começaria o evento depois da meia-noite. Ou pela ânsia incontida do momento, ou por se terem descuidado, o fato é que se sentaram à mesa e começaram a comer e a festejar com muito alvoroço um quarto antes da hora aprazada. No dia seguinte, o acontecido foi denunciado ao Tribunal do Santo Ofício, sendo logo expedidas ordens de prisão dos estudantes envolvidos.

Uma consideração mais ponderada recusa-se a aceitar que por 15 minutos de desobediência recaísse sobre os novéis bacharéis os ferros implacáveis de tais funcionários, embora nenhum biógrafo de Morais que registrou o acontecimento sugira outra motivação mais consequente para a punição.

Numa época de ebulição de ideias novas que contrastavam com princípios correntes na universidade e na Igreja, é bem provável que Morais, com seu temperamento forte e desabrida coragem, se tivesse aliado aos jovens que tentavam reformar o mundo, como sói acontecer nessa quadra da juventude. Talvez tivesse ocorrido com Morais o que aconteceu com seu condiscípulo Sousa Caldas que, publicando alguns escritos que não agradaram ao Santo Ofício, esteve preso por algum tempo. Mas isto é apenas uma hipótese em relação a Morais, sem nenhuma documentação que a ratifique. Creio que se houvesse fundamento na hipótese de ter Morais escrito ou se manifestado publicamente uma oposição à Igreja ou ao Santo Ofício, o fato não teria escapado a um bem informado historiador como Varnhagen que, pelas declarações a seguir, parece não nutria pelo lexicógrafo sentimento de muita simpatia:

> Porém um homem entregue toda a sua vida às exclusivas aplicações do gabinete, ou aos cuidados e rigor de vida dos engenhos, não podia oferecer ao trato social a maleabilidade de maneiras, nem a versatilidade de frases, que fazem parecer a muitos dóceis, modestos e conciliadores. Morais era ríspido, demasiadamente severo, pouco insinuante e até dizem que repelente, por isso que era nimiamente franco para dissimular as faltas dos outros, que pelo contrário procurava corrigir lançando-lhas em rosto.[1]

Ou pela ceia, ou por possíveis escritos, a verdade é que, sendo avisado a tempo por um dos lentes da universidade, conseguiu fugir à prisão, passou escondido a Lisboa e daí embarcou para Inglaterra. Segundo suposição de Varnhagen, a ideia da opção do local de exílio teria partido do visconde de Balsemão, que ocupava o cargo de embaixador português em Londres. Este gesto magnânimo justifica a comovida dedicatória de Morais ao fidalgo ilustre e distinto literato, estampada no *Prólogo* da 1.ª edição do *Dicionário* publicado em 1789, dez anos depois do episódio em Coimbra:

> Apliquei-me, pois à lição deles (os bons Autores), e sucedia-me isto em terra estranha e onde me levaram trabalhos, desconhecido, sem recomendação e marcado com o ferrete da desgraça, origem de ludíbrios e vitupérios, com que se açoitam aos infelices as almas triviais. Não é porém do toque destas a do Ilustríssimo e Excelentíssimo Senhor Luís Pinto de Sousa Coutinho, Senhor de Balsemão, Tendaes e Ferreiros, varão benemérito da Humanidade e da Pátria, a quem sobre infinitos benefícios e os maiores que se podem pretender neste mundo, devo o de me franquear a sua mui escolhida e copiosa livraria.

Distante das ameaças movidas pela Inquisição pôde Morais aplicar-se ao estudo das línguas e literaturas inglesa, francesa, alemã, dedicando-se ainda aos trabalhos originais e de tradução: *História de Portugal preparada por uma sociedade de literatos ingleses* (1.ª ed., Lisboa, 1788, em três volumes); *História de Portugal com a colaboração de José Maria Sousa Monteiro*, em dez volumes; *Recreações do homem sensível*, de Mr. Arnaud (1.ª ed. Lisboa, 1788-1792, em cinco volumes), período em que reunia também material para obra que o consagrou, o *Dicionário da língua portuguesa* (1.ª ed., 1789, dois volumes).

Sua estada em Londres se prolongou até 1783, quando partiu para a Itália, certamente por instigação de seu antigo colega Sousa Caldas que, naquela quadra, já se ordenara sacerdote e gozava da particular estima do papa Pio VII e dos mais altos vultos da corte pontifícia, conforme acentua Pereira da Costa. Aí pôde Morais munir-se de um Breve de indulto por qualquer irregularidade espiritual em que houvesse incorrido, liberando-o, desta sorte, para regressar sem susto a Portugal, a fim de tratar da edição de seus livros e continuar trabalhando no *Dicionário*.

Antes, porém, demorou-se na França, e aí foi convidado pelo então ministro de Portugal, o diplomata Vicente de Sousa Coutinho, que lhe apreciava os méritos intelectuais, para ocupar o cargo de secretário da Embaixada. Em Paris, reencontrou-se com seu antigo companheiro, o poeta Filinto Elísio, que vivia nesta cidade às expensas do favor e da proteção dos amigos, entre eles do próprio Morais.

Foi breve sua permanência em Paris, passando daí a Portugal, onde se demorou de 1788 a 1794, ocasião em que publica as obras atrás referidas.

Ainda nesse período conheceu a jovem e bela Narcisa Pereira da Silva, filha do tenente-coronel José Roberto Pereira da Silva; com ela contraiu núpcias em 7 de setembro de 1794, em Lisboa, já nos seus adiantados 39 anos de idade.

No ano seguinte, tendo o sogro sido despachado comandante de um regimento em Pernambuco, acompanha a família para o Recife. Aí abriu Morais escritório de advocacia com, aliás, grande sucesso.

No Recife, foi morar numa excelente fazenda agrícola e industrial, o Engenho Novo da Muribeca, adquirido pelo sogro. Em 1797 comprou nosso lexicógrafo ao sogro a referida fazenda, ampliando-a consideravelmente, dotando-a de técnicas e maquinismos novos e implantando os mais modernos sistemas do amanho das terras, cultura da cana e fabrico do açúcar. Não contente com esses avanços, estudou medicina e farmácia, tornando-se médico de seus familiares, dos seus escravos e dos moradores vizinhos.

A 1.ª edição do *Dicionário* alcançou tal agasalho do público leitor que tendo vendido os direitos autorais por dois mil cruzados, os editores espontaneamente lhe acresceram a gratificação de seiscentos mil réis.

Mesmo com a vista prejudicada pela exaustiva leitura, trabalhou assiduamente no melhoramento da 2.ª edição de 1813, e mesmo para a 3.ª, que saiu em 1823, e a 4.ª, esta póstuma. No arraial da filologia, discutem os estudiosos qual a melhor edição do *Dicionário*, uma vez que da 3.ª em diante, passou a obra a ser revista e acrescentada por colaboradores indicados pelos editores. Se por melhor se há de entender autêntica, vão os votos para a 2.ª, de 1813, totalmente sob os cuidados de Morais. Se não prevalecer o peso da autenticidade, dividem-se os estudiosos; uns optam pela 4.ª, dirigida por Teotônio José Oliveira Velho, outros, como eu, propendem em favor da 6.ª, preparada pelo desembargador Agostinho de Mendonça Falcão. Falta, todavia, pesquisa mais detida para definitivo julgamento.

Como sabemos, a 1.ª edição traz no frontispício: "Dicionário da língua portuguesa composto pelo padre D. Rafael Bluteau, reformado e acrescentado por Antonio de Morais Silva, natural do Rio de Janeiro." Bastou esta indicação para se pensar que nosso lexicógrafo tivesse apenas participado como simples glosador dos dez grossos volumes do famoso teatino. Houve aqui, na realidade, excesso de modéstia do nosso patrício; além das adaptações e cortes assinalados no *Prólogo*, uma leitura atenta revela-nos que Morais foi bem mais adiante, e cabe assinalar que a temporada em Londres lhe deve ter sido muito reveladora dos progressos que a dicionarística e a gramática inglesas experimentaram no século XVIII e que garantem hoje um espaço privilegiado da Inglaterra na pesquisa e elaboração de obras lexicográficas. Por isso, são justas as considerações de Telmo Verdelho, catedrático da Universidade de Aveiro e um dos mais conspícuos estudiosos da lexicografia portuguesa.

> Na sua primeira edição, o *Dicionário da língua portuguesa* foi dado (...) como se tratasse de uma reedição atualizada e reduzida, de dez a dois volumes, da obra de Bluteau (...) É uma obra bem diferente da de Bluteau na sua concepção, nos seus objetivos, no tratamento do corpus e até na própria fundamentação lexicográfica. Estamos perante o primeiro dicionário moderno da lexicografia portuguesa (...). Tornou-se assim, um testemunho privilegiado da evolução do vocabulário português e simultaneamente um fator de referência de padronização.[2]

Acerca dos preparadores das edições subsequentes à 2.ª, assim se manifesta o mesmo Verdelho:

> Estes reeditores, que participaram de maneira ativa no processo de mutação política vivido por Portugal a partir de 1820, deram ao *Dicionário* um valor testemunhal sobre a importante renovação de léxico da vida pública, das ideias e das instituições portuguesas.

Pelo seu *Dicionário* contribuiu ainda Morais para o esforço de normatização por que passaria o idioma a partir do século XVIII, na época do Marquês de Pombal, para instauração do período moderno da língua portuguesa.

Escritores dos dois últimos séculos não lhe regatearam os merecidos aplausos. Latino Coelho classificava-o: "(...) o mais opulento dicionário." Camilo aconselhava: "Manuseie o bom Morais com mão diurna e noturna" ou "(...) para as usanças clássicas é Morais o melhor guia." Rui Barbosa dizia dele: "o espelho menos infiel, a imagem mais completa do estado atual da nossa linguagem."

Uma contribuição preciosa para o conhecimento da língua literária representariam, com certeza, as muitas notas filológicas manuscritas que Morais apôs ao exemplar completo em três volumes das *Poesias* de Elpino Duriense, nome árcade de Antônio Ribeiro dos Santos, impressas em Lisboa. Infelizmente, informa-nos

Pereira da Costa que desses volumes só resta o 2.º na biblioteca do Instituto Histórico Brasileiro, presenteado pelo imperador D. Pedro II, que o obtivera quando de sua visita a Pernambuco, em 1859.

Além de lexicógrafo, foi Morais autor de um *Epítome da gramática portuguesa*, que concluiu no Engenho Novo da Muribeca, em 1802 e que aparece como peça introdutória da 2.ª edição do *Dicionário*.

Em excelente capítulo sobre o *Epítome* de Morais no livro *A gramática no Brasil: ideias, percursos e parâmetros*, Ricardo Cavaliere encerra seu estudo sobre Morais gramático com essas palavras:

> Havemos, pois, de concluir com a certeza de que a obra gramatical de Antônio de Morais Silva, não obstante inspirada nas ideias linguísticas do século XVIII, destaca-se pelo vanguardismo e pela especial lucidez conceptual, razão por que está ainda a merecer especial atenção de quantos se ocupem pelas questões historiográficas nos estudos linguísticos.[3]

Cabe ainda acrescentar que a partir de 1948 começou a aparecer o *Grande dicionário da língua portuguesa*, 10.ª edição "revista, corrigida, muito aumentada e atualizada... por Augusto Moreno, Cardoso Júnior e José Pedro Machado". Primeiro volume (*A — armadas*), 1120 páginas, volume 2.º (*Arma de alcance — cabeça-de--cavalo*), 672 páginas, pela Lisboa, Editorial Confluência, 1948-1949.

Este início mereceu uma recensão crítica do grande linguista e filólogo Harri Meier no *Boletim de Filologia*, tomo IX, p. 195 a 196. Nesta recensão o mestre alemão mostra que praticamente o nome Morais entra como fantasia, já que a obra difere muito do original do lexicógrafo brasileiro; segundo ele "o aproveitamento do nome do grande lexicógrafo... deve-se mais a fins editoriais e comerciais do que a uma verdadeira continuação do Morais". Na mesma resenha o crítico acaba por afirmar que "As poucas observações aqui feitas sobre o método seguido e sobre a confiança que merece a nova obra, são confirmadas na leitura de qualquer outra página ou fascículo".

Trabalho lido numa sessão da Academia Brasileira de Letras e agora melhorado em alguns pormenores para apresentação no 29.º Colóquio de Lusofonia, em Belmonte — Portugal, realizado em abril de 2018.

Notas

1. VARNHAGEN, Francisco Adolfo de. *Biografia de Antonio de Morais Silva*, 2.ª ed. Rio de Janeiro: RIHGB, 1852.
2. VERDELHO, Telmo. "Portugiesisch: Lexikographie." In: HOLTUS, G.; METZELTIN, M.; SCHMITT, C. (ed.). *Lexikon der Romanistischen Linguistik*. Tübingen, Niemeyer, 1994, p. 66-67.
3. CAVALIERE, Ricardo. *A gramática no Brasil: ideias, percursos e parâmetros*. Rio de Janeiro: Editora Lexikon, 2014, p. 67.

Direção editorial
Daniele Cajueiro

Editora responsável
Janaina Senna

Produção editorial
Adriana Torres
Laiane Flores
Mariana Oliveira

Preparação de originais
Cristiane Cardoso

Revisão
Fatima Amendoeira Maciel
Bárbara Anaissi

Diagramação
Ranna Studio

Este livro foi impresso em 2022
para a Nova Fronteira.